IJS 서울대학교 일본연구소

현대일본생활세계총서 **10**

저성장시대의 일본경제
: 장기불황 진입과 현황

임채성 엮음

박문사

　　서울대학교 일본연구소에서는 네 개의 기획연구실을 두고서 HK 사업의 공동연구를 수행해 오고 있다. 각 연구실은 2009년 9월부터 2018년 8월까지 10년간, 전체 어젠다 [현대일본의 생활세계연구]를 총 3단계에 걸쳐 수행한다. 각 단계의 연구 성과는 〈현대일본 생활세계총서〉 시리즈로 출판한다.

　　1990년대부터 일본사회는 구조적 대변동을 겪고 있다. 전후 일본의 풍요와 안전 신화가 동요하면서 동아시아의 지정학적 갈등도 첨예하게 되었다. 일본의 변화는 정치사상적 보수화, 장기불황에 의한 경제시스템의 변화와 사회적 양극화, 안보적 위기의식의 고조 등으로 나타났다. 최근에는 '전후 민주주의의 종언'을 고하는 목소리도 들리고 있다. 본 공동연구는 '전후 일본'의 구조 변동을 정치, 경제, 역사, 사상, 사회, 문화, 문학의 전체적 차원에서 횡단적, 학제적으로 조망한다. 1단계와 2단계의 성과는 총 9권의 시리즈로 이미 출판되었으며, 각 연구 주제와 책의 표제는 [표1]과 같다.

[표1] 현대일본 생활세계총서 1단계- 2단계 시리즈

연구실	1단계 5권	2단계 4권
정치외교	전후 일본, 그리고 낯선 동아시아	전후 일본의 생활평화주의
역사경제	협조적 노사관계의 행방	에너지혁명과 일본인의 생활세계
사상담론	전후 일본의 지식 풍경	일본, 상실의 시대를 넘어서
사회문화	현대일본의 전통문화	일본 생활세계의 동요와 공공적 실천
	도쿄 메트로폴리스	

3단계 사업은 10년간의 HK사업 공동연구를 마무리하는 기간이다. 이를 알차게 수행하기 위해 본연구소는 3단계의 사업 4년간(2014.09~2018.08)을 다시 2년씩 나누었다. 1~2년차 (2014.09~2016.08) 기획연구와 3~4년차 (2016.09~2018.08) 기획연구를 순차적으로 실행하고 있는 것이다. 3-4년차 기획연구는 연구소 성원의 변화로 연구실의 이름을 바꾸어 운영 중이다.

[표2] 현대일본 생활세계총서 3단계 시리즈

연구실	3단계 1~2년차	3단계 3~4년차 (예정)
정치외교	일본 정치 보수화의 표상과 실상	일본 보수정치의 국가혁신, 다각 다층 구조
역사경제 (1-2년차) 경제경영 (3-4년차)	저성장시대의 일본경제	구조적 대불황과 일본 경제·경영 시스템의 재편성
사상담론 (1-2년차) 사상문학 (3-4년차)	탈(脫)전후 일본의 사상과 감각	전후의 탈각과 민주주의의 탈주
사회문화 (1-2년차) 역사사회 (3-4년차)	안전사회 일본의 동요와 사회적 연대	공동체 경계의 유동화와 국가 이미지의 대두

〈현대일본 생활세계총서〉 3단계 1~2년차 시리즈는 2016년 하반기

부터 출판 작업에 들어갔다. 각 연구실은 2년 동안 수차례의 집담회와 워크숍, 공개학술대회를 거치며 공동연구를 진전시켰다. 모든 연구진들은 동시대 일본의 변화를 찬찬히 살피고, 냉철하게 분석하고자 노력했다. 본 시리즈의 4권에 담길 연구 성과가 비록 완벽하지 못하지만, 한국사회에서 일본의 현황을 이해하고, 나아가 현재 한국의 문제를 해결하기 위한 참고서로 활용될 수 있기를 바란다.

그 동안 연구와 토론에 참여해 주신 각 분야의 연구자 여러분께 감사드리며, 연구 성과의 미진한 부분은 이미 시작한 3~4년차의 기획연구에서 보완해 나갈 것을 약속드린다. 아울러 연구와 출판이 성사되도록 성심껏 협조해 주시는 일본연구소의 행정실과 연구조교, 박문사 출판사의 여러분들께도 감사의 말씀을 드린다.

2017년 1월 26일
서울대학교 일본연구소

차 례

현대일본생활세계총서 **10**

저성장시대의 일본경제
· 장기불황 진입과 현황

서 장

'잃어버린 20년'과 아베노믹스

임채성

본서는 1990년대 초반 이후 '잃어버린 20년(lost two decades)'을 경험하고 있는 일본경제를 거시경제, 산업, 기업, 노동이라는 다층적 차원에서 분석하고 그 원인과 현황을 파악하고자 한다. 이를 위하여 우선 다음과 같은 질문을 던지지 않을 수 없다.

과거 고도경제성장을 통해 세계경제에서 미국에 이은 제2의 경제대국으로 부상하고 한때는 'Japan as No.1'이라고까지 불리었음에도 불구하고, 일본은 버블붕괴 이후 왜 이토록 장기불황을 경험하고 있는 것인가? 또한 불황 탈출을 위한 정부의 다양한 경제정책과 구조개혁프로그램이 수립되어 실시되었지만, 일본경제는 하나의 경제시스템으로 여전히 활력을 회복하지 못하고 있는 것인가, 아니면 새로운 차원의 '성숙된' 시스템으로 변용된 것인가? 금융개혁을 통해 직접금융시장을 중심으로 금융구조의 전환을 꾀하였으나 여전히 메인뱅크의 중요성이 회자되고 있는 것은 무엇 때문인가? 이와 더불어 일본이 수행한 구조개혁이 과연 시장지향적인 것이었을까? 대외적으로 높게 평가되었던 통상산업성의 산업정책이 과거에 비해 시장기능을 중시하는 현재의 경제구조에서는 그 유용성을 상실하였는가? 그러한 가운데 일본경제가 ICT 등 새로운 성장동력을 확보하는 것이 지체된 이유는 무엇이며 그 대가는 어떠한 것인가? 또한 과거 성장을 이끌었던 제조업 중심의 대기업들이 무엇 때문에 현재에는 경쟁력 약화에 직면하고 있는 것인가? 시장주의 경제정책의 영향으로 나타난 노동개혁이 정책적 의도와는 달리 실제로 노사 양 측에 어떠한 영향을 주었는가?

이에 관한 고찰은 일본의 상황을 강 건너 일로만 치부하다 어느덧 스스로 저성장의 늪에 빠지고 있는 한국경제를 객관적으로 직시하고 그 해결 방안이 어디에 있는가를 고민하는 과정이기도 하다. 이를 통해 일본경제가 직면하고 있는 장기불황이 특정 국가에 한정된 현상이 아니라 고도성장 이후 잠재성장률이 떨어지는 가운데 어떤 국가의 경제든 봉착할 수 있는 구조적인 문제임을 알 수 있을 것이다. 이것은 한국경제가 장기적 비전을 가지고 부단한 변화를 꾀하지 않으면 언제든 장기불황이라는 함정에 빠질 수 있다는 것을 보여준다. 이를 위해 본 서장에서는 현재 '잃어버린 20년'에 대응하여 추진 중인 아베노믹스의 실상을 소개함으로써 본서에 대한 독자들의 이해를 돕고자 한다.

현재 일본에서는 2012년 12월 집권한 제2차 아베내각 하에서 장기적 경제불황에서 벗어나고자 소위 '아베노믹스(Abenomics)'가 추진되고 있다(長谷川慶太郎, 2013). 이러한 경제정책은 일본정치의 보수화, 집단적 자위권확보를 위한 평화헌법 개정의 노력 등과 결부되어 있다. 이는 동아시아에서 중국이 일본을 제치고 국내총생산 규모 세계 제2위의 경제대국으로 등장하고 정치군사면에서도 새로운 패권국으로 부상하고 있는 상황에서 '강한 일본'으로 거듭나기 위한 일본정부의 총체적인 노력이 경주되고 있는 것으로도 볼 수 있다.

아베노믹스가 일시 부분적인 성과를 보인 것도 사실이지만, 과연 과거의 자민당 정권의 경제정책과 어떠한 차별성을 갖고 있으며, 실현 가능한 것인지에 관해서는 여러 의문이 제기되고 있다. 과거와는 달리 일본은행의 독립성을 실질적으로 저해하면서까지 아베노믹스가 강하게 추진되고 있고, 이에 대한 대내외적 기대 또한 높은 것도 사실이다. 일본경제가 과연 "잃어버린 20년"에서 벗어날 수 있을까 하는 것은 한국의 입장에서도 최대의 관심사가 될 수밖에 없다. 한국 역시 1997년 경제위기를 겪으면서 경제성장률이 저하되어 2010년대 이후에는 2~3% 정도의 수준에 머무르고 있기 때문이다. 한국경제가 이제 저성장기로 접어들었다는 점에 대해 큰 이론(異論)이 없는 실정이다.

일본은 2011년 3월 11일 동일본대지진이 발생하여 도호쿠 지방을 중심으로 많은 인명 및 재산 피해를 경험하였다. 사망자와 행방불명자는 2만 명을 넘어섰고, 추계 피해총액은 16조 9000억 엔에 이르렀다. 후쿠시마 현의 원전사고는 현재에도 해결되지 못한 채 많은 주민들의 피난생활이 계속되고 있다(한영혜, 2013). 대지진의 피해가 컸던 만큼 국민적 차원에서 대대적인 부흥계획을 수립하고 대규모 투자를 실시하기 위한 합의 도출이 수월하였지만, 당시 민주당 정권은 이러한 부흥수요를 충분히 살리지 못하였다. 특히 대지진 발생 후 진행된 엔고현상에 대해 유효한 정책을 강구하지 못하였을 뿐만 아니라 종래의 디플레이션 대책의 마련에도 실패하였다. 즉, 민주당은 재원을 충분히 확보하지 못한 채로, 소득재분배정책과 더불어 경기부흥을 동시에 추진할 필요성에 부딪혔던 것이다. 이의 해결을 소비세 인상에서 찾은 결과, 경기정책에 관해 무능한 정권의 책임을 국민에게 부담시키려는 인상을 주었고 집권당이었던 민주당의 정치적 기반을 약화시켰다.

이에 대해 아베정권은 디플레이션 탈출을 주 내용으로 하는 새로운 방향의 경제정책을 들고 나왔다. 제1차 아베내각(2006.9.26~2007.9.26)의 실패경험을 바탕으로 중의권 선거에서 아베 자민당총재는 그 누구도 예상하지 못한 적극적인 디플레이션 탈출정책 방향을 제시하였다. 디플레이션이 일본경제를 정체시킬 뿐만 아니라, 근본적인 문제, 즉 사람들의 적극적 경제활동 마인드를 식게 하고 있다는 것이다. 선거 국면에서는 "지금까지와 차원이 다른 금융정책을 실시한다.", "일본은행법 개정도 검토과제의 하나이다."와 같은 적극적인 발언을 지속했다(読売新聞社経済部, 2013; 片岡剛士, 2013; 長谷川慶太郎, 2013). 디플레이션 탈출을 위해서라면 일본은행법을 개정해서라도 경기부양을 추진하겠다는 의지를 천명함으로써 국민들의 정치적 지지를 확보할 수 있었다. 결국, 자민당의 대승을 계기로 정책적 의도가 금융시장에 피드백 됨으로써 엔저현상이 일어나고 주가가 상승하였다.

〈그림 1〉 일본의 소비자물가지수 추이

자료: 總務省統計局(2016).
주: 2010년 평균 = 100.

이에 일본경제가 해결하지 않으면 안 되는 디플레이션 문제는 어떻게 나타났는지 주목하지 않을 수 없다. IMF에 의하면, 디플레이션(deflation)이라는 것은 2년 이상 물가하락이 지속되는 것을 말한다. 〈그림 1〉을 보면, 1995년에도 일시적인 물가하락 현상은 나타났으나 이후 경기회복과 더불어 사라졌다. 그러나 1997년 야마이치증권(山一證券), 홋카이도척식은행의 경영파탄 등 금융위기가 일어난 후, 1998년에 디플레이션이 시작되어 2010년대에 이르기까지 지속되고 있다(八代尚宏, 2013). 물론, 경기가 회복된 2006년과 원유가격이 급상승한 2008년에는 물가가 상승세로 전환되었으나 이는 일시적인 것이었다. 이를 제외하면, 만성적인 물가 하락경향이 10년 이상 계속되었다고 볼 수 있다. 아베노믹스 하에서 경기상승과 더불어 소비세 인상도 이루어져 2013년 6월부터 소비자물가상승률이 플러스로 전환되었지만, 2016년에 들어 다시 마이너스를 보이고 있다.

이의 역사적 배경으로 1980년대 후반에서 90년대 전반에 걸쳐 일본 경제가 경험한 버블 경제를 지적할 수 있다. 1985년 플라자 합의를 통해 미국 달러의 약세, 즉 일본 엔의 강세가 국제적으로 용인되자, 가격 경쟁력의 약화에 따른 경기 하락이 예상되었고 일본은행은 금리인하정책을 추진하였다. 이로 인해 시중의 유동성은 증가하였지만, 이는 일본은행과 일본정부가 기대했던 설비투자의 활성화로만 이어지지 않았고, 부동산과 주식으로 대규모 자금이 흘러들어가 자산 버블이 발생하게 되었다. 당시 6대도시 상업용지를 기준으로 했을 때 지가는 수배로 상승하였으며, 니케이평균주가가 3만 엔을 넘을 정도로 주가도 급격하게 상승하였다.

그러나 1990년대 전반에 버블 경제는 붕괴를 맞게 되었다. 지가와 주가 모두 급락하여 버블이 발생하기 이전인 1985년 전반 수준으로 떨어지게 되었다. 문제는 자산 가치가 하락하더라도, 차입금은 축소되지 않는다는 것이다. 많은 기업들은 자산에 비해 방대한 부채를 떠안게 되었으나, 불황으로 기업의 판매고와 이익은 오히려 감소하게 되었다. 이에 대한 기업의 대응방식은 인원정리로 사원수를 줄이고, 급료의 인하를 꾀하는 동시에, 신규투자를 억제하는 것이었다. 버블기의 과잉투자로 생산설비가 대폭 증가하였지만, 버블붕괴 후 소비는 침체되었고, 만성적인 공급과잉 상태가 지속되었다.

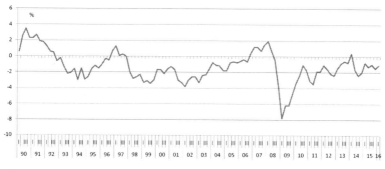

〈그림 2〉 GDP 갭 추이

자료: 内閣府(2016).

　　이를 거시경제 차원에서 나타낸 것이 바로 국내총생산 갭(GDP gap)이다. GDP 갭은 〈그림 2〉와 같이 수요부족일 경우 마이너스로 표시되는데, 예를 들어 2013년 1-3월에는 마이너스 2.3%로 공급에 대해 수요가 2.3% 적은 것을 의미한다. 이것을 연간 금액으로 환산하면 10조 엔 정도의 수요 부족으로 추계된다. 기본적으로 버블붕괴 이후 일본은 만성적인 GDP 갭을 경험하고 있다. 경기 상승이 현저하였던 1996년과 2006~07년에는 플러스로 전환되기도 했지만, 거의 20년에 걸쳐 마이너스를 기록하고 있는 것이다. 특히 리만쇼크 이후 피크였던 2009년 1~3월에는 20년에 걸쳐 가장 심각한 수요부족으로 마이너스 8%에 달하여, 연간 금액으로 환산해서 30조 엔 이상의 수요부족을 기록하였다. 이후 경기확장이 이루어지면서 2013년 9~12월까지 마이너스 1%로 축소되기는 했지만, 일본경제 전체에서 볼 때 여전히 수요부족은 지속되고 있다. 여기에는 "잃어버린 20년"이라고 통칭될 정도로 구조적인 디플레이션 요인이 존재하고 있는 것이다.

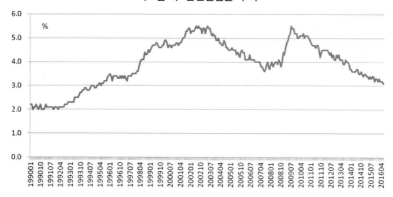

〈그림 3〉 완전실업률 추이

자료: 總務省統計局(2016).

　　디플레이션 문제는 노동시장을 통해 국민들의 삶에 심각한 영향을 미치고 있다. 공급능력을 줄이기 위해 기업들은 공장을 축소·폐쇄하고, 인원 정리의 필요성에 의해 고용조정이 확대되면서 결과적으로 거시경제 차원에서의 소비감소를 가져오게 되었다. 이에 따라 〈그림 3〉에서 알수 있듯이 일본의 실업률은 2000년대 초 5% 수준을 넘어서기에 이르렀고 이후 낮아지다가 리만쇼크로 인해 급상승하였다. 아베노믹스 하에서의 경기회복과 더불어 '단카이(團塊)세대'라 불리는 전후 베이비부머가 대거 은퇴하여 실업률은 3% 대까지 하락하였지만, 실질적인 고용형태를 들여다보면 과거에 비해 좋지 못하였다. 즉, 버블붕괴 이후 기업은 경기상승에도 불구하고, 정규사원의 고용을 늘리지 않고 해고하기 쉬운 파트 타이머, 아르바이트 등 비정규직 사원의 고용을 확대하고 있다. 이러한 비정규사원은 급여수준이 낮고 신분이 불안정하다는 특징이 있다. 또한 프리터와 청년무직자(니트)도 증가 추세인데, 이들이 연령상 장래의 경제주역세대라는 점에서 미래의 전망 또한 불투명하다. 이것이 디플레이션을 심각하게 만드는 요인이 되고 있는 것이다.

엔고가 진행되자 중국을 비롯한 아시아 지역으로부터 저가 수입품이 증가한 것도 물가상승을 억제하는 요인으로 작용하였다. 이로 인해 국내에서는 각종 디스카운트 스토어의 등장을 비롯하여 가격인하 경쟁이 치열하게 되었다. 예를 들어 "규동(牛丼)"이라고 불리는 소고기 덮밥 가격인하 경쟁이 요시노야, 마츠야, 스키야 등 체인점을 중심으로 치열하게 전개된 것이 그 대표적인 예이다. 맥도날드도 "100엔 버거"를 출시하였고 이러한 양상은 패스트푸드 전반에 확산되었다. 식품뿐만 아니라 1,000엔 이하 바지와 500엔 이하 플리스(fleece)가 등장하는 등 소비재 전반에 걸쳐 나타나고 있다. 이것은 국민 생활 면에서 긍정적인 측면이 없지는 않으나 장기적으로 보면 이러한 디플레이션이 경제전반에 대해 확대 성장이 아닌 축소 재생산이라는 부정적인 영향을 끼치고 있다.

이에 대해 제2차 아베내각이 발족하자, "정체된 20년"에서 벗어나기 위하여, 디플레이션을 조기탈출하고 "재생 10년"을 목표로 한 로드맵 "경제재정운영과 개혁의 기본방침"(2013년 6월 14일 각의결정)을 밝혔고, 그 내용을 2013년 제15회 경제재정자문회회의를 통해서도 확인하였다(経済財政諮問会議, 2013). 이를 통해 제시된 아베노믹스는 제1화살 '대담한 금융정책', 제2화살 '기동적 재정정책', 제3화살 '민간투자를 환기시키는 성장전략'이라는 '세 발의 화살'로 표명되었다. 이에 맞추어 금융정책의 레짐 체인지(regime change)가 이루어져 일본은행은 2%의 물가안정목표를 도입하여 이 목표가 달성될 때까지 시중은행으로부터 보유국채를 매입하여 무기한으로 시장에 엔화를 공급하였다(內閣府·財務省·日本銀行, 2013). 아베정권은 경기상승의 좌절을 회피하기 위해 GDP의 약 2%에 상당하는 약 10조 엔 규모의 경제대책(사업규모는 약 20조 엔)을 내각발족 후 17일만에 발표하였다(內閣府, 2013a, b, c). 이를 위해 제조업 부활을 목표로 삼는 '일본산업재흥플랜', 기업의 해외전개지원의 '국제전개 전략', 신산업육성의 '신 타겟팅 정책'을 추진하였다(經濟産業硏究所, 2014).

세 발의 화살 중 시장과 기업의 관심이 집중되었던 성장전략이 그다지 좋은 평가를 얻지 못한 가운데, 아베정권은 2015년 9월 아베노믹스가 제2단계에 접어들었다고 선언하고 성장추진력으로서 새로운 '세 발의 화살'을 제시하였다(日本經濟新聞社, 2015). 즉, 제1화살 '희망을 주는 강한 경제'로써 GDP 600조 엔, 제2화살 '꿈을 잇는 육아지원'을 통한 출생률 1.8%, 제3화살 '안심할 수 있는 사회보장'으로 가족 개호(介護)를 위한 이직을 없앤다는 것이다. 예전의 화살이 정책수단을 문학적으로 표현한 것이라면 새로운 화살은 구체적인 목표를 제시하고 있다. 저출산 고령화가 진행되는 가운데 침체된 잠재적 성장률을 끌어올리겠다는 정책적 의지의 표현이 담겨있다고 본다. 2016년에는 '제4차 산업혁명'을 표방하고 '제4차 산업혁명관민회의'를 설치하고 그 산하에 '인공지능기술전략회의', '제4차 산업혁명인재육성추진회의', '로보트혁명실현회의' 등을 두었다. 뿐만 아니라 '성장전략 2016'에서는 IoT(Internet of Things), 빅데이터, 인공지능(AI), 로보트 분야에서 2020년까지 30조 엔의 부가가치를 창조한다는 목표를 제시하고 있다(湯元健治, 2016).

이러한 경위와 내용을 가지고 등장한 아베노믹스가 과연 실행단계
에서는 어떠한 결과를 가져오고 있는가?

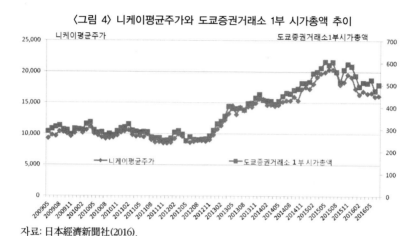

〈그림 4〉 니케이평균주가와 도쿄증권거래소 1부 시가총액 추이

자료: 日本經濟新聞社(2016).

〈그림 5〉 일본 엔의 1달러 및 1 유로 당 환율

자료: 總務省統計局(2016).

아베노믹스 하의 경제동향을 보면, 〈그림 4〉에서 알 수 있듯이 리만

쇼크로 침체되어 있던 일본의 주식시장이 아베노믹스 이후 회복추세를 띠었다. 니케이평균주가를 보면 아베정권의 등장 이후 1만 엔 수준에서 1만 5,000엔대로 회복되어 1.5배 상승했고, 2015년 6월에는 2만 엔대를 기록하기도 하였다. 또한 리만쇼크와 3 · 11 동일본대지진으로 엔화 강세를 이어갔던 환율시장 동향이 〈그림 5〉에서 보듯이 아베노믹스의 등장 이후 엔저로 전환되었다. 이로 인해, 국제시장에서 일본기업의 가격경쟁력이 강화되어 IT 업체를 비롯해 수출기업을 중심으로 수익성이 크게 성장하였다. 이와 더불어, 〈그림 1〉과 〈그림 3〉에서와 같이 디플레이션 탈출과 고용안정의 움직임이 그간 나타났다. 그러나 2015년 여름 상하이 주가폭락을 계기로 중국의 경기둔화 우려가 강해지고 미국의 금리인상도 있어 세계경제 불안 속에 안전자산으로 여겨지는 엔화에 대한 구매가 몰리게 되었다. 그 결과, 2015년 6월 1달러당 123.75엔을 기록했던 엔화가 급격히 강세로 전환되어 환율이 2016년 7월 103.9엔으로 떨어졌다. 이와 더불어 일본의 주가도 하락경향을 보이고 있다.

〈그림 6〉 일본경제의 분기별 성장률

자료: 總務省統計局(2016).

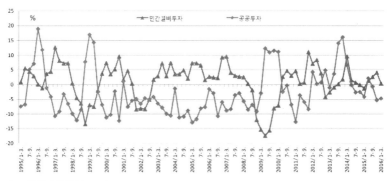

〈그림 7〉 일본경제의 분기별 투자 증가율(%)

자료: 總務省統計局(2016).

그러면, 이러한 금융지표의 동향이 실물경제 특히 설비투자에 피드백되고 있는지에 관해 살펴보자. 〈그림 6〉과 같이 일본경제는 장기간에 걸쳐 플러스와 마이너스 성장을 반복해왔다. 특히 리만쇼크 이후 급격한 경제축소경향을 보였다. 아베정권 성립 이후 일본경제는 한동안 플러스 성장을 실현하였지만 2014년 4~6월 분기부터 2015년 1~3월 분기까지 마이너스 성장을 기록하였다. 이러한 경향은 〈그림 7〉과 같이 투자증가율에서도 확인가능하다. 아베노믹스 초기에 '기동적 재정정책'으로 공공투자율의 증가가 뚜렷하였지만, 민간투자율은 그렇게 완연한 회복세를 보이지 못하다가 다시금 떨어졌다. 투자율의 관점에서 볼 때 오히려 아베노믹스 이전 수준을 회복하였다고 평가하기 힘든 상황이다. 아베노믹스 하의 일본경제는 초기 상황이 호전되어 금융시장의 개선이 실물경제에 대해서는 느리게 파급되는 경향을 보이다가 2015년 이후 엔고현상이 완연해져, 성장전략의 실효성은 확인 불가능하다고 평가할 수 있다.

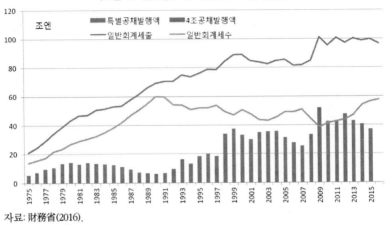

〈그림 8〉 일본정부의 재정수지와 공채발행

자료: 財務省(2016).

이뿐만 아니라 앞에서도 지적한 바와 같이 재정파탄의 위험성도 증가하고 있다. 일본정부의 2015년도 말 공채잔액은 약 838조 엔으로, 이는 1인당 약 664만 엔, 4인 가족 당 약 2,656만 엔에 해당한다. 이에 비해 현재 근로자 세대(평균세대인원 3.40명)의 평균연간 가처분소득은 약 508만 엔에 불과하다(財務省, 2016). 누적적자 규모는 일반회계 세수(2013년도 예산액 58조 엔)의 약 15년분에 해당되며 국제적으로도 불안요인으로 인식되고 있다. 이에 대해 아베수상은 2013년 2월 시정방침 연설에서 '중앙 및 지방의 기초적 재정수지에 관해서 2015년도까지 GNP 대비 적자 규모를 2010년도에 비해 반으로 줄이고 2020년까지 흑자를 달성한다는 재정건전화 목표의 실현을 추구한다'고 설명하였다. 당연히 이는 지켜지지 못하고 있다.

이로 인해 재정파탄의 가능성이 우려되고 있으며, 재정파탄은 국채의 가치를 크게 하락시킬 것이다. 국채보유가 주로 국내에서 이루어진 만큼 재정파탄에 의해 국채가격이 크게 하락할 경우, 국내에서 대규모 소득이전이 일어나고 경제주체들에 대한 부정적인 영향이 커질 것이다. 물론 일본은행이 국채의 상당 부분을 보유하고 있다는 점에서 일단은 파국을 피할 수도 있겠지만, 국채를 다량 보유한 민간금융기관에 대한 영향이 염려된다.

이상의 문제의식 하에서 서울대 일본연구소 역사와 경제 연구실은 일본경제가의 '잃어버린 20년(lost two decades)'이라는 장기불황을 거시적 측면과 더불어 미시적 측면에서도 분석하고, 과거 그 요인이 어디에 있었으며, 그로부터 벗어나기 위해서는 무엇이 필요한 지를 고찰하고자 한다. 현재 추진중인 아베노믹스는 현재의 정치동학과 맞물려 진행 중인 거대한 경제실험이라고 할 수 있다. 그 장래는 불투명하지만, 한국경제와 연동되어 있으며 우리에게 많은 시사점을 제시해 주고 있는 것은 분명하다.

〈제1장 장기불황 하의 구조개혁과 일본형 경제시스템의 변화〉에서 정진성은 기존의 일본경제시스템이 기능부전에 빠짐으로써 경제성장에 오히려 걸림돌이 되고 있는 이유를 규명하고, 구조개혁이 일단락된 2010년을 전후한 시점에서 이것이 일본의 기존 경제시스템, 즉 '일본형 경제시스템'에 어떠한 변화를 가져왔는지를 확인하였다. 1990년대 이래 일본 정부가 추진해온 구조개혁은 일본의 경제시스템을 보다 시장원리를 중시하는 시스템으로 변혁하고자 하는 정책이라고 할 수 있다. 여기에는 기존의 경제구조 또는 제도가 경제환경의 변화에 대응하지 못하고 기능부전에 빠짐에 따라 경제성장에 족쇄로 작용하여 1990년대 이래 장기불황의 요인이 되고 있다는 판단이 있었다.

〈제2장 장기불황과 은행의 금융중개기능〉에서는 김동환이 일본금융의 '잃어버린 20년'을 검토하고 한일비교의 관점에서 은행의 금융중개기능의 변화를 분석하였다. 외환위기 이후, 특히 글로벌 금융위기 이후 한국경제는 가계저축이 급격히 감소하는 가운데 민간 소비와 투자가 지속적으로 감소하면서 저성장의 늪으로 빠져들고 있다. 게다가 향후 부동산거품이 꺼질 경우 빠른 속도로 디플레이션 국면에 접어들 가능성도 점쳐지는 등 '잃어버린 20년'동안 일본에서 발생했던 것과 유사한 현상들이 나타나고 있어 한국경제의 미래를 어둡게 하고 있는 실정이다. 이를 통해 '잃어버린 20년'이라는 일본의 전철을 밟지 않으려면 김동환은 은행의 금융중개 기능을 복원하여 실물경제 기반을 지탱하는 동시에 자본시장의 금융중개 기능도 강화할 필요가 있다고 보고 있다.

〈제3장 일본의 국제경쟁력 하락과 그 원인〉에서 여인만은 일본 경제의 국제적 위상 저하에 관하여 국가경쟁력과 산업의 국제경쟁력을 나누어 그 현황과 원인을 검토하였다. 1990년대 이후 일본의 산업경쟁력을 무역특화지수를 통해 살펴보면, 자동차·철강·기계 산업의 경쟁력은 유지되고 있는 반면, 반도체·컴퓨터·가전제품을 포괄하는 전자산업의 경쟁력은 급속히 악화되었다는 것을 알 수 있다. 일본의 국가 경쟁력이 약화된 것은 1990년대 이후 새롭게 대두되어 급속하게 비중을 확대해가고 있는 ICT 산업의 이노베이션을 지원하는 국가차원의 인프라가 부족했고, ICT 산업의 패러다임이 전통적으로 일본이 강점을 가지고 있던 분야에서 약점 분야로 전환되었기 때문이다.

〈제4장 일본의 정부 기업 간 관계의 신전개〉에서 김용도는 1980년대 이후 철강산업을 중심으로 산업정책에서 보이는 일본의 정부와 기업 간 관계를 분석하였다. 이를 통해 장기불황이 시작되기 전인 1980년대부터 산업정책에 큰 변화가 나타났다는 점이 지적되었다. 먼저, 산업정책에 있어, 정부의 역할이 시장기능의 충실화와 개선에 한정되는 등 시장성이 강화되었다. 1997년 이후에는 수평적 기업합병을 촉진해 간접적으로 기업 간 경쟁을 촉진하는 제도도 강화되었으며, 산업구조조정정책에서도 시장의 영향, 민간기업의 판단이 보다 중시된 데다, 인위적인 시장수급조정이 한층 어려워져, 정부는 수급조정을 위한 시장개입을 억제하는 행동을 취했다는 점을 밝혔다. 산업기술정책에 있어서도, 국책연구의 실용화가 중시되고 연구성과의 사업화가 시도되었으며, 연구의 경쟁 촉진책도 강화되는 등, 시장성이 강화되는 변화가 관찰된다고 보았다.

〈제5장 일본 항공업의 규제개혁과 경쟁구조의 전환〉에서는 임채성이 일본항공시장의 규제개혁을 통해 경쟁체제가 도입되었음에도 불구하고, 제도적 관성으로 인해 정부 개입이 완전히 청산되지 못함에 따라 발생한 시장왜곡과, 이로 인한 문제점을 논하였다. 규제개혁은 정부의 과도한 규제가 해당 산업의 경쟁력을 저하시킨다는 문제의식에서 정부의 규제를 완화 혹은 철폐함으로써 경제주체의 자율적 성장을 유도하고자 하는 것이다. 일본 항공업의 규제개혁은 정부의 개입주의를 지속하는 것이 정부와 기업 모두에게 얼마나 많은 대가를 지불하도록 하는지를 보여준다. 임채성은 규제개혁이 행정기관의 논리가 아닌 경제주체로서의 민간 측의 논리에 따라 이루어질 때 결과적으로 소비자후생을 보다 더 확장시킬 수 있다는 방향성을 제시하고 있다.

〈제6장 일본기업의 경쟁력 하락과 유통산업〉에서 김현철은 유통산업의 변화가 어떻게 일본의 대표적인 산업 중의 하나인 가전산업과 화장품 산업의 경쟁력 하락에 영향을 주었는지를 고찰하고, 이를 보다 일반화하여 유통산업의 변화가 제조기업의 경쟁력에 어떠한 영향을 미치는지를 검토하였다. 일본기업들은 고도 경제성장기에 유통계열화를 기반으로 유통의존형 사업모델을 구축하였고 이를 기반으로 성장해 왔다. 하지만 소비자의 소비경험이 축적되고 소비자의 가격 민감도가 높아지자 유통산업에서 카테고리 킬러형 전문점과 양판점이 급속히 성장하였다. 이들이 소비자의 구매 대리점을 표방하며 가격 파괴를 일상화하자 일본기업들의 사업모델이 서서히 붕괴되어 갔다. 이와 더불어 일본 기업들의 경쟁력도 같이 하락해 갔던 것이다.

〈제7장 헤이세이불황 이후 일본의 고용과 노동〉에서 김양태는 노동시장의 유연화와 고용의 탄력화·다양화 흐름을 인사노무관리 측면에서 재조명하고 그 특징을 살펴보았다. 버블붕괴 이후 정규고용의 감소와 비정규고용의 확대로 대표되는 노동시장의 유연화는 일본기업이 기업지배구조의 변화, 이익 및 주가중시의 경영, 고용·노동에 관한 법 개정 등 고용·노동 분야의 환경변화에 적극적으로 대응한 결과이다. 특히 고용의 탄력화·다양화는 규제개혁, 고용포트폴리오, 시장원리 등이 인사노무관리에 도입되면서 나타난 현상들로 파견노동자 수의 증가는 그 대표적 현상이다. 일본적 고용관행에서는 장기고용을 기업 고용방침의 근간으로 설정하면서 정규고용의 양적 축소와 함께 '한정정사원제도', 'JOB형 정사원제도'가 도입되는 등 질적 변화도 나타나고 있다. 연공임금은 연공성(年功性)을 축소하는 방향에는 변함이 없으나, 과거 성과·업적주의에서 탈피해 직무를 중시하는 임금·인사관리로 빠르게 전환되고 있다. 그러나 노동시장의 유연화와 고용의 탄력화·다양화의 결과, 기업의 수익성은 개선·확대되는 가운데, 고용격차, 소득격차, 장시간 노동 등이 증가하면서 새로운 사회문제로 등장했다. 격차문제를 해결하기 위해 중산층의 부활·확대가 강조되고 있는데, 아베정부는 고용·노동개혁을 통한 해결 방안을 제시하고 있어 향후 그 귀추가 주목된다.

현재 일본경제가 직면하고 있는 과제는 한국도 대부분 공유하고 있는 문제점들이다. 즉, 한국에서도 기업 투자율의 저하에 따라 잠재적 경제성장률이 지속적으로 저하되는 경향을 보이고 있다. 이와 더불어 소자고령화(少子高齡化)가 진전되어 노동 가능한 인구비율이 줄어들고 향후 고령화 사회의 진전으로 인한 재정압박이 커질 것으로 예상되고 있다. 이미 재정적자가 확대되는 움직임을 보이고 있으나, 현재로는 그리 심각하지 않다고는 하나 향후 재정적자문제가 크게 부상될 것으로 보인다. 이러한 제반 문제점은 일본경제의 장기불황이 일본에만 국한된 특수한 사례가 아니며, 정책적 관점에서 일본의 대응은 한국이 참고할 만한 대상이 됨을 말해준다.

현대일본생활세계총서 10

저성장시대의 일본경제
: 장기불황 진입과 현황

장기불황 하의 구조개혁과 일본형 경제시스템의 변화*

정진성

1. 머리말

한 나라의 경제시스템은 경제환경의 변화에 대응하면서 변화해 간다. 환경변화에 대해 경제시스템이 원활하게 대응하지 못할 경우, 예를 들어 기득권 그룹의 이해관계 때문에 새로운 시스템으로의 변혁이 원활하게 진행되지 않을 때, 기존의 경제시스템은 경제발전에 장애물이 될 수 있다.

1990년대 이래 일본 정부가 추진하고 있는 '구조개혁'1)은 일본의 장

---

* 이 글은 『일본비평』 제14호(2016.2)에 「구조개혁과 일본형 경제시스템」이라는 제목으로 처음 발표된 것을 제2절의 내용을 추가하고 단행본의 취지에 맞게 수정·보완한 것이다.
1) 일본에서 구조개혁이란 용어는 시기에 따라 다양한 의미로 사용되었으나, 이 글에서는 주로 1990년대 이후 일본 정부가 추진한 일련의 구조개혁, 규제완화 등의 정책을 의미한다.

기불황의 원인이 변화한 경제환경에 적절히 대응하지 못한 기존 경제시스템의 기능부전에 있다는 인식 하에, 일본경제의 활성화를 위해 기존의 경제시스템을 좀 더 시장원리가 중시하는 방향성으로 개혁하는 것을 목적으로 하는 정책이라고 할 수 있다. 그러나 일본 정부가 구조개혁을 추진한 지 20여 년이 지났지만, 정부의 의도대로 일본의 경제시스템이 시장지향적으로 변화했는지, 또는 그런 방향성이 명확한지는 불명이다.

이 글에서는 기존의 경제시스템이 기능부전에 빠져 경제성장에 오히려 걸림돌이 되고 있는 이유를 구명하고, 구조개혁이 일단락된 2010년을 전후한 시점2)에서 구조개혁이 일본의 기존 경제시스템, 즉 '일본형 경제시스템'에 어떠한 변화를 가져왔는지를 확인하고자 한다. 만일 구조개혁이 이렇다 할 성과를 내지 못하고 있다면 그 이유를 밝히는 것도 이 글의 과제다.

---

2) 구조개혁은 고이즈미 내각(2001년 4월~2006년 9월) 이후에도 기본적으로는 계속 추진되었으나 그 동력은 급격히 떨어졌으며, 2009년에 집권한 민주당 정권에서는 리더십의 부재로 이렇다 할 성과를 내지 못하였다. 한편 2012년 12월에 성립한 제2차 아베내각이 추진한 아베노믹스는 구조개혁의 요소를 제3의 화살, 즉 '새로운 성장전략'에 포함하고 있으나, 그 중심축이 양적 완화를 중심으로 하는 '대담한 금융정책'에 있음은 명백하다.

2. '잃어버린 20년'과 구조개혁의 등장

2.1. '잃어버린 20년'

1990년대 초부터 시작되어 현재까지(2010년대 초) 계속되는 장기불황의 시기는 '잃어버린 20년'이라고 불리고 있다. 이 시기의 연평균 GDP의 실질성장률은 1%에 미치지 못하는 낮은 수준인데, 이것은 고도성장기의 10%는 물론, 1970년대 석유위기 후의 안정성장기의 3-4%에도 미치지 못하는 낮은 수치이다〈그림 1〉. 더구나 이 시기에는 디플레이션도 일어났다. 앞에서 말한 1%가 안 되는 성장률이란 실질 성장률로서, 명목 성장률을 보면 이 시기에 경제성장은 거의 일어나지 않았다.

〈그림 1〉'잃어버린 20년'의 경제성장률

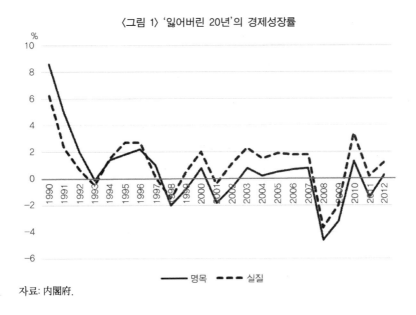

자료: 内閣府.

계속적인 경제성장에 익숙한 일본인에게 이러한 장기간의 소득 정체는 초유의 경험이었다. 과거에도 GDP가 감소한 적은 있었다. 즉 제1차 석유위기가 일어난 1973년의 다음 해인 1974년에 일본의 GDP 성장률은 전후 처음으로 마이너스를 기록했다. 그러나 이때의 GDP 감소는 1회성 사건으로 끝났을 뿐만 아니라, 명목적 GDP는 인플레이션 때문에 오히려 크게 증가했다. 그러나 지금의 장기 불황기에는 경제성장의 정체가 무려 20년 동안 계속되고 있으며, 더구나 디플레이션 때문에 명목소득이 때로는 감소하기도 했다는 점에서 1974년의 충격에 비교할 바가 아니다.

〈그림 2〉 근로자가구 실수입(1개월 평균)의 추이

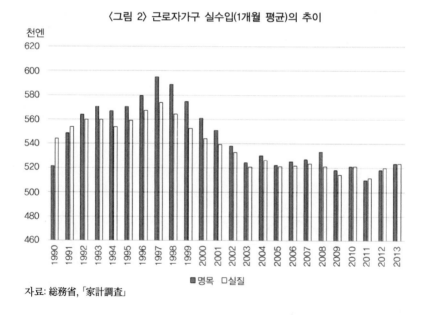

자료: 総務省, 「家計調査」

'잃어버린 20년'간 일본인들의 생활이 실제로 어느 정도 궁핍해졌는지를 알기 위해서는 근로자 가구의 가계소득을 보는 것이 더 쉽다.

GDP는 기업이나 정부부문의 소득도 포함하는 반면 근로자가구의 가계소득은 평범한 근로자가구가 실제로 버는 수입을 보여주기 때문이다. 1995년의 근로자가구의 실수입은 약 59만 5천 엔이었지만, 이후 계속 줄어들어 2011년에는 약 51만 엔이 되었다〈그림 2〉. 물가 변화를 배제하기 위해 2010년 가격으로 보면 같은 기간에 약 57만 4천 엔에서 약 51만 2천 엔으로 감소했다. 실질가격으로 보았을 대 감소폭이 작아지는 것은 이 시기에 물가가 하락했기 때문이다. 이처럼 근로자들의 수입, 즉 직장에서 받는 월급이 계속 줄어드는 상황이 10년 이상 계속되고 있는 것이다. '잃어버린'이란 표현에는 이와 같은 일본인들이 궁핍과 상실에 대한 뼈아픈 체험이 담겨 있다.

2.2. 구조개혁의 등장

심각한 불황이 장기화하는 가운데 장기불황대책으로서 구조개혁 정책이 등장하였다. 장기불황 대책으로서 구조개혁을 정부의 주요 경제정책으로 처음으로 명확히 제시한 것은 호소카와(細川) 내각이었다. 버블 붕괴 직후에 발족한 호소카와 내각에서 발표된 「히라이와(平岩)리포트」(1993년 11월 중간 보고서, 12월 최종 보고서)는 "버블 붕괴에 의해 고용불안, 국제경쟁력 저하, 수입 정체 등의 곤란이 증대하는 등의 격변에 대처하기 위해, 지금까지는 '선진국 캐치업'형의 일본형 경제시스템 - 좋게 말하면 협조, 나쁘게 말하면 유착(なれ合い) - 이 잘 기능했지만 이제는 이것을 개혁해야 할 시기"임을 주장하고 개혁을 위한 정책원리로서 규제완화를 강조했다.

「히라이와 리포트」가 제시한 기존의 일본형 경제시스템의 개혁은 이후의 내각에서 '구조개혁'이란 용어를 통해 주요 정책과제의 하나로 반복해 등장한다. 1995년 12월 1일에 무라야마(村山) 내각에서 각의결정 된「구조개혁을 위한 경제사회계획: 활력 있는 경제 안심할 수 있는 생활」은 경제구조개혁을 경제성장정책의 한 축으로서 확정시키는 자세를 더욱 분명히 했으며, 1996년 12월에 경제심의회가 하시모토 내각에 제출한 6분야의 경제구조개혁에서는 시장원리의 관철과 경쟁의 촉진을 구조개혁을 추진하는 기본 시각의 하나로 제시했다. 오부치(小淵) 내각에서 총리의 자문기관인 경제전략회의가 1999년 2월 26일에 발표한「일본경제 재생의 전략」은, 일본의 경기회복이 불투명한 배경의 하나로 일본적시스템의 파탄이 있음을 지적하고, 기존의 시스템이 "일본경제 성장의 족쇄로 작용하고 있다"는 인식하에 "새로운 일본형시스템을 구축할 필요"를 주장했다. 기존 경제시스템의 시장지향적시스템으로의 개혁을 가장 선명하게 선언한 것은 '성역 없는 구조개혁'을 캐치프레이즈로 하여 등장한 고이즈미(小泉) 내각이었다. 이 내각의 발족 직후 경제재정자문회의에서 발표한「금후의 경제재정운영 및 경제사회의 구조개혁에 관한 기본방침 2001」은 경제성장은 '시장'과 '경쟁'을 통해 원활한 자원의 이동이 이루어짐으로써 가능하다고 하면서 "시장의 장애물이나 성장을 억제하는 것을 배제"하겠다는 구조개혁의 기본방침을 명확히 선언했다.

이상에서 호소카와 내각에서 고이즈미 내각까지 추진된 구조개혁은 기존 일본경제의 시스템을 시장지향적시스템으로 전환시킴으로써 경제성장을 실현한다는 것을 기본적인 시각으로 하여 추진되어 온 것임을 알 수 있다.

2.3. 왜 구조개혁인가?

경제성장을 위하여 기존 시스템을 시장지향적시스템으로 전환시
키고자 하는 일본정부의 구조개혁은 장기불황의 기본요인을 공급 측면
에서 찾고 있는 연구성과에 의해 뒷받침되고 있다.

장기불황의 요인을 공급 측면에서 찾는 연구자들은 무엇보다도 일
본의 잠재성장률이 장기적으로 하락하고 있는 점을 중요시한다. 잠재성
장률의 추계는 여러 가지가 있으나, 대체로 1980년대 후반에 4% 전후였
던 잠재성장률은 1990년대에 들어와 하락하여 1990년대 후반부터 1%대
전반이라는 낮은 수준에서 변동하다 2007년경부터 다시 낮아지는 것으
로 나타나고 있다〈그림 3〉.

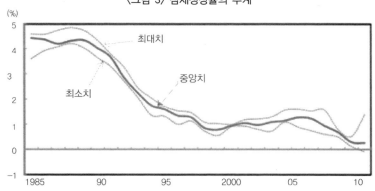

〈그림 3〉 잠재성장률의 추계

주: 각 기관의 시산 중에서, 최대치, 최소치, 중앙치를 사용.
자료: 内閣府(2011). 원자료는, 일본 내각부 시산, 일본은행조사통계국 시산, OECDstat, IMF
   "World Economic Outlook Database".

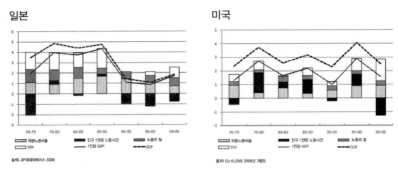

〈그림 4〉 1인당 GDP의 하락요인

자료: 金榮愨·深尾京司·牧野達治(2010). 원자료는 일본은 JITデータベース 2009, 미국은
EU KLEMS 2008년 3월판.

이들은 잠재성장률 하락의 주요인을 총요소생산성(이하, TFP) 증
가율의 하락과 노동시간의 감소에서 찾고 있다.[3] 일본을 미국과 비교해
보면 일본은 1990년대에 들어와 특히 TFP 상승률의 경제성장에 대한 기
여도가 극히 미미함을 알 수 있다〈그림 4〉. 노동시간의 감소는 인구의
감소 및 주 40시간 노동제의 정착에 의한 것이다. TFP 증가율의 하락은
ICT 투자의 저조, 무형자산 투자의 저조, 산업 간 자원배분의 악화, 경제
의 신진대사 기능저하(기업의 진입과 퇴출 효과) 때문이며, 그 배경에는
경직적인 노동시장관행이나 간접금융 의존적인 자금시장으로 인한 유
동성 제약 등이 있는 것으로 생각되고 있다.[4] 따라서 장기불황에서 탈출

---

3) Hayashi, Fumio and Edward C. Prescott, "The 1990s in Japan: A Lost Decade,"
   Review of Economic Dynamics, vol. 5, no. 1, 2002; 深尾京司, 『「失われた20年」
   と日本経済』, 日本経済新聞社, 2012; 宮川努, 「「失われた10年」と産業構造の転換」,
   岩田規久男・宮川努編, 『失われた10年の真因は何か』, 東洋経済新報社, 2003.
4) 深尾京司, 『「失われた20年」と日本経済』; 宮川努, 「「失われた10年」と産業構造の
   転換」; Fukao, Kyoji, Kenta Takeuchi, Young Gak Kim and Hyoug Ug Kwon,

하기 위해서는 TFP 상승률의 하락을 초래하는 기존의 경제시스템을 개혁하여 보다 시장지향적인 시스템으로 전환하는 구조개혁이 반드시 필요한 것이다.

〈그림 5〉 GDP 갭의 추이(1980년 제1사분기~2011년 제3사분기)

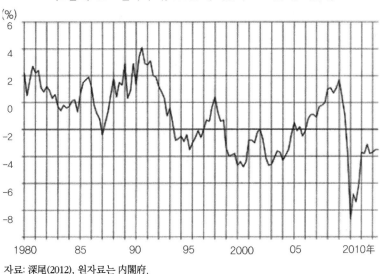

자료: 深尾(2012), 원자료는 內閣府.

　　장기불황의 요인을 수요 측면에서 찾는 연구자들도 존재한다. 이들 주장의 근거는 일본경제가 장기간에 걸쳐 디플레이션 갭에 있다는 것이다. 〈그림 5〉에 따르면, 1993년 이후 2007년을 제외하고는 거의 전 기간이 디플레이션 갭 상태에 있음을 알 수 있다. 특히 1993~95년과 1998~2003년에 2%를 초과하는 디플레이션 갭이 발생하고 있다. 2002~07년의

2015, "Why Was Japan Left Behind in the ICT Revolution?" *RIETI Discussion Paper Series* no. 15-E-043.

경기회복기에는 디플레 갭이 급속히 축소되었지만, 2008년의 세계금융위기의 영향으로 다시 8%를 넘는 거대한 디플레이션 갭이 발생하였다. 디플레이션 갭의 존재는 수요의 부족으로 자원이 완전히 사용되지 못하는 상태에 있음을 의미하는 것이므로, 이 그룹은 불황타개 정책으로서 재정정책, 금융정책과 같은 총수요관리정책을 중요시한다. 특히 금융정책을 중시하는 학자들은 일본경제가 '유동성의 함정'에 빠져 있는 상황에서는 금융정책의 통상적 경로가 기능하지 않기 때문에 보다 신속하게 정책금리에 영향을 줄 수 있는 정책, 예를 들면, 인플레 타겟팅 정책의 필요성을 주장하고 있다.5) 이들의 주장은 제2차 아베내각에서 채용되어 아베노믹스로서 실행되고 있다.

그러나 이와 같은 수요 요인을 중시하는 그룹도 논자에 따라 차이는 있지만 대체로 구조적 문제의 존재를 부정하는 것은 아니다. 이들 주장의 핵심은 장기불황의 직접적 요인은 금융정책과 같은 총수요관리정책의 실패이며, 따라서 적절한 재정금융정책에 의해 불황에서 빠져나올 수 있다는 것이다. 즉, 현재의 정책의 우선순위는 금융완화와 같은 거시경제정책에 두어야지 구조개혁에 두어서는 안 된다는 것이다. 반면에

---

5) 野口旭·岡田靖, 「金融政策の機能停止はなぜ生じたのか」, 岩田規久男·宮川努 編, 『失われた10年の真因は何か』, 東洋経済新報社, 2003; 岡田靖·飯田泰之, 「金融政策の失敗が招いた長期停滞」, 浜田宏一·堀内昭義·内閣府経済社会総合研究所 編, 『論争 日本の経済危機』日本経済新聞社, 2004; 岩田規久男, 『日本経済を学ぶ』, 筑摩書房, 2005. 재정정책의 유효성을 주장하는 연구로는 山家悠紀夫, 「長期停滞期における財政政策のx効果について」, 浜田宏一·堀内昭義·内閣府経済社会総合研究所 編, 『論争 日本の経済危機』日本経済新聞社, 2004; 吉川洋, 『転換期の日本経済』, 岩波書店, 1999; 吉川洋, 『構造改革と日本経済』, 岩波書店, 2003을 참조.

공급 측 요인을 중시하는 그룹은 거시경제정책은 어디까지나 대중적 요법일 뿐이며, 장기적으로 경제성장은 구조개혁을 통한 생산성 상승을 통하지 않고는 가능하지 않다는 것이다.

　장기불황의 원인이 공급 측에 있는지, 아니면 수요 측에 있는지를 구명하는 작업은 필자의 능력을 넘어서는 것이다. 여기서는 구조개혁이 장기불황의 요인을 공급 측 요인에서 찾고 있는 주장을 근거로 하고 있다는 점, 그리고 구조개혁의 방향이 시장지향적시스템이라는 점만을 확인해 둔다.

3. 일본형 경제시스템은 왜 기능부전에 빠졌는가?

　전술한 바와 같이 장기불황의 원인을 장기적인 TFP 상승률 하락에서 찾는 연구는 그 배경에 기존의 경직된 고용시스템이나 간접금융 중심의 금융시스템이 존재함을 지적하였다. 이하에서는 기존의 경제시스템이 경제성장에 장애물이 되고 있는 이유를 일본형 경제시스템론의 시각에서 살펴보기로 한다.[6]

---

6) 노구치 유키오(野口悠紀雄)의 『1940年体制』(東洋経済新報社, 1995)는 기존의 경제시스템의 기능부전문제를 지적한 초기의 대표적인 연구성과이다. 일본형 경제시스템의 변화에 대한 표준적인 연구서로는 小峰隆夫, 『日本経済の構造変動: 日本型システムはどこに行くのか』, 岩波書店, 2006이 유용하다.

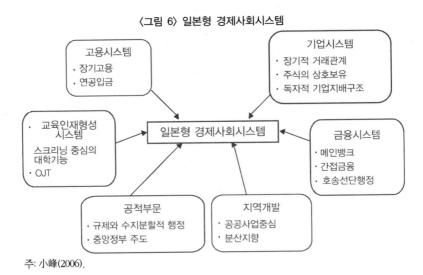

〈그림 6〉 일본형 경제사회시스템

주: 小峰(2006).

　　일본형 경제시스템은 몇 개의 서브시스템에 의해 상호보완적으로
형성되어 있다.[7] 즉, 〈그림 6〉에서 보는 바와 같이, 일본형 경제시스템
은 장기고용과 연공임금을 그 내용으로 하는 고용시스템, 장기적 거래
관계·주식의 상호보유·독자적인 기업지배구조라는 특징을 갖는 기업
시스템, 메인뱅크·간접금융·호송선단행정을 내용으로 하는 금융시
스템, 공공사업 중심으로 분산지향(모든 지방에 동일한 서비스 제공을
지향)의 지역개발과 규제사업 및 수직분할적 행정에 의해 중앙정부가
주도권을 장악하는 공적 부문, 스크리닝 중심의 대학기능과 직장내 교
육훈련(OJT, on-the-jobtraining)의 교육·인재형성시스템 등으로 이루어져
있다. 이들 서브시스템 간에는 제도적 보완성(institutional complementarit

---

7) 일본형 경제시스템은 관점에 따라 다양하게 정의될 수 있으나, 여기서는 고미네
　다카오의 정의를 따른다(小峰隆夫, 『日本経済の構造変動』, 10~11쪽).

y)[8]을 구축해 시스템의 안정성을 확보하고 있는 것으로 알려져 있다.

이러한 일본형 경제시스템의 본질에 대해서는 장기적 관계를 중시하는 시스템이라는 견해가 설득력을 얻고 있다.[9] 기업과 노동자는 장기적 고용관계에 있으며, 기업 사이에는 자재의 조달에서 장기적 관계에 있으며, 기업과 은행은 자금조달에서 역시 장기적 관계를 가지고 있다. 즉 사람, 재화, 자금의 모든 면에서 장기적 관계를 맺고 있다. 그 구체적인 형태가 일본형 고용이며 일본형 기업집단 및 계열이고, 메인뱅크시스템이라고 할 수 있을 것이다.

여기서는 검토대상을 고용시스템,[10] 금융시스템, 기업지배구조에 한정하여 기존 시스템의 기능부전이 왜 일어났는지에 대해 살펴본다. 고용시스템과 금융시스템은 가장 중요한 생산요소인 노동력과 자금의 공급과 배분에 관련되어 있으며, 기업지배구조는 기업의 경영전략 및 성과배분과 관련되어 있기 때문에, 이 부문의 변화를 통해서도 기존 시스템의 문제점은 충분히 파악될 수 있을 것으로 생각한다.

---

8) 시스템 간의 보완성(complementarity)에 대해서는 靑木昌彦, 『経済システムの進化と多元性: 比較制度分析序説』, 東洋経済新報社, 1995; 靑木昌彦・奧野正寛, 『経済システムの比較制度分析』, 東京大学出版会, 1996을 참조.
9) 貝塚啓明・財務省財務総合政策研究所 編, 『再訪 日本型経済システム』, 有斐閣, 2002; 宮本又郎ほか, 『日本型資本主義』, 有斐閣, 2003; ロナルド・ドーア(藤井真人訳), 『日本型資本主義と市場主義の衝突』, 東洋経済新報社, 2002(Ronald Dore, *Stock Market Capitalism: Welfare Capitalism – Japan and Germany versus the Anglo-Saxsons*, Oxford University Press, 2002).
10) 교육 및 인재형성시스템은 별도로 다루지 않고 고용시스템에서 관련되는 내용에 대해 언급한다.

3.1. 고용시스템

　일본의 고용제도의 특징으로 일반적으로 종신고용, 연공서열이 지적되고 있다. 이러한 일본 특유의 고용제도를 설명하는 데, 경영이념이나, 집단주의 등의 문화적 특징을 지적하는 논의도 있으나, 제도로서 성립할 수 있었던 가장 기본적인 조건은 지속적 고도성장이었다는 견해가 지지를 받고 있다.

　종신고용이나 연공서열은 장기근속에 대한 인센티브시스템이라고 생각할 수 있다. 고도성장기와 같이 경제규모가 급속히 확장되면서 노동력의 확보가 중요한 과제였던 시기에는, 노동자에게 장기근속에 대한 인센티브를 제시하는 것이 기업으로서는 합리적인 선택이라 할 수 있다. 고도성장기에는 인구가 증가하고 있었기 때문에 임금수준이 낮은 저연령의 종업원이 가장 많은 피라미드형 조직을 유지할 수 있어 연공형 임금하에서도 평균적 인건비를 낮게 유지할 수 있었다.

　장기고용과 연공임금은 일본기업의 숙련 형성과 밀접한 관련이 있음에도 유의해야 한다. 일본기업은 장기고용을 전제로 하여 OJT를 중심으로 한 훈련과 광범위한 직무순환(rotation)을 통해 노동자를 다능공으로서 육성하고 있다. 이렇게 육성된 다능공적 숙련은 '기업특수숙련'으로서의 특징을 가지기 때문에 다능공의 이직 비용은 범용적 숙련 노동자에 비해 높고, 따라서 이들의 기업 귀속의식은 강하다.

　그러나 1990년대 이후 불황의 장기화와 인구의 감소로 고도경제성장을 전제로 하여 성립했던 고용시스템의 유지가 어렵게 되었다. 성장률이 저하되고 노동인구가 감소되는 시대에는 노동력 수요가 둔화하고 피라미드형 조직을 유지하는 것이 어려워진다. 기업으로서는 노동자를 선점한다든가, 장기근속에 대한 인센티브를 부여할 필요가 적어지고, 피라미드형 조직을 유지하지 못하게 되면 연공형 임금이 인건비 상승을 유발하게 되어 기업의 경쟁력은 떨어지게 된다. 그뿐만 아니라, 기존의 고용시스템은 IT로 대표되는 기술혁신에 적절히 대응하기 어렵다. IT 산업은 기존의 산업구분을 넘는 횡단적 성격을 가지고 있으며, 스피드가 요구되고 규모의 경제성·네트워크 경제성이 작용하기 쉽다는 특징이 있다. 때문에 여기에는 고용 유동성이 높고 직무에 전문화된 전문교육을 제공할 수 있는 시스템이 적합하다.[11]

3.2. 금융시스템

고도성장기 금융시스템의 특징으로 간접금융과 호송선단행정(護送船團行政)을 들 수 있다. 일본 기업의 자금조달 상황을 보면, 다른 국가에 비해 간접금융(차입금)의 비중이 대단히 크다. 역사적으로 볼 때, 후발자본주의국에서는 사회적으로 여유자금의 축적이 충분하지 않아 자본시장이 발달하지 못한 반면, 은행이 기업의 자금조달에서 중요한 역할을 했다. 더구나 일본에서는 제2차 세계대전의 패전 후에 단행된 재벌해체, 농지개혁(지주제의 소멸), 재산세 개혁 등으로 자산가층이 몰락함으로써 자본시장의 발전은 더욱 지체될 수밖에 없었다. 반면 은행은 재

---

11) 小峰隆夫, 『日本経済の構造変動』, 23쪽.

벌해체에도 불구하고 온존되었고 호송선단행정으로 불리는 고도성장기의 금융행정은 은행의 입지를 강화했다.

이처럼 자금조달 수단으로 은행차입이 거의 유일한 상황에서 기업은 은행과 결합하여 안정적으로 자금을 제공받는 것이 유리했다. 기업과 은행 간의 장기적 관계라고 할 수 있는 메인뱅크제[12]는 기업에 대해서는 안정적인 자금조달수단의 확보를, 은행에 대해서는 역시 안정적인 대출대상을 보장하는 시스템이라고 할 수 있다.

그러나 이와 같은 금융시스템은 점차 시대착오적인 것이 되어갔다. 1970년대에 들어와 자금시장에서의 수요초과는 사라지고 오히려 공급초과가 나타나면서,[13] 자금의 초과수요를 전제로 하여 형성된 호송선단방식과 같은 정부규제는 그 존재 이유를 잃게 되었다. 그럼에도 불구하고 지속된 호송선단방식의 규제는 기존 금융기관의 기득권을 보장하거나 비효율적인 부문을 온존시킴으로써 금융부문의 효율성을 떨어뜨리고 모럴 해저드를 초래했다.

한편 일본경제의 서구 선진국에 대한 캐치 업이 끝남에 따라 일본기업은 선진국의 성공사례라는 모범 없이 스스로 신시장, 신제품, 신기

---

12) 메인뱅크제에 대한 포괄적 연구로는 青木昌彦・パトリック 編(東銀リサーチインターナショナル訳), 『日本のメインバンク・システム』, 東洋経済新報社, 1996(Aoki, M. & Patrick, Hugh, eds., *The Japanese Main Bank System: Its Relevance for Developing and Transforming Economies*, New York: Oxford University Press, 1994)을 참조.

13) 1970년대에 들어와 경상수지가 흑자기로 전환한 것은 IS 밸런스(S-I=X-M)에서 알 수 있는 바와 같이 거시적으로는 국내의 자금시장 상황이 저축부족에서 저축초과로 전환되었음을 반영하는 것이다.

술을 개척해가야 했다. 이에 따라 기업의 투자는 고위험·고수익률(high risk/high return)로 변화해가지 않을 수 없었다. 높은 위험을 감수할 수 있는 투자 자금을 공급하는 데 본질적으로 보수적인 간접금융방식은 한계에 부딪칠 수밖에 없다.

불황의 장기화도 메인뱅크제의 기능 저하를 가져오고 있다고 생각된다. 메인뱅크제와 같은 기업과 은행 간의 장기적 관계는 효율이 낮은 기업(좀비 기업)에 대한 대출을 계속함으로써 결과적으로 경제 전체의 효율성을 떨어뜨리고 기업의 신진대사를 저해하는 결과를 낳고 있어, 메인뱅크의 기능에 대한 의문도 제기되고 있다.[14] 메인뱅크제는 기업지배구조에서도 중요한 의미를 지니고 있는데, 이에 대해서는 다음 항에서 언급하기로 한다.

3.3. 기업지배구조(corporate governance)

기업지배구조의 문제는 버블의 붕괴와 함께 부각된 문제 중 하나다. 즉, 1980년대 말 이후 일본경제에 있어 기업경영자의 규율을 잡는 메커니즘, 즉 기존의 기업지배구조가 유효하게 기능하지 않게 된 것이 과잉투자 내지는 비효율적 경영의 원인이 되었다는 주장이 제기되었다.

일본의 기업지배구조는 적어도 법체계상으로는 주주주권적(株主主權的)인 내용에 충실한 것으로 되어 있다. 그러나 현실에 있어 일본기업의 기업지배구조는 법체계가 상정하는 세계와 상당히 다르다. 일본에

---

14) Ricardo J. Caballero, Takeo Hoshi, & Anil K. Kashyap, "Zombie Lending and Depressed Restructuring in Japan," *American Economic Review* 98(5), 2008.

는 주주총회나 이사회를 통한 내부통제만이 아니라 주식시장에 의한 외부통제도 제대로 기능하지 못하고 있는데, 이것은 기업 간 주식상호보유라고 하는 주식보유구조의 특질에서 연유한다.

일본의 경우, 주주나 주식시장을 대신하여 메인뱅크가 경영자를 모니터링 해왔다는 견해가 유력하다.[15] 메인뱅크는 기업의 결제구좌를 통해 기업의 재무상태가 악화되었음을 체크할 수 있다. 어떤 기업이 메인뱅크의 재융자 결정이 없을 경우 기업으로서 존속할 수 없는 상황에 빠지면, 메인뱅크는 기업에 대하여 주주로서의 권리를 행사하여 경영자의 해임 등 적극적인 행동에 나선다. 그리고 최종적으로는 기업을 청산할 것인가, 구제할 것인가를 판단한다. 이처럼 메인뱅크가 지배구조의 핵심에 위치할 수 있었던 것은 일본기업이 자금조달을 주로 은행차입에 의존해왔기 때문이다.

일본의 기업지배구조에서는 종업원주권이 작용하고 있다는 주장도 있다.[16] 종업원주권은 장기고용관행하에서 종업원 중에서 경영자가 선발되고 종업원이 기업과 운명공동체적 의식을 강하게 가지고 있기 때

---

15) 青木昌彦, 「メインバンク・システムのモニタリング機能としての特徴」, 青木昌彦・パトリック 編『日本のメインバンク・システム』, 1996; 青木昌彦・関口格, 「状態依存型ガバナンス」, 青木昌彦・奥野正寛編, 『経済システムの比較制度分析』, 1996. 메인뱅크의 모니터링에 대해서는 고도성장기부터 모니터링 기능을 충분히 발휘하지 못했다는 유력한 반론이 존재한다. 이에 대해서는 日高千景・橘川武郎, 「戦後日本のメインバンク・システムとコーポレート・ガバナンス」, 東京大学, 『社会科学研究』第49巻 第6号, 1998; 堀内昭義, 「日本の金融システム」, 貝塚啓明・財務省財務総合政策研究所 編, 『再訪 日本型経済システム』을 참조.

16) 伊丹敬之, 「株式会社と従業員「主権」」, 伊丹敬之・加護野忠男・伊藤元重 編, 『日本の企業システム 第1巻 企業とは何か』, 有斐閣, 1993; 伊丹敬之, 『日本型コーポレートガバナンス』, 日本経済新聞社, 2000.

문에 성립한다. 이처럼 메인뱅크에 의한 모니터링과 종업원주권이 일본의 기업지배구조의 특징을 이루고 있다는 점은, 기업지배구조가 금융시스템 및 고용시스템과 보완 관계에 있음을 의미한다.

이상의 논의로부터 일본적 기업지배구조가 효율적으로 기능할 수 있는 조건으로 ① 광범위한 기업 간 주식의 상호보유, ② 간접금융 중심의 자금조달, ③ 장기고용관계를 들 수 있다. 그런데 ①의 기업 간 주식의 상호보유가 주식보유에서 차지하는 비중은 1990년대 중반 이후 크게 하락하고 있으며,17) ②의 간접금융 중심의 자금조달은 직접금융 중심의 자금조달로의 전환을 요구받고 있고, ③의 장기고용관계도 역시 그 유지가 어려워지고 있는 상황이다. 이처럼 일본적 기업지배구조의 중요한 전제조건이 상실 또는 약화됨에 따라 새로운 기업지배구조의 구축이 1990년대의 중요한 과제로 대두되었다.

4. 구조개혁의 성과

기능부전에 빠진 기존의 경제시스템을 보다 시장지향적인 시스템으로 개혁한다는 구조개혁이 10여 년 넘게 추진되었다. 구조개혁이 어떠한 성과를 올렸는지를 규제완화의 진전 정도, 그리고 고용, 금융, 기업지배구조의 각 서브시스템의 개혁 상황을 통해 개관해 본다.

---

17) 宮島英昭・有田敬祐, 「株式所有構造の多樣化とその既決」, 『日本の企業統治: その再設計と競爭力の回復に向けて』, 東洋經濟新報社, 2011.

4.1. 규제완화의 진전과 성과

시장지향적시스템으로의 전환을 목적으로 하는 구조개혁이 역대 내각에서 일관되게 추진됨에 따라 일본경제는 제도적인 면에서는 상당한 변화를 보였다. 구조개혁 추진을 위한 기본적 수단인 규제완화의 진전을 중심으로 구조개혁의 경과를 개관해보면 다음과 같다(〈표 1〉참조).

〈표 1〉구조개혁의 진행과정

내각	연월		개혁에 관한 기본방침	고용	금융	기업지배구조	규제완화/민영화
나카소네 내각 (1982.11.27 ~1987.11.6)	1985년	4월					일본전매공사민영화 (일본다바코산업)
		4월					일본전신전화공사민영화(NTT)
		6월		직업훈련법이 직업능력개발촉진법으로 개칭, 개정			
		7월		노동자파견법 성립			
	1986년	4월	경제구조조정추진위원회 발족				
		8월	경제구조조정추진본부 발족				
	1987년	4월	마에카와 리포트				국철민영화(JR)
미야자와 내각(1991. 11.5~1993. 8.9)	1992년	6월			금융제도개혁법 성립		
호소카와 내각 (1993. 8. 9.~1994. 4. 28.)	1993년	12월	히라이와리포트				
	1994년	1월					행정개혁추진본부 설치
		2월					행혁대강 각의 결정
무라야마 내각 (1994. 6. 30.~1996. 1. 11)		12월					행정개혁추진위원회 설치
	1995년	3월					규제완화추진계획
		12월	구조개혁을 위한 경제사회계획 각의결정				
하시모토 내각 (1996. 1. 11.~1998. 7. 30.		11월	6대 개혁 제시				
	1996년	12월	경제분야의 변혁과 창조를 위한 프로그램 각의결정				
	1997년	3월					규제완화추진계획 개정
		5월	경제분야의 변혁			합병제도의 간소화	

내각	연월		개혁에 관한 기본방침	고용	금융	기업지배구조	규제완화/민영화
			과 창조를 위한 행동계획 책정				
		6월				순수지주회사 해금	
	1998년	1월					행정개혁추진본부 아래 내각 직속의 규제완화위원회 설치
		3월					규제완화추진 3개년 계획 각의결정
		3월		고용보험법 개정			
		6월			금융감독청설치		
		8월	경제전략회의 일본경제재생의 전략 발표				
		12월			금융시스템개혁법 시행(금융박)		
오부치내각 (1998.7. 30.~2000.4. 5)	1999년	3월					규제완화추진 3개년 계획 개정
		4월					규제완화위원회를 규제개혁위원회로 개칭
		6월		직업안정법 개정			
		8월				주식이전·주식교환제도 창설	
		12월		노동자파견법 개정			
	2000년	3월					규제완화추진 3개년 계획 재개정
		5월				분사분할제도 창설	
모리내각 (2000.4.5~ 2001.4.26)		7월			금융청 발족		
	2001년	3월					규제개혁추진3개년계획
		4월					내각부에 총합규제개혁위원회 설치
고이즈미 내각 (2001.4.26~ 2006.9.26)		6월	기본방침 2001 발표				
		12월				취체역 책임의 경감, 감사역 기능 강화	
	2002년	3월					규제개혁추진3개년계획 개정
		5월				위원회등설치회사 창설	
		12월					구조개혁특별구역법
	2003년	3월					규제개혁추진3개년계획 재개정
		4월		고용보험법 개정			
		6월		노동자파견법 개정 (2004년 3월시행)			
		7월				취체역회 결의에 의한 자가주식취득 용인	
	2004년	3월					규제개혁·민간개방 추진회의

내각	연월		개혁에 관한 기본방침	고용	금융	기업지배구조	규제완화/민영화
		3월					규제개혁 · 민간개방 추진3개년계획결정
		6월					도로공단민영화법 제정
		6월				회사법 개정	
	2005년	3월					규제개혁 · 민간개방 추진 3개년계획 개정
		10월					민영화 6법 제정
	2006년	3월					규제개혁 · 민간개방추진 3개년계획 재개정
		6월					행정개혁추진법 제정

규제완화는 이미 1980년대 초 · 중반에 인허가에 대한 재검토 및 민영화의 형태로 추진되었으며,[18] 1980년대 후반에는 행정개혁심의회가 경제적 규제완화 중심의 보고서를 정부에 제출하고 정부가 보고서 내용에 따라 정책을 실시하는 바와 같은, 행정개혁심의회를 무대로 한 규제완화방식이 정착되었다.

1990년대에 들어와서는 무라야마 내각에서 규제완화의 실행 측면에서 중요한 진전이 있었다. 우선 「히라이와 리포트」가 제안한 규제완화를 추진하는 강력한 제3자 기관으로서 1994년 12월에 「행정개혁위원회」가 설치된 점이 중요하다. 두 번째로 행정개혁위원회에서 「규제완화추진계획」을 책정함으로써, 규제개혁을 종합적 · 체계적 · 지속적으로 실시하게 되었다는 점이 주목된다. 규제완화추진계획은 1995년부터 실행에 옮겨져 그 명칭의 변화는 있어도 현재까지 계속되고 있다.[19]

---

18) 1985년에 일본전매공사와 일본전신전화공사가, 1987년에는 국철이 민영화되었다.
19) 규제완화추진계획은 2001년부터는 규제개혁추진계획, 2004년부터는 규제개혁 · 민간개방추진계획, 2007년부터는 규제개혁추진을 위한 계획, 2013년부터는 규제개혁실시계획 등으로 명칭이 바뀌면서 계속 되어왔다.

하시모토 내각에서는 행정개혁위원회의 임무가 행정개혁추진본부 하에 설치한「규제완화위원회」로 인계되었다(1998년 2월). 이전의 행정개혁위원회는 총리부 산하의 위원회였으나 규제완화위원회는 내각 직속으로 설립된 것이라는 점에서 더욱 강력한 기관이었다. 규제완화위원회는 모리 내각에서「규제개혁위원회」로 명칭을 바꾼 뒤, 2001년에 성청 개편에 따라 새로 설치된 강력한 내각부 본체에 설치된 수상의 자문기관인「총합규제개혁회의」로 계승되었다. 이후 이 회의는 2004년 3월에「규제개혁·민간개방추진회의」, 2007년 1월에「규제개혁회의」로 계승되었다.[20]

〈표 2〉 산업분야별 규제지표

	1995	1999	2002	2005
농림수산업	1	0.923	0.768	0.805
광업	1	0.659	0.718	0.723
제조업	1	0.322	0.261	0.227
건축업/토목업	1	0.55	0.775	0.849
전기업	1	0.388	0.285	0.277
가스/열공급업	1	0.531	0.439	0.388
상수도업	1	1.012	1.265	0.992
동업용수도업/폐기물처리업	1	0.861	1.198	1.318
도매업	1	0.235	0.234	0.225
소매업	1	0.274	0.296	0.287
금융/보험업	1	0.831	0.709	0.427
부동산업	1	0.505	0.554	0.558
철도업	1	0.466	0.445	0.218
도로운송업	1	0.321	0.209	0.184
수운업	1	0.525	0.392	0.332

20) 규제개혁회의는 2010년 3월에 폐지되었다가, 제2차 아베내각 성립 후 2013년 1월에 다시 설치되었다.

항공운수업	1	0.874	0.686	0.727
기타운수업/곤포	1	0.671	0.566	0.502
전신/전화업	1	0.662	0.121	0.073
기타 공공서비스	1	1.122	1.061	0.864
기타 대사업소 서비스	1	0.566	0.414	0.275
기타대개인 서비스	1	0.474	0.448	0.376
산업전체	1	0.483	0.447	0.394

자료: 内閣府(2006).

규제완화는 초기에는 개별 산업 및 개별 기업이라고 하는 미시적인 차원에서 실시되었으나, 1998년경부터는 산업횡단적인 혹은 전 분야에 걸친 제도나 룰 설정과 실시를 목적으로 하는 것을 포함하였다.[21] 내각부가 규제지표를 사용하여 산출한 규제 정도는 2005년에 1995년 시점의 약 4할로 감소했으며〈표 2〉, 특히 시기별로 보면 특히 1990년대 후반에 규제개혁이 크게 진척되었음을 알 수 있다.[22] 한편 OECD의 「제품시장 규제지표」에 의한 제품시장에서의 규제 정도를 국제비교하면 일본은 1998년부터 2003년 사이에 30% 정도 감소하여 2003년의 규제 강도는 30개국 중 아래에서 11번째로 위치하고 있다. 이러한 지표들을 근거로 에토(江藤)는 경제적 규제 분야에서의 규제완화는 21세기에 진입하는 시점에서 상당한 진전을 보인 것으로 평가하고 있다.[23]

---

21) 江藤勝, 「構造改革における規制改革・民営化」, 寺西重郎編・企画・監修内閣府 経済社会総合研究所, 『構造問題と規制緩和, バブル / デフレ期の日本経済政策 第7巻』, 慶応義塾大学出版会, 2010, 274쪽.
22) 2000년대에 들어와서는 전반적으로 규제개혁이 착실히 진전되는 가운데 과거에 제조업에 비해 규제개혁의 정도가 뒤떨어져 있던 비제조업에서 특히 큰 성과를 나타내고 있음을 알 수 있다.
23) 江藤勝, 「構造改革における規制改革・民営化」, 2010, 301쪽.

2000년대에 들어와서는 특히 공적 부문의 개혁 및 민영화가 중요한 과제로 설정되어 추진되고 있다. 2002년 「구조개혁특별구역법」이 제정되어 구조개혁특구의 설치에 의한 지역개발시스템의 개혁을 추진하거나, 2006년에 「공공서비스개혁법」을 제정하여 시장화 테스트 도입을 통한 관제시장의 민간개방을 추진하고 있는 것 등이 그 예다.

이상에서 규제완화 실시의 관점에서 보았을 때, 1995년경에 규제완화의 계속적이고 종합적인 실행체계가 확립되고 이후 점차 그 범위를 확대해감으로써 2000년경에는 경제적 규제 분야에서는 상당한 진전이 있었음을 알 수 있다.

4.2. 고용시스템

(1) 고용시스템의 개혁

장기고용과 연공임금을 특징으로 하는 일본적 고용시스템이 경제환경의 변화로 그 유지가 어렵게 된 상황에 대응하여, 기업의 고용정책은 이미 변화하고 있다.

일례로 일본경영자단체연맹은 1995년에 발표한 「신시대의 일본적 고용」에서 고용 포트폴리오 모델을 제시하고, 고용형태를 '장기축적 활용형', '고도전문능력활용형', '고용유연형'으로 분류하며, 한편으로는 유동적인 노동자가 축적되면서, 다른 한편으로는 장기고용을 전제로 하는 일본적 고용관행이 심화되는 이극분화가 계속될 것으로 전망했다.

실제로 일본 기업에서는 연공서열적 평등주의에서 실력주의로의 변화가 뚜렷이 나타나고 있다. 성과급을 도입한다든가,[24] 정년제를 폐지한다든가 하는 움직임이 광범위하게 관찰되어, 더는 장기고용과 연공서열적 임금이 일본의 특징이라고 말하기 어려운 상황이다.

이와 같이 기업의 고용대책이 변화하는 가운데 고용시스템에 관한 정부의 규제개혁은 노동력 수급조정기능을 '내부노동시장에서 외부노동시장으로' 이전시키는 것을 기본방향으로 하여 실시되었다.[25] 이를 위한 제도개혁으로는 ① 유료직업소개, 무료직업소개, 파견노동, 위탁모집에 관한 규제완화, ② '실업 없는 원활한 노동이동'을 실현하기 위한 직업훈련 등 적극적 고용정책이 추진되었다. 이하에서는 파견노동 및 직업소개에 대한 규제완화 및 직업훈련 등의 적극적 고용정책에 대해 좀 더 자세히 살펴보도록 한다.

① 노동자파견법 및 유료직업소개소

노동자파견법은 내부노동시장이 노동력 수급조정의 중심에 있었던 1985년 6월에 성립했다. 이 법률에 의해 노동자파견사업이 한정적이

---

24) 성과주의는 1990년대 후반에서 2000년대 전반에 걸쳐 널리 도입되었지만, 그 후에는 다시 후퇴하고 있으며, 직무수행능력이 여전히 가장 중요한 임금결정요소로 되어 있다는 보고가 있다(厚生労働省, 『平成25年版労働経済の分析』, 2013, 173쪽). 1990년대의 임금구조에 대해서는 三谷直紀, 「年功賃金・成果主義・賃金構造」, 樋口美雄編・企画・監修内閣府経済社会総合研究所, 『労働市場と所得分配, バブル / デフレ期の日本経済政策 第6巻』, 慶応義塾大学出版会, 2010을 참조.

25) 安井健悟・岡崎哲二, 「労働市場・雇用システム改革」, 寺西重郎編・企画・監修内閣府経済社会総合研究所, 『構造問題と規制緩和, バブル / デフレ期の日本経済政策 第7巻』, 慶応義塾大学出版会, 2010. 야스이・오카자키(安井・岡崎)는 근로형태의 다양화에 대응하는 개혁을 규제개혁의 또 하나의 기본 방향으로 지적하고 있다.

긴 하나 최초로 법적으로 인정되었다. 1985년 노동자파견법의 특징은 대상 사업을 한정 열거하는 이른바 포지티브 방식을 채용했다는 점이다. 또 노동자파견사업을 등록형과 상용고용형으로 이분하여 전자는 허가제, 후자는 계출제를 적용하는 구조였다(최초는 12업무를 대상). 이 법은 1999년 12월 개정으로 커다란 전환점을 맞았다.[26] 이 개정에서 대상업무를 네거티브 방식으로 전환함과 함께 신규로 파견사업이 인정된 업무에 대해서는 파견기간을 1년으로 제한했다. 2003년 6월 노동자파견법이 다시 개정되어, 파견기간 제한의 연장(종래의 1년에서 3년)과 제조업무에서의 파견 해금 등의 개정이 이루어졌다.

유료직업소개소에 대해서는 1997년 2월 직업안정법시행규칙의 개정을 거쳐 1999년 6월에 직업안정법이 개정됨으로써 유료직업소개의 대상 직종이 포지티브 리스트(positive list) 방식에서 네거티브 리스트(negative list) 방식으로 이행했다(직업소개의 원칙자유화 실현). 2003년 6월에는 노동자파견법과 동시에 직업안정법이 개정되어 구직자로부터의 수수료 징수범위를 확대하여, 종래 연수입 1200만 엔 이상의 경영관리자 및 과학기술자로부터 수수료를 징수하던 것을 연수입 700만 엔 이상으로 인하했다.

② 직업훈련 및 능력개발

1985년 6월, 직업훈련법이 직업능력개발촉진법으로 명칭이 바뀌

---

26) 1990년 10월과 1996년 6월의 개정을 통해 대상업무를 26업무로 확대하는 등의 개정이 있었다.

면서 개정되었는데, 당시는 일본적 고용관행이 높이 평가받고 있었던 것을 반영하여 공공직업훈련보다 기업 내 직업능력개발에 중점을 두었다.

1990년대에는 기업 내 능력개발을 중시하는 정책에서 자기계발을 중시하는 정책으로 이행했다. 이것은 노동력 수급조정기능이 '내부노동시장에서 외부노동시장으로' 이행하고 있는 움직임을 반영하는 것이다. 1997년 5월의 직업능력개발촉진법의 개정에서는 이미 규정되어 있던 유급교육훈련 휴가에 더해, 장기교육훈련 휴가의 부여와 교육훈련시간을 확보하기 위한 시업·종업 시각의 변경 등의 조치가 명기되었다.

1998년 3월의 고용보험법 개정에서는 교육훈련급부제도가 창설되었다. 이것은 자기계발을 중시하는 정책의 일환으로, 피보험자기간이 5년 이상인 자에게 교육훈련 비용의 8할을 지급하는 제도다. 그러나 2003년 4월의 고용보험법 개정에서는 재정수지 악화의 영향으로 교육훈련급부가 비용의 2~4할로 삭감되었다. 단 지급요건은 피보험자기간 5년 이상이 3년 이상으로 완화되었다. 2007년 개정에서는 지급요건이 초회 수급에 한해 피보험자기간이 1년 이상으로 완화되었지만, 급부는 일률 2할로 삭감되었다.

(2) 개혁의 성과와 현황

이와 같은 제도개혁은 고용시스템에 어떤 영향을 주었을까?

우선 비정규노동자가 크게 증가한 것은 노동력 수급조정기능이 '내부노동시장에서 외부노동시장으로' 이동하고 있는 중요한 지표로 볼 수 있다. 1985년~2010년 사이에 전체 고용자 수는 3,999만 명에서 5,111만 명으로 1,112만 명이 증가했는데, 이 중 비정규의 직원·종업원은 655만 명에서 1,756만 명으로 1,101만 명 증가한 반면, 정규의 직원·종업원은 3,343만 명에서 3,355만 명으로 12만 명 증가에 머물렀다. 그 결과 비정규 고용노동자의 비율은 1985년의 16.4%에서 2010년의 34.4%로 상승했다 〈그림 7〉.

〈그림 7〉 비정규직 노동자의 추이

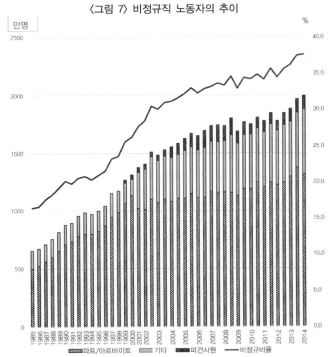

주: 1985-98년은 2월, 1999-2001년은 8월, 2002년부터는 4-6월, 10-12월 평균값.
자료: 総務省, 「労働力調査」

이와 같이 비정규고용노동자가 증가한 이유로는 다양한 요인을 생각할 수 있지만, 수요 쪽에서 볼 때 임금 절약을 위해서란 이유가 가장 많다.[27] 즉 불황이 장기화함에 따른 기업의 인건비대책으로서 비정규고용 노동자가 증가한 것으로 생각된다.

이에 대해 노동시장기능의 개선정책이 준 효과가 어느 정도인지 판단하기는 어렵지만, 파견법 개정이 비정규고용노동자의 증가를 조장한 것으로 생각되고 있다.[28] 〈그림 7〉에 따르면, 불황의 장기화가 뚜렷해지고 금융위기가 발생했던 1997년경부터 증가속도가 빨라지고 있던 비정규직고용노동자는 2000년 이후에도 파견사원과 기타(계약사원, 촉탁, 기타의 합계)를 중심으로 계속 빠른 속도로 증가하고 있다. 2004년 3월부터 제조업무에서의 노동자 파견이 해금된 후에는 특히 파견사원의 증가가 눈에 띈다(2004년 90만 명에서 2007년 145만 명).

그렇다면 일본의 노동시장은 어느 정도 유연화되었는가?

우선 노동이동 상황을 입직률, 전직률을 통해 보면, 두 가지 모두 1970년대 말 이후 상승경향에 있음을 알 수 있다.[29] 종업상의 지위별로 보면, 고용자의 전직률이 높아지고 있는데 이것은 전직률이 높은 비정규고용노동자 비율의 증가를 반영하는 것이다.

한편 내각부의 고용조정속도 추계에 따르면, 1980~94년과 1995~2007년의 두 시기 사이에 고용조정속도가 빨라진 것으로 나타났다.[30] 고용

---

27) 후생노동성의 「平成26年就業形態の多様化に関する総合実態調査の概況」(2014)에 의하면, 사업소가 비정규고용노동자를 활용하는 이유로는 '임금 절약', '작업의 繁閑에 대한 대응', '즉전력(卽戰力)·능력있는 인재의 확보를 위해' 순으로 많다.
28) 阿部正浩, 「非正規雇用増加の背景とその政策対応」, 樋口美雄 編, 『労働市場と所得分配』, 2010, 460쪽.
29) 厚生労働省, 『平成24年版労働経済の分析』, 2012, 315쪽.

조정속도의 상승에는 비정규고용비율의 상승이 영향을 주고 있는 것으로 생각된다.

그러나 일본의 고용조정속도는 국제비교의 관점에서는 여전히 낮은 그룹에 속한다. 이것은 일본에서는 여전히 정규고용에서의 장기고용관행이 뿌리 깊이 남아 있으며, 경제정세가 악화한 경우에도 당장은 고용을 유지하고 있는 경우가 많은 것을 반영하는 것으로 생각되고 있다.[31] 최근의 조사에 따르면 모든 기업규모에서 정사원의 장기고용을 유지해야 된다는 생각에 긍정적인 기업이 80%를 넘고 있다.[32]

이상에 본 바와 같이 일본에서는 핵심 인재를 중심으로 하여 장기고용관행이 뿌리 깊게 남아 있는 한편, 고용의 비정규화는 착실히 진전되고 있다. 그런 의미에서 일본의 노동시장은 이중성을 보이고 있다고 할 수 있다.[33]

한편, 일본의 인적 자원의 육성은 종래에는 기업 주도로 기업 내에서 이루어져왔지만 시장환경의 변화는 능력개발의 주체를 기업에서 개인으로 이동시키는 압력을 가하고 있다고 생각된다. 이러한 압력하에 인재의 양성이나 능력개발 측면에는 어떠한 변화가 나타나고 있는지를 보도록 한다.

노동정책연구·연수기구(労働政策研究・研修機構)의 2010년 조사

---

30) 内閣府, 『平成21年度 経済財政白書』, 2009, 221쪽.
31) 内閣府, 『平成21年度 経済財政白書』, 2009, 222쪽.
32) 労働政策研究·研修機構, 「今後の産業動向と雇用のあり方に関する調査」, 2012.
33) 内閣府, 『平成23年度 経済財政白書』, 2011, 254쪽; 권혁욱·김대일, 「노동시장의 인적자원 배분기능 효율성 분석」, 조동철 편), 『우리경제의 역동성: 일본과의 비교를 중심으로』, 한국개발연구원, 2014, 222쪽.

에 따르면, 기업이 장기고용의 장점으로 생각하는 것은, '지식이나 기능의 계승이 용이하다', '종업원의 장기적 인재육성이 용이하다' 등의 비율이 높다.[34] 후생노동성의 조사에 따르면, 정규직의 능력개발에 대해서 기업규모 300명 이상의 대기업에서는 8할 이상이 노동자의 능력개발방침은 기업주체로 결정한다고 답하고 있으며, 299명 이하의 중소기업에서도 이러한 답변 비율이 7할에 이른다.[35]

정규직에 대한 기업(사업소)의 훈련상황에 관한 조사를 보아도 교육훈련비의 수준에서나 계획적 OJT 및 Off-JT(Off-the job training, 집합훈련)의 실시 상황에서나 기업 내 훈련은 버블 붕괴와 함께 감소했지만 경기회복과 함께 버블기 이전의 수준으로 회복한 것으로 나타나고 있다.[36] 이와 같이 정규직에 대해서는 기업방침에 있어서나 실제의 훈련상황에 있어서나 여전히 기업이 능력개발의 주체가 되고 있음을 알 수 있다.

그러나 비정규직노동자의 경우, 기업(사업소)이 제공하는 훈련기회는 정규직노동자에 크게 미치지 못하고 있다. 상용고용의 비정규직에 대해서 보면 Off-JT 수강 비율은 정사원의 약 절반에 불과한 것으로 나타나고 있다. 단기 계약으로 일하는 파트나 아르바이트 사원, 파견 사원을 포함한 비정규직의 기업 내 훈련 기회는 더욱 줄어들 것으로 예상된다.[37]

후생노동성의 「능력개발기본조사」의 자료를 분석한 결과에 의하면 개인 주도로 이루어지는 능력개발에서도 비정규직은 정규직에 비해

34) 勞働政策研究・研修機構, 「今後の産業動向と雇用のあり方に関する調査」, 2010.
35) 厚生労働省, 『平成25年版労働経済の分析』, 2013, 171쪽.
36) 黑澤昌子, 「職業訓練」, 樋口美雄 編, 『労働市場と所得分配』, 2010.
37) 黑澤昌子, 「職業訓練」, 2010.

저조한 것으로 나타나고 있으며, 자기계발을 실시한 종업원에 대해 비용보조를 해주는 비율도 정규직에 비해 비정규직이 낮다. 또 같은 조사에 따르면 자기계발의 문제점으로 '하고 싶은 것을 모르겠다'라고 대답한 비정규직의 비율이 정규직의 비율을 크게 상회하고 있다. 이러한 조사 결과는 비정규직의 경우 효율적으로 인적 투자를 할 조건이 정비되어 있지 않음을 보여주는 것이다.[38]

이상에서 정규직에 대한 능력개발은 여전히 기업이 주체가 되어 이루어지고 있는 반면, 크게 증가하고 있는 비정규직노동자의 능력개발에 대한 기업의 투자는 저조하며, 개인주도에 의한 능력개발도 부진함을 알 수 있다. 비정규노동자에 대한 훈련이나 능력개발이 저조한 것은 경제 전체로 볼 때 인적 투자의 감소를 통해 생산성의 저하를 가져올 우려가 있다.

그렇다면 직업훈련에 대한 정부정책은 어떤 성과를 올리고 있는가? 노동자 개인에 의한 인적투자가 효율적이기 위해서는, 개인이 훈련비용을 부담할 수 있는 능력이 있어야 하고 개인이 실시한 훈련투자의 수익이 모두 개인에게 환원되어야 한다. 이런 관점에서 볼 때, 우선 훈련을 받은 성과, 즉 훈련 후 임금(노동자의 수익)이 증가하고 있는지가 중요하다. 이에 대한 실증연구는 많지 않지만, 자기계발이 임금에 영향을 주지 않는다는 보고가 있는 한편,[39] 자기계발을 실시한 지 5년이 지나도 임금

---

38) 黑澤昌子, 「職業訓練」, 2010.
39) Masako Kurosawa, "The Extent and Impact of Enterprise Training: The Case of Kitakyushu City," *Japanese Economic Review*, 52(2), 2001.

에 영향은 주지 않지만, 연수입에 대해서는 통신강좌나 통학강좌를 수강하고 나서 4년 후가 되면 플러스의 영향을 준다는 보고도 있다.[40]

이러한 연구결과는 노동자 개인에 의한 인적투자가 효율적으로 이루어질 수 있는 기반이 아직 정비되지 않았음을 보여주는 것이라고 할 수 있다.

4.3. 금융시스템

(1) 금융시스템의 개혁

금융의 자유화는 1990년대 이전에 이미 상당히 진행되었다. 금리의 자유화라는 면에서는 1977년에 국채의 유통시장이 열린 것을 계기로 자유금리시장이 확대되어갔다. 그러나 예금금리 자유화의 움직임은 대단히 완만하여 1985년에 고액(잔고 10억 엔 이상) 예금 금리의 자유화가 실시되고 나서도 1993년이 되어서야 비로소 완전자유화가 실현되었다.

사채시장에서도 1970년대 후반부터 사채시장의 자유화가 진전되었다. 전후 일관하여 계속되어온 유담보원칙이 무너져 무담보채의 발행이 가능해졌으며, 무담보채의 발행기준은 이후 점차 완화되어갔다. 한편, 1980년에는 외환법이 개정되어 종래 원칙금지였던 해외에서의 금융거래가 원칙자유로 되었다. 이러한 개혁에 따라 기업금융의 자유도는 대폭 높아졌고 대기업의 은행 의존도는 급속히 낮아졌다.

기업금융의 자유화에 비해 금융기관 업무범위의 자유화는 지지부진하게 진행되었다. 업무 분야 규제에 대해서는 1990년대 초에 금융제

---

40) 吉田恵子, 「自己啓発が賃金に及ぼす効果の実証分析」, 『日本労働研究雑誌』 No. 532, 2004.

도조사회와 증권거래심의회의 답신을 근거로 종래의 업태별 진입규제를 업태별 자회사에 의한 상호진입방식으로 풀어나간다는 원칙이 확립되었다. 그러나 이상과 같은 업태별 자회사에 의한 상호진입은 단계적으로 이루어졌으며 철저하지 못했다. 즉 증권시장의 부진 등에 배려하는 형태로 신규진입에 대해서는 제한적인 방침을 취하는 등, 일본의 금융제도개혁 논의는 이해 조정과정에서 시간을 끌었다. 1991년에 정리된 답신과 그 답신을 받아 1992년 6월에 성립한 금융제도개혁법의 내용은 획기적이라고 하기 어려웠고 부분적인 규제완화에 그쳤다.[41]

이와 같은 지지부진한 금융제도개혁에 큰 진전을 가져온 것이 이른바 '일본판 금융빅뱅'이었다. 1996년 10월의 선거에 승리한 하시모토 총리는 같은 해 11월 금융개혁시스템을 포함하는 6대 개혁을 제창하고, 재무장관과 법무장관에게 2001년까지 일본의 금융시장을 뉴욕, 런던에 버금가는 국제금융시장으로 재생 시키는 것을 목표로 금융시스템개혁, 이른바 일본판 금융빅뱅에 착수할 것을 지시했다. 이에 따라 1997년 6월에 3심의회(금융제도조사회, 증권거래심의회, 보험심의회)의 최종보고가 발표됨으로써 개혁 전체의 구체적 조치와 스케줄이 명확히 제시되었으며, 1998년 12월에 금융시스템개혁법이 시행되었다. 당초 계획된 금융시스템 개혁의 스케줄은 〈표 3〉과 같으며, 이 스케줄에 따라 실현가능한 것부터 개혁이 실행되었다.

41) 小峰隆夫 編, 『日本経済の記録 第2次石油危機への対応からバブル崩壊まで(1970年代~1996年) バブル / デフレ期の日本経済政策(歴史編1)』, 企画・監修内閣府経済社会総合研究所, 慶応義塾大学出版会, 2011, 506쪽.

<표 3> 금융 빅뱅의 스케줄

	1997	1998	1999	2000	2001	비고
(1) 투자가·자금조달자의선택지확대						
· 투자신탁 상품의 다양화	——	——				
· [증권종합구좌] 도입	——					
· 증권 딜리버티브 전면 해금	——					단, 개별주식옵션은 1997년 7월 개시
· ABS(자산담보증권) 등 채권의 유동화		——				
· 외환법 개정						1998년 4월 1일 시행
(2) 중개자 서비스의 질 향상 및 경쟁의 촉진						
· 증권회사의 업무 다각화	——	——				
지주회사제도의 활용	——					1998년 3월 11일 시행
· 주식매매위탁수수료의 자유화		——	——			1999년말에는 완전 자유화. 그 전 단계로 1998년 4월에 자유화부분을 매매대금 10억엔 이상에서 5천만엔 이상으로 인하
· 증권회사의 면허제에서 원칙 등록제로 이행		——				
· 증권자회사, 신탁은행자회사의 업무범위		——	——			1999년도 하반기 중에 제한을 철폐
· 보험회사와 금융 타업태 사이의 진입			——	——	——	2001년 3월말까지 실현
(3) 이용하기 쉬운 시장의 정비						
· 거래소 집중의무 철폐						
· 점두등록시장 유통면의 개선	——	——				1997년 7월에 차주(借株)제도 도입 완료
· 미상장·미등록주식시장의 정비						
(4) 신뢰할 수 있는 공정·투명한 거래의 틀과 룰 정비						
· 연결재무제표제도의 재검토	——	—→	→→	→→		
· 증권거래법의 공정거래 룰의 정비·확충 등	——	——	→→	→→		벌칙강화에 대해서는 1997년 12월 30일 시행
· 투자자 보호기금 및 보험계약자 보호기구의 창설		——				

자료: 小峰(2011), 37쪽.

한편 자유로운 시장원리에 기초한 금융시스템의 개혁을 위해서는 단순한 자유화의 확대만이 아니라 시장의 규칙이 원활하게 작동할 수 있는 제도적 장치가 필요하다. 즉 시장이 공정하고 효율적으로 작동하고 있는지를 감시하고 룰 위반자에게는 페널티를 부과할 수 있는 제도적 장치가 마련되어야 했다.

이러한 금융행정의 개혁 논의는 대장성개혁 논의로서 전개되었다. 그 결과 대장성에서 분리한 검사·감독기능을 관장하는 금융감독청이 1998년 총리부의 외국(外局)으로 설치되었다. 2000년에는 대장성의 금융기획국이 금융감독청에 통합되어 "금융 기능의 안정을 확보하고 예금자, 보험계약자, 유가증권 투자자, 기타 이에 준하는 자의 보호를 도모함과 함께 금융의 원활을 꾀하는 것을 임무"로 하는 금융청이 새로 발족했다.

(2) 개혁의 성과와 현황

이상과 같은 일련의 개혁에 의해 현재 일본의 금융시스템은 자유로운 시장을 베이스로 하는 시스템으로 변화했다고 할 수 있다. 그러나 이러한 금융시스템의 변화가 성장산업에 대한 자금의 원활한 공급 기능을 보장하는 것은 아니다. 이하에서는 일본의 금융시스템이 직면하고 있는 문제를 살펴보기로 한다.

〈표 4〉 기업의 금융부채 내용의 각국 비교(2007년)

	차입	사채	주식·출자금	기타
프랑스	21.5	4.7	62.7	11.1
독일	31.5	2.9	50.9	14.7
영국	33.0	9.2	53.8	4.0
미국	17.1	10.5	54.7	17.7
일본	25.2	5.9	48.4	20.6

자료: 內閣府(2008), 143쪽.

우선, 일본과 주요 선진국의 2007년 기업의 자금조달 상황을 비교하여 보면〈표 4〉, 어느 나라나 주식 및 출자금이 절반 정도를 차지하고 있다. 차입금은 독일, 영국이 약 30%, 미국, 프랑스는 약 20%, 일본은 25% 정도다. 기업의 부채구성에서 일본이 특별히 차입금 의존적이라고는 할 수 없으며, 주식·출자금 중심이라는 점에서는 서구 선진국과 대체로 동일하고 할 수 있다.

〈표 5〉 주식보유상황의 국제비교(2007년말)

	가계	투자 신탁	연금· 보험	은행 등	비금융법 인기업	일반 정부	해외	기타
일본	17.1	2.6	7.1	7.5	34.1	10.8	15.6	4.1
미국	25.4	28.7	31.0	0.8			13.1	1.0
영국	7.3	-	19.8	7.5	16.6	2.7	28.2	17.8

자료: 内閣府(2008), 143쪽.

그러나 일본의 경우, 기업의 부채·자본구성이 주식·출자금 중심이라고 해도 직접금융의 비중이 높다고는 할 수 없다. 일본에서는 주식의 상호보유가 많기 때문이다. 주식의 보유자 구성을 미국, 영국과 비교해보면, 일본에서는 비금융법인기업의 지분이 34%로 현저히 높다〈표 5〉. 미국에서는 직접금융이 발달해 있는 것을 반영하여, 가계에 의한 주식보유가 25%, 투자신탁, 연금·보험 등 기관투자가에 의한 보유가 각각 30% 전후를 차지하고 있다.

기업의 자금조달을 플로(flow)의 측면에서 분석한 연구에 따르면,[42] 기업부문 전체로는 1994년 이후 자금잉여 상태이나 각 기업은 동

---

42) 堀内昭義·花崎正晴·松下佳菜子, 「日本の金融経済と企業金融の動向」, 堀内昭

질적이지 않으며 자금 부족에 의해 외부자금을 조달하고 있는 기업도 상당수 있다고 한다. 외부자금을 조달하고 있는 기업을 보면 차입금은 비교적 안정적이고 여전히 주요한 조달수단이 되고 있는 반면, 주식이나 사채와 같은 자본시장에서의 조달은 변동이 많고, 근년에는 리먼 쇼크의 영향도 있어 저조한 상황이다. 즉, 간접금융에서 직접금융으로 이행하고 있다는 일본의 기업금융에 관한 통설은 반드시 현상을 정확히 반영하는 것은 아니며, 외부자금 조달에서 내부자금 조달로 크게 이행하는 중에 여전히 차입금이 중요한 자금조달 수단이 되고 있음을 알 수 있다.

가계의 자산구성을 보면 일본의 가계는 여전히 현금·예금 중심이다. 2014년 12월 말의 자료를 보면, 일본의 가계 자산의 절반(51.7%)은 현금·예금이며, 이것은 외국에 비해 대단히 높은 비율이다.[43] 일본 정부는 금융빅뱅을 통해 은행에 리스크가 집중하는 기존 시스템의 개혁을 꾀하고 다양한 금융중개방식의 창설에 노력했지만,[44] 가계의 자산구성에 큰 변화를 가져오지는 못한 상태다.[45] 증권투자신탁에 대한 가계의

義・花崎正晴・中村純一 編, 日本経済: 変革期の金融と企業行動, 東京大学出版会, 2014.

43) 2014년 12월말 현재, 현금·예금의 비중은 일본 51.7%. 미국 13.3%, 유럽지역 35.%이며, 주식·출자의 비중은 각각 10.8%, 34.3%, 16.8%, 투자신탁의 비중은 각각 5.6%, 12.9%, 8.0%이다(日本銀行, 「資金循環の日欧米比較」 https://www.boj.or.jp/statistics/sj/sjhiq.pdf 2015년 9월 5일 열람)

44) 金融審議会, 「新しい金融の流れに関する懇談会」, 1998.10.

45) 정부의 다양한 중개기능 방식을 창설하여 '저축에서 투자'의 흐름을 확대하고자 하는 노력에도 불구하고, J-REIT(2001년 창설)를 포함한 증권투자신탁의 2012년 잔고는 예저금잔고의 9% 정도에 불과했다(內閣府, 『平成25年度経済財政白書』, 2013, 306쪽).

투자가 보급되지 않는 이유로 리스크에 대한 낮은 투자수익률, 금융에 관한 지식이나 정보 습득(금융 리터러시)의 정도, 주택론 부담이 지적되고 있다.[46]

한편 기관투자가(투자신탁, 연금·보험 등)의 높은 위험을 감수할 수 있는 투자 자금 공급자로서의 역할도 제한적이다. 증권투자신탁의 운용대상 재산을 비교해보면(일본은 2012년, 캐나다는 2010년, 그 외의 국가는 2011년 자료), 일본을 제외한 OECD 10개국 평균은 채권 43.6%, 주식이 41%인 데 비해, 일본은 채권 59%, 주식이 28%로 상대적으로 리스크가 낮은 채권의 비중이 높다.[47] 일본의 연금, 보험 등의 기관투자가도 다른 국가에 비해 채권 중심으로 운영하고 있다.[48]

일본의 벤처 투자도 여전히 낮은 수준에 있다. 벤처 투자는 리먼 쇼크 후 2009년에 900억 엔 정도로 축소되었다가 2011년에는 약 1200억 엔까지 회복했지만, 미국과 비교하면 투융자건수는 6할, 금액으로는 15% 정도에 불과하다.[49] 세계경제포럼(WEF; World Economic Forum)이 공표하는 글로벌 경쟁력 지표(Global Competitiveness Index) 중의 벤처캐피털 어베일러빌러티(availability)를 보아도 2013~14년의 일본 순위는 148개국 중 39위에 머물고 있다.[50]

간접금융에서 직접금융으로의 전환이라는 점에서 볼 때, 일본의 금

---

46) 内閣府, 『平成20年度 経済財政白書』, 2008, 146~152쪽.
47) 内閣府, 『平成25年度 経済財政白書』, 2013, 306쪽.
48) 内閣府, 『平成25年度 経済財政白書』, 2013, 309~311쪽.
49) 内閣府, 『平成25年度 経済財政白書』, 2013, 325쪽.
50) World Economic Forum, The Global Competitveness Report 2013-2014(http://www3.weforum.org/docs/WEF_GlobalCompetitivenessReport_2013-14.pdf).

융시스템은 아직 국제비교상에서는 간접금융에 대한 의존도가 크고 벤처 캐피털과 같은 높은 리스크를 감수하는 투자 자금의 공급이란 면에서 여전히 불충분한 상태라고 할 수 있다.

4.4. 기업지배구조

(1) 기업지배구조의 개혁

기업의 은행 의존도 저하와 장기고용관계의 동요는, 메인뱅크 기능과 종업원주권의 약화를 가져왔다. 한편, 기업 간 주식상호보유비율이 감소하고 외국인과 개인투자가의 주식소유비율이 높아지면서 주주의 압력이 강화되었다. 이러한 배경하에 기존의 기업지배구조에 대신하는 새로운 기업지배구조의 구축을 위한 제도개혁이 이루어졌는데, 그것들은 대체로 주주 주권을 강화하고 자본시장을 통한 거버넌스를 강화하는 내용이었다.

1990년대 후반 이후 기업활동에 관한 법제도 개혁이 잇달아 실시되었다. 상법 개정의 진전상황을 보면, 1990년 이전의 20년간에 이루어진 개정은 불과 3회(1974, 1981, 1990)였다. 그러나 1991년부터 2005년까지 15년간에 이루어진 개정은 14회에 이르고, 특히 1999년 이래로는 매년 개정이 있었다. 개혁의 대상은 광범위하지만, 기업지배구조에 관련해서는 ① 외부 거버넌스(기업재편 등), ② 내부 거버넌스(기업조직 개혁 등), ③ 주식제도 등의 분야에서 많은 개혁이 이루어졌는데, 그 내용을 좀 더 자세히 알아보기로 한다.[51]

① 외부 거버넌스에 관련된 개혁

우선 기업과 외부 투자가의 관계를 통한 외부 거버넌스에 관련된 개혁으로는 기업재편(M&A)에 관한 순수지주회사 해금, 합병제도 개정, 주식이전·주식교환제도의 창설, 회사분할제도의 창설과 같은 법제도 개혁이 있었다. 이들 개혁은 기업재편, 즉 기업의 합병이나 분할 매수 등을 용이하게 함으로써 자본시장을 통한 경영자 컨트롤을 효과적으로 하기 위한 것이었다.

② 내부 거버넌스에 관련된 개혁

기업조직을 통한 내부 거버넌스에 관련된 개혁으로는 이사(취체역)책임 경감제도의 도입(주주대표소송의 개정), 감사역 기능의 강화, 위원회등설치회사의 창설,[52] 회사법제정 등이 있다. 이러한 개혁은 대체로 사외이사 또는 사외감사역의 역할을 강화함으로써 이사회 또는 감사역이 주주권리의 보호라는 입장에서 경영진을 감독하기 위한 것이다.

③ 주식제도에 관한 개혁

주식제도에 관한 개혁은 자본시장을 통한 거버넌스가 원활히 이루어질 수 있는 제도적 기반이 되는 것들로, 자기주식 취득의 완화, 콜 옵션

---

51) 秋吉史夫·柳川範之,「コーポレート·ガバナンスに関する法制度改革の進展」, 寺西重郎編·企画·監修内閣府経済社会総合研究所,『構造問題と規制緩和, バブル / デフレ期の日本経済政策 第7巻』, 慶応義塾大学出版会, 2010.
52) 2005년 5월 시행의 회사법 개정으로 위원회설치회사로 명칭이 변경되었으며, 2015년 5월의 회사법 일부개정으로 지명위원회등설치회사로 개칭되었다. 여기서는 위원회등설치회사로 통일한다.

제도의 정비, 공개매입제도의 정비 및 매입방위책에 대한 가이드라인 제시 등의 개혁이 이루어졌다.

(2) 이사회 개혁(내부 거버넌스 개혁)의 성과와 기업지배구조의 현황

이러한 거버넌스에 관한 개혁이 이루어졌음에도 불구하고 이것이 실제의 경영 퍼포먼스의 개선에 기여하고 있는지는 명확하지 않다. 여기서는 이사회 개혁을 중심으로 이러한 개혁이 실제로 어떤 성과를 내고 있는지에 대해서 살펴본다.

우선 위원회등설치회사의 보급상황은 지지부진한 상태다. 공개정보에 기초한 일본감사역협회의 조사에 의하면, 위원회등설치회사를 도입한 기업은 비상장기업을 포함하여 110여사 정도다(2010. 1. 7. 현재). 이 중 3할 가까이는 특정 기업 그룹에 소속된 회사이며, 상장기업에 한정하면 73사뿐이다.[53] 또 도쿄증권거래소 조사에 따르면, 2009년에 동 거래소에 상장한 위원회등설치회사는 55사뿐으로, 동 거래소의 상장기업 2,378사의 2.3%에 불과하다.[54]

사외이사의 선임도 그다지 진전되고 있지 않다. 도쿄증권거래소의 조사에 따르면, 1부·2부 회사(위원회등설치회사를 제외)의 경우, 사외이사를 선임하는 회사 비율은 늘고 있지만 2010년에도 47%로 절반에 이르지 못하고 있으며, 사외이사 인원수는 평균 1명에 미치지 못하고 있다.[55]

---

53) 加護野忠男・砂川伸幸・吉村典久, 『コーポレート・ガバナンスの経営学: 会社統治の新しいパラダイム』, 有斐閣, 2010, 156쪽.
54) 東京証券取引所上場部, 『東証上場会社　コーポレート・ガバナンス白書 2009』, 2009.

과반의 상장회사가 사외이사를 선임하고 있지 않는데, 그 이유로 많이 들고 있는 것이 사외감사역에 의한 경영감시 기능의 존재다.[56] 도쿄거래소의 상장회사(위원회등설치회사 제외)에서 1사당 감사역의 평균 인원수는 3.82명, 그중 2.53명이 사외감사역이다(2010년). 2001년의 감사역제도의 개정에 의해 사외감사역에 의한 경영 감시가 사외이사에 의한 경영 감시보다 널리 이용되고 있다.

이상에서 본 바와 같이, 기업지배구조의 개혁에 따라 주주 중심적인 새로운 제도가 도입되었는데도 불구하고, 그러한 제도로의 이행이나 제도의 정착은 지지부진한 상태다. 그 이유의 하나는 우선 새로 도입된 제도 자체의 유효성이 확인되지 않고 있는 데서 찾을 수 있다. 위원회등설치회사 제도 창설 이후 이사회 개혁 효과에 관한 실증적 연구성과 (2002~2007년)를 조사한 아키요시・야나가와(秋吉・柳川)에 따르면, 거의 모든 연구가 이사회의 개혁이 실제의 경영 퍼포먼스의 개선에 기여하고 있지 않다는 결과를 보고하고 있다고 한다.[57] 그 이유로는 실증방법의 문제 외에, 이사회개혁 자체의 유명무실화, 이사회 규모 축소 및 사외이사의 실효성 문제 등을 들고 있다. 이러한 연구결과를 보면 적어도

---

55) 東京証券取引所上場部, 『東証上場会社 コーポレート・ガバナンス白書 2011』, 2011.
56) 加護野忠男・砂川伸幸・吉村典久, 『コーポレート・ガバナンスの経営学: 会社統治の新しいパラダイム』, 2010, 158쪽.
57) 秋吉史夫・柳川範之, 「コーポレート・ガバナンスに関する法制度改革の進展」. 花崎도 수익성이나 주가 관련지표의 검토를 통해 위원회등설치회사의 전반적 업적은 양호하다고 보기는 어렵다는 결과를 보고하고 있다(花崎正晴, 『企業経営とコーポレート・ガバナンス―情報と制度からのアプローチ』, 東京大学出版会, 2008).

주주주권에 기초한 영미식 기업지배구조로의 대전환은 일어나지 않을 것으로 보인다.

주주중심적인 기업지배구조로의 이행이 지지부진한 또 하나의 이유는 고용시스템에서 장기고용관행이 뿌리 깊게 남아 있기 때문인 것으로 생각된다. 주주주권적 개혁은 장기고용관행을 근거로 하는 종업원주권과가 충돌하지 않을 수 없기 때문이다. 설사 장기고용을 전제로 하는 조직구조하에 주주주권적 제도를 도입해도 그러한 결합이 안정적이라는 보장은 없다. 미야지마(宮島)에 따르면, 시장지향적인 금융·소유구조와 관계지향적인 내부조직의 결합과 같이 상이한 조직모드의 시스템이 결합하는 데는 비용이 따르게 된다.[58] 즉, 아웃사이더가 우위인 주식소유구조하에서는, 어느 정도의 프리미엄 획득이 가능하다면 수탁책임을 지는 기관투자가는 외부로부터의 매수 제안에 응할 가능성이 있고 이것은 경영자에 대한 잠재적 위협이 된다. 만일 경영자가 이 위협에 대해 상호주식보유의 강화와 같은 주주안정화 대책으로 대응하게 되면 주주중심, 자본시장 중심의 거버넌스로의 이행은 곤란하게 된다.

5. 맺음말

1990년대 이래 일본 정부가 추진해온 구조개혁은 일본의 경제시스템을 보다 시장원리를 중시하는 시스템으로 변혁하고자 하는 정책이라

---

58) 宮島英昭 編, 『日本の企業統治』, 東洋経済新報社, 2011, 43쪽.

고 할 수 있다. 여기에는 기존의 경제구조 또는 제도가 경제환경의 변화에 대응하지 못하고 기능부전에 빠짐에 따라 경제성장에 대한 족쇄로 작용하여 1990년대 이래 장기불황의 요인이 되고 있다는 판단이 있었다.

구조개혁의 결과, 2000년을 전후한 시점에서 법제도의 기조는 종래의 장기적 관계 중시에서 시장원리 중시로 크게 이동했다고 판단된다. 전술한 바와 같이 경제적 규제분야에서의 규제완화는 2000년까지 상당한 성과를 올렸으며, 고용시스템, 금융시스템, 기업지배구조의 각 부문에서 2000년을 전후로 한 시점에서 중요한 개혁들이 이루어졌다. 고용면에서는 1999년 6월에 노동자파견법과 직업안정법이 개정되어 노동시장의 유연화가 크게 촉진되었다. 직업훈련 면에서는 1997년 5월의 직업능력개발촉진법이 개정, 1998년 3월에는 고용법 개정으로 직업능력개발 정책의 기조가 기업 내 능력개발에서 자기계발로 이행했다. 금융면에서는 1998년 12월 금융시스템개혁법의 시행으로 금융빅뱅이 실현됨으로써 거의 완전한 금융의 자유화가 달성되었다. 기업지배구조에서는 1990년대 후반에서 2000년대 초에 걸쳐 기업활동에 관한 법제도 개혁이 잇달아 실시되어, 순수지주회사의 해금(1997), 자기주식의 자유화(2003)와 같은 규제개혁이 실시되고, 분사분할제도(2000)나 위원회등설치회사(2002)와 같은 새로운 제도가 창설되었다〈표 1〉.

그러나 법제도의 변화가 반드시 시장원리를 중시하는 시스템의 운영을 보장하는 것은 아니다. 실제의 운영면까지 시야에 넣고 보면, 일본 정부의 구조개혁은 기대한 만큼의 성과는 올리지 못한 것으로 생각된다. 분명 일본의 경제시스템은 과거에 비해 시장중심적으로 운영되고 있으며, 구조개혁이 이러한 흐름을 촉진하는 데 기여했다고 판단되지만, 일본의 경제시스템의 현황은 아직 영미식 시장경제시스템으로의 이행을 분명하게 보여주고 있지는 않다.

고용시스템에서는, 노동자파견법의 개정 등이 노동력 수급조절기능의 내부 노동시장에서 외부 노동시장으로의 이행을 촉진했다. 이에 따라 일본의 노동시장은 비정규직 노동자의 비중이 크게 증가하는 등 일부에서 유연화가 진행되었지만, 한편에서는 정규직 노동자에 대한 장기고용과 기업 내 훈련의 중요성이 여전히 강조되고 있는 이중성을 보이고 있다.

금융시스템의 경우, 금융빅뱅에 의해 금융부문에서의 자유화는 금리 면에서나 진입규제 면에서나 거의 달성되었으며, 기업의 자금조달 면에서는 간접금융에 대한 의존도가 줄고 직접금융의 비중이 증가했다. 그러나 여전히 높은 리스크를 감수할 수 있는 투자 자금의 공급은 충분하지 않으며, 그 배경에는 여전히 안정자산 중심으로 자산보유를 하고 있는 가계가 있다. 즉 자금 공급 측면에서는 간접금융적 구조가 유지되고 있는 채로, 자금 수요 측면에서는 직접금융으로 이행하고 있다고 하는 정합적이지 않은 모습을 보이고 있다.

기업지배구조에서는 기업활동에 관한 잇따른 법개정에 의해 자본시장을 통한 거버넌스가 과거보다 용이하게 기능할 수 있게 되었으며, 사외 이사를 통한 경영자에 대한 모니터링이 강화되었다. 그러나 주주주권을 강화하기 위한 위원회등설치회사제도나 사외이사는 기대한 만큼 보급되고 있지 않다.

이러한 상황을 볼 때, 구조개혁의 추진에도 불구하고 경제시스템의 변화에서 시장지향의 방향성을 명확히 확인하기는 어려우며, 김영작이 언급한 바와 같이[59] 여전히 복수의 시스템이 경합·혼재하는 양상을 보여주고 있다. 그렇다면 그 이유는 무엇일까? 이에 대한 본격적인 고찰은 다음 기회로 미룰 수밖에 없으나, 이 글에서의 검토를 통해 확인한 몇 가지 시사점을 제시하기로 한다.

첫째, 제도 간 상호보완성이 시스템의 변화를 지지부진하게 한 이유로 생각된다. 예컨대 장기고용은 숙련형성 메커니즘과 밀접한 관련을 가지고 있다. 고용의 유동화에 대응할 수 있는 숙련형성 메커니즘이 구축되지 않은 상황에서 고용의 유동화는 한계가 있다. 또 장기고용관행이 뿌리 깊이 존재하는 한, 주주주권에 기초한 영미식 거버넌스가 보급되는 데에도 역시 한계가 있다.

둘째, 제도 간 상호보완성은 경우에 따라서는 급격한 제도변화가 일어날 수 있는 근거가 될 수 있다. 강한 개혁 압력과 같은 충격에 의해 일부 시스템이 변하면 관련되는 시스템에 잇달아 변화가 파급하는 '도미노 효과'가 나타날 수도 있기 때문이다. 그럼에도 불구하고 급격한 시스템의 변화가 일어나고 있지 않은 것은 제도 중에 그 변화에 상당한 시간이 소요되는 것들이 있기 때문이라고 생각된다. 첫째 문제에서 언급한 숙련형성 메커니즘의 경우, 유동적인 고용시장과 정합적인 교육·훈련체제의 구축은 단기간에 이루어질 수 있는 것이 아니다. 특히 학교 교육시스템의 개혁이나 커리큘럼의 변경은 쉬운 일이 아니다.

---

59) 김영작, 「새로이 모색되는 일본형시스템의 전체상」, 한상일·김영작 외, 『일본형시스템: 위기와 변화』, 일조각, 2005, 673~678쪽.

셋째, 제도가 변화해도 사람들의 행동패턴이 제도에 반드시 정합적인 형태로 변화하지 않는다. 예를 들어, 금융 면에서 직접금융을 촉진하기 위한 제도적 정비가 상당히 진전되었음에도 불구하고, 가계는 여전히 예금과 같은 안정자산을 선호하고 있다. 즉 최대의 자금공급처인 가계의 행동패턴이 안정자산 선호에서 바뀌지 않는 한 벤처캐피털과 같은 투자자금 공급을 위한 제도의 정비는 효과를 내기 어려울 것으로 생각된다.

즉, 제도 간 상호보완성의 존재, 제도 자체의 고착성 내지는 변화의 곤란함, 경제주체의 행동패턴의 고착성 때문에 일부의 제도가 바뀌어도 시스템 전체의 변화로 곧바로 연결되지 않는 것으로 생각된다. 그 결과, 김영작이 말하는 바와 같은 복수의 시스템이 경합 또는 혼재하는 상황이 나타나고 있다. 즉, 고용시스템에서는 정규직과 비정규직 간에, 자금조달에서는 일부 대기업과 중소기업 간, 기업지배구조에서는 위원회등 설치회사와 같은 영미식 거버넌스와 기존의 거버넌스 간에서 병존하는 모습이 나타나고 있다.

그러나 이 글에서 이와 같은 복수의 시스템이 병존, 혼재하는 상황이 앞으로 계속될 것인지 설득력 있는 전망을 하기는 어렵다. 복수의 시스템이 경합 및 혼재하는 방식으로 변화할 것을 전망하려면, 그러한 다중적·복층적 구조의 안정성에 대한 검증이 필요할 것이다. 복수시스템의 병존이 가져올 수 있는 문제점, 예를 들면 고용시스템의 이중성 등이 정규직과 비정규직 간의 소득격차를 확대함으로써 사회 전체의 균열과 불안정성을 가져오는 리스크에 대한 고려가 필요하다.

한편, 최근에는 복수시스템의 경합·혼재만이 아니라, 상이한 조직모드의 서브시스템이 결합하여 새로운 하이브리드형시스템이 나타나고 있음을 보이는 흥미로운 연구가 발표되고 있다. 미야지마는 기업지배구조에서 시장지향적인 금융·소유구조와, 관계지향적인 내부조직이 결합되어 있는 하이브리드형 구조를 보이고 있는 기업들이 지배적인 그룹이 되어가고 있음을 밝히고 있으며,[60] 미야모토(宮本)는 장기고용과 성과주의를 동시에 채택하고 있는 하이브리드형(미야모토에 따르면 신일본형 기업)이 지배적 형태로서 출현하고 있다고 한다.[61]

이러한 연구는 금융위기 이후의 제도변화가 기업 간에 균등한 영향을 미치고 있는 것이 아님을 보여주는 것으로서, 구조개혁의 성과를 정확히 파악하기 위해서는 개별 기업 수준까지 내려와서 분석할 필요성을 보여주고 있다. 그러나 이들 연구에서 하이브리드형의 안정성이라든가, 상이한 시스템이 결합하는 메커니즘 등이 충분히 구명되고 있다고는 생각되지 않는다. 앞으로 이들 연구에 대한 상세한 검토와 더불어 기업별, 산업별 수준까지 연구가 더욱 심화되면 일본형 경제시스템의 향방에 대해서 더 명확히 전망할 수 있을 것으로 기대한다.

---

60) 宮島英昭·河西卓弥, 「金融システムと企業統治」, 橘川武郎·久保文克 編著, 『講座·日本経営史 第6巻 グローバル化と日本型企業システムの変容』, ミネルヴァ書房, 2010.
61) 宮本光晴, 『日本の企業統治と雇用制度のゆくえ: ハイブリッド組織の可能性』, ナカニシヤ出版, 2014.

장기불황과 은행의 금융중개기능
한일 비교를 중심으로

김동환

1. 머리말

자금중개 또는 금융중개(financial intermediation)(이하 금융중개)
란 자금의 수요자와 공급자를 연결해 주는 것으로서, 은행을 대표로 하
는 금융중개기관은 자금의 잉여주체 혹은 자금공급자로부터 예금 등의
형태로 자금을 모집하여 자금의 부족주체 혹은 자금수요자에게 대출 등
의 형태로 자금을 제공하는 역할을 수행한다. 물론 자금의 수요자와 공
급자는 은행이 아닌 자본시장을 통해서도 직접적으로 자금을 조달하거
나 운용할 수 있는데, 이를 금융의 탈중개화(financial dis-intermediation)
라 한다. 금융의 탈중개화는 자본시장의 금융중개기능에 세론의 관심을
모으게 한 20세기 후반의 대표적 금융현상 중 하나이다.

일반적으로 은행의 기능은 신용채널기능(즉 통화신용정책의 채널
기능), 지급결제기능, 금융중개기능으로 요약된다. 이들 3가지 기능 가

운데 신용채널기능과 지급결제기능은 물가의 급격한 변동과 금융시스템의 체계적 위험(systemic risk)을 방지하여 경제 및 금융시스템의 안정성을 확보하는 데에 초점이 맞춰져 있다. 정부가 공적자금을 투입하여 은행을 보호하는 동시에 비은행금융회사에 비해 강도 높은 규제와 감독을 실시하는 이유도 은행이 이와 같은 공적 기능을 수행하는 데에 있다. 그런데 금융중개기능은 신자유주의적 규제완화 추세 속에서 생겨난 대기업의 탈은행화, 금융의 탈중개화 과정에서 줄곧 약화되면서 은행의 고유기능이라는 인식이 옅어져 왔다.

예컨대 한국의 은행들은 1997년 외환위기를 계기로 위험(risk)과 수익(return)의 중요성을 깊이 인식하고 건전성과 수익성을 개선해 왔다. 하지만 지나치게 위험을 회피하려 하는 보수적 성향이 몸에 배어 단기 안전자산과 소매금융을 선호하는 대신 장기 위험투자와 기업금융을 회피하면서 금융중개기능이 약화되었다. 그런 와중에 자본시장은 2007년 자본시장통합법 제정을 계기로 하여 금융산업을 한 단계 업그레이드할 중추적 분야로 각광을 받아왔지만, 이 역시 기업 간 인수·합병이나 머니게임의 장으로 인식되면서 금융중개기능을 제대로 수행하지 못하고 있다. 그 결과 기업가정신을 고취시켜 개발경제시대를 선도했던 한국의 금융산업은 위상과 역할이 크게 위축되었고, 실물산업 역시 성장동력을 잃고 일본과 중국 사이에서 샌드위치 신세가 되어가고 있다.

특히 은행의 금융중개기능이 약화된 원인이 무엇인가에 대해서는 금융자유화·규제완화의 부작용(즉 시장실패)이란 견해와 정부의 섣부른 시장개입에 따른 부작용(즉 정부실패 또는 정책실패)이란 견해가 대립된다. 즉, 금융자유화·규제완화나 그 과정에서 나타나는 대형화·겸업화, 지배구조의 변화, 탈중개화 등이 은행의 금융중개기능에 부정적 영향을 미칠 수 있다는 견해가 있는가 하면, 정부주도의 호송선단식 관치금융이 은행의 정보생산(기업감시) 유인을 낮추어 부실채권을 양산하고 신용채널의 금리민감도를 떨어뜨려 금융정책 효과를 반감시킨다는 견해도 있다. 한일 양국에서 오랜 기간에 걸쳐 관행으로 자리 잡은 담보대출 역시 은행의 정보생산 유인을 낮추어 금융중개기능을 약화시키는 주요한 요인이라 할 수 있다.

외환위기 이후, 특히 글로벌 금융위기 이후 한국경제는 가계저축이 급격히 감소하는 가운데 민간 소비와 투자가 지속적으로 감소하면서 저성장의 늪으로 빠져들고 있다. 게다가 향후 부동산거품이 꺼질 경우 빠른 속도로 디플레이션 국면에 접어들 가능성도 점쳐지는 등 '잃어버린 20년' 동안 일본에서 발생했던 것과 유사한 현상들이 나타나고 있어 한국경제의 미래를 어둡게 하고 있는 실정이다. 이에 본 연구에서는 잃어버린 20년이라는 기간 동안 일본 경제 및 금융시스템에 어떤 일들이 있었는지 간추려 보고, 장기불황 중 한일 양국 은행의 금융중개기능이 어떻게 변화되었는지 동향을 살펴보고 시사점을 도출해 보고자 한다.

2. 일본의 잃어버린 20년과 금융시스템

2.1. 거품의 형성 과정

(1) 거품의 원인

일본의 기업들은 금융자유화·국제화가 급속히 전개된 1980년대 중반 이후 자본시장을 활용한 자금조달 능력이 크게 향상되었다. 즉, 1984년 엔-달러위원회를 통한 미국의 금융자유화 압력, 1985년 플라자 합의 및 1986년 마에가와(前川) 레포트[1] 발표 이후 금융완화를 통한 내수확대 정책으로 주가가 지속적으로 상승함에 따라 기업들은 주식, 전환사채, 신주인수권부사채 등의 발행이 크게 증가하였고, 1987년 11월에는 국내 CP시장이 창설됨에 따라 단기자금 조달도 용이해졌다. 당시에는 자본시장뿐만 아니라 은행, 住專(주택전문금융회사) 등을 통한 재테크 융자도 크게 늘었는데, 이들은 부동산, 주식 투자 등 기업과 가계의 용도불특정 지출을 늘리는 데 기여하였다. 당시에 유행하던 용어인 재테크 융자란 현재의 자산을 담보로 하여 부채를 일으키는 통상적인 담보대출과 달리, 현재 및 미래의 자산과 부채가 연속적으로 상호 지렛대(레버리지) 역할을 하면서 재산을 창출하기 위한 대출을 일으키는 것을

---

1) 이는 당시 나카소네 수상의 사적 자문기구였던 '국제협조를 위한 경제구조조정 연구회'가 작성한 것(연구회의 좌장이었던 마에가와 전 일본은행 총재의 이름을 땀)으로 경상수지의 불균형 해소와 국민생활의 질의 향상을 정책목표로 하여 내수확대, 시장개방, 금융자유화 등을 추구하였다. 구체적으로는 미국의 요구에 따라 10년간 430조 엔 규모의 공공투자를 중심으로 재정지출 및 민간투자를 확대하고 이를 위해 규제완화를 추진할 것을 약속하였다.

의미한다.

다만 자본시장을 통해 자금조달원을 다양화할 수 있었던 것은 주로 대기업에 국한되었고, 중소기업은 여전히 은행차입에 크게 의존하고 있었다. 이를 반영하듯 은행대출의 기업규모별 비중은 대기업이 1980년 32%로부터 1990년 17%로 낮아진 반면 중소기업은 1980년 32~34%에서 1987년 44%로 10%p 정도 상승하였다. 하지만 부동산, 금융 등 비제조업 부문에서는 기업규모에 관계없이 1980년대 전반에 걸쳐 은행대출이 상승하였다. 가계 역시 내구소비재·서비스재 소비를 늘림에 따라 가계대출은 주로 도시은행을 중심으로 1980년대 중반부터 1990년대 초까지 현저하게 증가하였는데, 특히 1986년 3/4분기~1990년 3/4분기 중에는 전년동기대비 30%대의 증가율을 기록하기도 하였다.

은행은 1980년대 중반 이후 대기업의 은행이탈, 예금금리 자유화 등으로 위축된 예대마진을 보완·만회하기 위해 가계 및 중소기업, 부동산 융자를 확대하는 등 대기업에서 중소기업, 제조업에서 비제조업으로 주요 거래처를 이전하였다. 메인뱅크(main bank) 역할을 수행해 온 대형 은행일수록 관련 대기업의 이탈로 중소기업, 비제조업, 개인을 중심으로 신규고객 확충 유인이 컸는데, 중소형은행의 경우에는 버블형성기 이전부터 고객의 중심이 지역 중소기업이나 비제조업이었기 때문에 대형은행과는 달랐다.

이렇듯 자본시장을 이용한 기업의 equity finance 활성화 및 재테크 융자, 은행의 공격적 대출경쟁, 금융당국의 장기 저금리정책(1986년 1월~1989년 5월), 세제 및 규제완화에 따른 지속적 지가상승, 동경만 임해부 및 전국적 리조트 개발 등 대규모 民活프로젝트 추진 등의 요인이 서로 상승작용 하면서 일본경제의 거품이 발생·확산되어 갔다. 이 가운데 다음의 4가지 대표적 견해는 은행과 기업의 도덕적 해이가 1980년대 말 일본경제의 거품을 조장한 주요한 원인이었음을 시사한다.

〈그림 1〉 일본의 부동산 및 주식 가격 추이

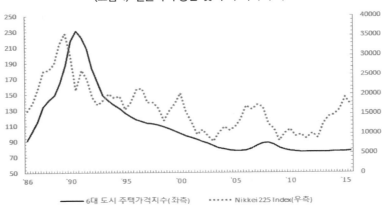

주 : 주택가격지수는 2000년 3월말=100을 기준으로 함.
자료 : Bloomberg

플라자합의 발단설 미국의 내수확대 요구를 금융완화로 대처한 결과 과잉유동성 문제를 야기함(飯田經夫).

은행 약체화설 상기 과잉유동성론은 당시의 거품이 경제 전반의 인플레로 이어지지 않고 자산인플레에 그치게 된 현상을 설명할 수 없음. 1980년대 중반 이후 금융자유화를 배경으로 대기업·중견기업 고객의 은행이탈이 가속화되는 가운데 은행들은 신규로 유치하는 고객(주로 중소기업 및 가계)에 대한 감시기능(메인뱅크 기능)이 약화되어 안이하게 담보대출을 늘리고 결과적으로 투기를 조장함(吉富勝).

머니 게임설 당시 많은 기업들은 현물 및 선물시장의 엔화강세를 이용하여 사실상 마이너스 금리로 대량의 외화(달러)를 차입할 수 있었으며, 동 자금을 부동산과 주식에 대거 투자함(伊東光晴).

기업 主因설 주식은 시가발행액에 비해 배당이 적어 대출보다 자금조달 비용이 적었던바, 기업들은 주식발행 등 equity financing을 통해 저렴하게 조달한 자금을 부동산 등에 대거 투자하거나 계열자회사에 융자하여 실질적으로 은행의 역할을 수행함. 이에 따라 위기의식을 느낀 은행은 행원들에게 과중한 책임량을 할당하였고 행원들은 이를 완수하기 위해 무리하게 담보대출을 늘림(森嶋通夫).

(2) 거품에 대한 인식

이론적으로 거품은 경제의 기초여건(fundamentals)과 자산가격 간의 괴리의 정도로 측정되기도 하는데, 경제의 기초여건에 해당하는 투자, 소비 등이 부진을 면치 못하고 있는 가운데 부동산 등 자산가격만이 고공비행하는 현실을 거품이라 판단할 수 있다. 하지만 거품이 꺼지기 전에는 거품의 존재를 확인할 수 없다는 현실론도 만만치 않다. 사실 일본경제의 거품은 경제의 기초여건과 무관하였던바, 거품이 형성될 당시 대다수의 일본인들은 경제의 기초여건이 튼튼한 만큼 거품은 없다고 호언장담하기도 하였다. 그 대신 많은 학자와 전문가들은 1990년대 거품 붕괴 이후 일본경제가 장기간 회복하지 못한 까닭을 정책실패에 있다고 평가하기도 한다.[2] 즉, 독자성과 일관성을 상실한 경제정책이 거품의 형성과 붕괴를 초래한 중요한 요인이 되었다는 것이다.

1980년대 중반 일본에 대한 미국의 통상압력 수위는 1985년 9월 플라자합의를 통한 '엔고'로 절정에 올랐다. 그 후에도 국제수지 불균형이 시정되지 않은 채 일본경제가 '엔고불황'으로 이어지자 일본정부는 1986년 4월 내수확대를 도모하기 위해 마에가와(前川) 레포트를 발표하고 대대적 금융완화 정책을 추진하게 된다. 즉, 일본정부는 미국의 통상압력이 거세지는 1980년대 중반 이후 경상수지 흑자 축소를 위해 금융완화를 통한 내수확대를 꾀하였으나 이는 오히려 경상수지 흑자를 확대시키고 결과적으로 거품을 조장하게 된 셈이다.

하지만 일본정부는 1989년 5월부터 1990년 8월까지 불과 15개월 동안 공정할인율을 2.5%에서 6.0%로 5차례나 인상한 데 이어 총량규제[3]를 실시한 결과 지가와 주가 등 자산가격은 폭락하게 된다. 한편 거품붕괴에 따른 기업도산과 금융기관 대출채권의 부실화를 방지하기 위해 실시한 수차례의 공정할인율 인하(1990년의 6.0%에서 1998년 전후 최저 수준인 0.5%로 5차례 인하)는 금융정책의 유효성을 낮추고 기업과 은행의 도덕적 해이를 유발했으며, 금융자산 가격이 전반적으로 하락하는 가운

---

2) 대표적인 것으로 小川一夫·竹中平藏 編, 『政策危機と日本経済—90年代の経済低迷の原因を探る』, 日本評論社, 2001을 들 수 있다. 본 연구와 본 연구의 중요 참고문헌인 김동환(2002)은 이들로부터 많은 도움을 받았다.
3) 총량규제란 일본 대장성(현 재무성)이 1990년 4월부터 1991년 말에 걸쳐 은행 부동산관련 대출잔고의 전년 동기대비 증가율을 전체 대출잔고 증가율 이내로 제한하는 동시에 건설·부동산관련 대출상황 및 이들과 관련하여 비은행금융기관에 대한 대출상황을 보고하도록 의무화한 것을 말한다. 그런데 주택융자비율 저하를 우려하던 '住專'(주택전문금융회사)을 총량규제 대상 외로 하는 바람에 주전의 부동산관련융자가 급격히 늘어났고 이는 오히려 부동산 거품을 조장한 측면도 있다.

데 1997년 4월 실시한 소비세율 인상(3%에서 5%로)은 소비 등 내수를 위축시키는 데 결정적으로 기여하였다.

게다가 금융당국은 금융자유화에 따른 건전성관리·감독상의 대응책 마련에 소홀한 가운데 서둘러 선진금융감독정책을 도입함으로써 오히려 신용질서의 혼란을 가중시키고 금융시장의 기능을 저하시키는 우를 범하였다. 예컨대 금융시스템을 안정화시키기 위해 도입한 예금보험제도는 오히려 금융시스템을 약화시키는 요인이 되었다. 1995년 예금보험제도 도입 이후 예금대지급이 한 번도 이루어지지 않고 금융기관 파산에 따른 비용분담 원칙이 수립되지 않음에 따라 결국은 국민이 금융기관 파산비용을 부담하게 되어 금융기관의 도덕적 해이가 만연하게 되었기 때문이다. 또한 거품형성기에 BIS자기자본비율 규제를 도입하고 거품붕괴 시점에 조기시정조치를 도입함으로써 금융기관의 경영을 압박하고 신용경색 현상을 심화시켰다. 자산재평가 이익이 커져 자기자본이 과대계상되는 거품형성기에는 자기자본비율규제를 도입해도 실효성이 없었고, 대량 부실채권 발생으로 주가 등이 하락하는 거품붕괴 시점에는 자기자본이 과소계상되어 적기시정조치의 부담이 가중되었기 때문이다.

2.2. 거품의 붕괴와 그 이후

(1) 은행과 금융시스템의 위기

은행의 금융중개기능은 부동산 거품이 붕괴하면서 발생한 거액의 부실채권으로 인해 크게 위축되었다. 즉, 부실채권은 금리(대출금리-콜금리)에 대한 은행신용의 반응을 무디게 하여 신용채널 기능을 저하시켰는데, 이에 따라 콜금리가 인하되어도 은행신용이 확대되지 않아 기업 설비투자나 가계 소비지출은 늘어나지 않게 되었다. 그럼에도 불구하고 금융시스템 위기에 대한 대책 마련에는 상당한 시일이 소요되었다.

정책당국이 부실채권 문제를 인식한 시기는 1992년 여름 정도이나 당시에는 지가 회복에 대한 낙관적인 기대와 여론이 강해 정책당국의 대응은 소극적 수준에 그쳤다. 그 후 예상 외로 지가가 하락세를 보인 1994년 이후에는 부실채권 증대로 중소형 금융기관이 연쇄 파산하면서 금융시스템 문제에 대한 인식의 강도가 높아지기 시작했다. 단, 대형 신협 및 주전의 잇단 파산 후에도 공적자금 투입을 포함한 포괄적인 안전장치는 구축되지 않았다. 결국 일본을 대표하는 대형 금융기관들이 파산에 직면하였던 1997년 가을에 와서야 부실채권이 금융기관의 자기자본을 잠식하여 연쇄적인 신용경색을 일으키고 성장을 크게 위축시켰다는 컨센서스가 형성되면서 공적자금 투입을 포함한 포괄적인 안전장치가 구축되기 시작했다.

이렇듯 금융시스템 위기 대책 마련이 지연된 데에는 다음과 같은 몇 가지 특징이 발견된다.

첫째는 '일본적 해결방법 우위론'으로, 메인뱅크를 통해 일시적으로 경영위기에 빠져 있는 기업에게 유동성과 충분한 시간적 여유를 주는 방식이 유효하다는 생각이 지배적이었다. 이는 경기대책에 힘입어 지가도 회복되고 부실채권 문제도 자연적으로 치유될 것이라는 기대에 입각한 것이었다.

둘째는 '구제합병의 관례화'로, '주전문제'를 계기로 공적자금이 투입되는 경우를 상정한 비용부담 원칙이 거론된 바 있으나 공적자금은 투입되지 않고 母은행 책임으로 종결되었다. 또한 부실금융기관 인수로 인해 건전성이 저하된 은행을 대상으로 공적자금 투입계획이 세워졌으나, 이는 부실가능성이 높은 금융기관을 모으는 잘못된 인센티브를 제공했다. 결국 건전은행에 의한 P&A 방식의 실질적 구제합병이 관례화되어 공적자금 비용부담에 대한 사회적 합의 도출이 곤란하였다.

셋째는 '거시경제안정화 정책에 의한 시간 벌기'로, 금융기관 파산 처리 제도, 사회적 안전망 등이 정비될 때까지 비교적 실행하기 쉬운 재정정책과 금융정책을 통해 시간을 벌어보고자 했다. 이는 경기대책과 동시에 근본적인 부실채권 처리대책이 필요하였음에도 불구하고 부실채권 문제와 저성장 간 인과관계에 대해 인식이 충분하지 않았던 데에 크게 기인한다. 이에 따라 부실채권 처리에 드는 막대한 경제적, 정치적 비용부담, 자구노력을 통한 부실채권 처리시 추궁되는 경영책임으로 인해 부실채권 처리가 지연되었다.

넷째는 '제로금리 정책'의 역효과로, 1999년 2월 중앙은행이 무담보 콜금리(翌日物)를 0%까지 저하시켰으나 유동성함정(liquidity trap)에 빠진 일본경제는 디플레이션에서 벗어나지 못하였다. 결국 2000년 8월 제로금리 정책이 전면적으로 철회됨에 따라 '금융정책 무용론'만이 현실적으로 확인된 셈이었다.

한편 중앙은행은 물가안정만을 추구한 나머지 저성장, 디플레이션 등에 대응하기 곤란하였다. 예컨대 1990년 9월~1991년 7월에는 경기가 급속히 위축되는 가운데 지가상승에 대한 국민의 반발, 임금상승 압력, 엔화약세에 따른 물가상승을 방지하기 위해 금리인상을 단행한 결과 부실채권을 양산하였고, 1997년 3월~1999년 2월에는 아시아 외환위기, 야마이치증권·북해도척식은행 등의 파산으로 금융시스템 불안이 가중되었음에도 불구하고 금융완화에 미온적으로 대응한 결과 디플레이션 상황을 심화시킨 측면이 있다. 또한 1998년 4월에는 일본은행법 개정으로 국내 통화가치 결정(즉, 물가안정)에 있어 독립성을 보장받게 되었으나, 인사, 경리상의 권한이 기본적으로 포지티브리스트에 입각하고 있는 가운데 정책위원회(우리나라의 금융통화위원회)에 대한 정부의 출석, 의견개진, 의안제출권, 위원회 의결에 관한 연기청구권을 허용하는 등 실질적으로 독립성이 취약하였다. 이에 따라 최종대부자로서의 신용질서 유지 및 재정적자 보충(finance) 기능 등을 정부와 공유하게 되어 금융정책이 정부의 재정정책 등과 상충할 경우 해결방안이 모호해지게 되었다. 또한 부동산가격에 선행성을 갖는 주가와 같은 자산가격의 변동을 고려하지 않는 등 통화정책 운영상의 문제점도 지니고 있었다.

(2) 금융개혁의 의의와 한계

1997년 6월 하시모토 정권은 고이즈미 개혁의 시발점이라 할 수 있는 금융개혁(일본판 '금융빅뱅')안을 발표하였다. 이는 전후 일본의 정치·경제 및 사회시스템의 기초를 제공해 주었던 소위 '55년 체제'의 와해, 정치 및 행·재정개혁 등의 지연, 거품 붕괴 이후 장기적 경기침체 등의 질곡으로부터 벗어나기 위한 기폭제이자 안정성장기(70년대 중반~) 이후 정·관 밀월관계의 疏遠化, 속출되는 금융불상사 및 관료주의의 부작용, 국민들의 정치불신·무관심 등에 대한 정치가의 반성에서 출발한 위로부터의 개혁이며, 조직·관계지향적(relationship-oriented)인 일본적 거래관행을 지양하고 앵글로색슨流의 시장지향적(market-oriented) 경제시스템의 구축을 위한 광범위한 구조조정을 지향하는 것이었다.

구체적으로 금융개혁의 목적은 과감한 금융자유화로 자본시장의 발달을 촉진하여 당시 약 1,200조 엔(최근에는 1,600조 엔으로 추산)에 달하는 개인금융자산을 효율적으로 운용하고 국내 금융시장의 공동화를 방지하며, 호송선단 방식의 관료적 금융행정을 불식시키고 은행의 부실채권을 해소함으로써 금융중개기능을 정상화하고 경기회복을 꾀하는 데 있었다. 또한 일본의 금융개혁은 좁은 의미로는 금융시스템 개혁을, 넓은 의미로는 일본은행, 대장성 및 공적금융기관의 개혁 등 금융행정 개혁을 의미하는 것이었다. 거품의 붕괴 및 금융기관의 부실화와 금융시장의 낙후 등은 금융시장에 대한 대장성의 과잉개입, 불투명한 행정지도 및 일본은행의 독립성 부재에서 비롯되므로 이들의 시정을 위해서는 대장성의 개혁 및 일본은행법의 개정이 필요하였다. 이에 따라 정치주도로 시작한 대장성 개혁은 은행국과 증권국의 통합, 국제금융국의 현상유지, 금융감독청 신설로 귀착되었고, 일본은행법 개정은 중앙은행의 독립성 확보, 정부의 광범위한 업무명령권의 축소 등으로 결실을 맺었다.

하지만 이들은 불철저하고 애매한 개혁으로 끝나고 말았다. 우편저금(郵貯)의 비대화, 재정투융자의 비효율적 운영 등 공적금융의 문제점에 관한 검토를 결하고 있어 금융개혁의 수행에 불씨를 남기는 가운데 금융정책의 기획 및 입안은 대장성(금융국)에 그대로 남았고 금융감독청은 대장성과 정기적 협의를 요하는 등 종래와 같은 재량행정의 소지를 남겼기 때문이다. 또한 금융행정의 이원화(검사·감독부문과 기획·입안부문의 분리)로 인한 정보와 인사의 차단으로 신속하고 효율적인 금융빅뱅의 실현에 차질이 생기고, 정부 위원의 일본은행 정책위원회 출석, 정부와의 의견대립시 정부의 의결연기청구권 및 대장성 장관에 대한 일반감독권의 인정 등은 중앙은행의 독립성 확보에도 지장을 초래할 소지가 있었기 때문이다.

금융빅뱅은 작은 정부를 지향하는 시장주의 선언이었으나 실제로는 정치와 관료 주도로 추진된 대규모 개혁이란 점에서 큰 정부의 역할을 기대하는 모순을 내포하고 있었다. 또한 금융빅뱅은 시장주의라는 국제적 조류에 일본경제를 경착륙시킬 우려도 내포하고 있었던 바, 당시 국제금리 사정상 일본은 자본유출 및 국내금융 공동화 우려로 인해 금리인상 가능성이 있었고 무역수지의 장기·구조적 흑자는 엔고 기조를 유지케 하여 실물경제의 획기적 활성화는 기대되기 어려웠다. 게다가 아오키(靑木), 스티글리츠 등에 의하면 관계지향적 은행중심 경제시스템을 유지해온 일본이 영미형 시장메커니즘에 접근하려는 시도는 오히려 부작용을 낳을 수 있는 바, 자유경쟁적 금융시장은 은행으로 하여금 기업을 모니터할 유인을 제공하지 않아 일본의 고도성장을 뒷받침해왔던 메인뱅크시스템의 순기능도 소멸될 것이라 주장했던 것이다. 결국 일본에는 장래에 대한 비관론이 팽배하여 소비 및 투자수요가 위축되고 경제가 유동성함정에 빠지게 되어 금융정책을 완화해도 인플레 기대심리가 살아나지 않았다. 이러한 분위기는 아베노믹스가 시행되고 있는 현재까지도 계속되고 있다.

(3) 메인뱅크 기능의 변화

일본의 메인뱅크 제도(main bank system)와 관련하여 다음과 같은 몇 가지 정형화된 사실(stylized facts)이 존재한다. 즉, ①은행과 거래기업 사이에 장기적 거래(계약) 관계가 존재한다. ②은행은 고객기업의 결제계좌 보유나 회사채의 수탁업무 등을 통해 다른 기업들이나 시장에서는 얻지 못하는 기업의 내부정보를 획득하여 기업이 처한 경영위기가 일시적인 것인지, 아니면 근본적인 파산상태에 놓인 것인지를 분별할 수 있다. ③은행은 위와 같은 기업에 대한 모니터링을 통해 기업이 근본적인 파산상태에 놓인 경우 중도청산을 시키기도 하고, 일시적인 경영위기에 봉착한 기업을 구제하기도 한다. 이하에서는 이들 사실 관계가 잃어버린 20년 동안 어떻게 변해왔는지 살펴보자.

메인뱅크 시스템을 구성하는 요소로 은행과 고객기업 사이의 장기적인 거래관계를 들 수 있다. 그리고 이러한 거래관계는 기업대출, 주식 상호보유, 임원진 파견 등을 통해 유지될 수 있었다. 하지만 1990년대까지만 해도 50%를 초과하였던 은행의 기업대출 비중은 지속적으로 감소하여 2010년 이후 30%대에 머무르고 있는 가운데 기업의 장·단기 차입금 역시 하락하는 추세를 보이고 있어 은행과 기업 간의 장기 거래관계가 약화되어 왔음을 어느 정도 확인할 수 있다. 다만, 글로벌 금융위기, 특히 2012년 이후에는 장기 차입금이 증가세로 전환되고 있어 귀추가 주목된다.

〈그림 2〉 일본 기업의 장·단기 차입금 추이(단위: 억 엔)

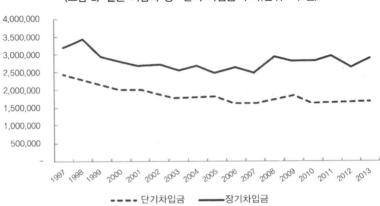

자료: 재무성 '법인기업통계'

히로타(廣田, 2009)에 의하면 일본 대기업의 부채의존도, 은행차입의존도 및 메인뱅크의존도는 장기간에 걸쳐 하락하고 있다. 실제로 1986년 이후 주가가 상승하면서 시가발행증자, 전환사채 등이 활성화되었으며, 1987년에는 CP시장이 창설되고 발행규모도 확대되었다. 이러한 변화는 대기업으로 하여금 더욱 적은 비용으로 필요한 자금을 조달할 수 있도록 하였으며, 이는 대기업들로 하여금 은행차입을 줄이게 하는 계기로 작용하였다.[4] 또한 기업의 자기자본 확충에 따라 은행차입금 비율은 1973년 58%에서 2008년에는 26%로 거의 절반 가까이 하락하였는데,

4) 姜喆九, 「日本のメインバンクシステムと資金調達の関係」, 東亞研究 제45권, 2003.

이처럼 기업의 자금수요에서 차지하는 은행차입의 중요도는 큰 폭으로 저하되었다.

〈그림 3〉 일본 대기업의 부채, 은행차입 및 메인뱅크 의존도 변화 추이(1970~)

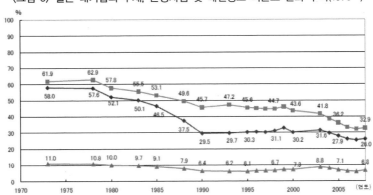

자료: 廣田(2009)

또한 메인뱅크에서 거래기업으로 파견되는 임원의 동향은 1990년 대 초반에는 기업당 평균 0.81명 수준이었으나 이후 하락세를 보였으며, 1990년대 후반에는 일시적으로 파견 임원수가 증가하였으나 2000년 후 반 이후 0.48명까지 줄었다. 일본 내 기업들을 대상으로 실시한 설문조사 결과에서도 사내에 메인뱅크 출신 임원을 두지 않고 있다고 응답한 기 업이 1980년에는 42.6%로 나타났으나 2008년에는 63.6%로 나타난바, 메 인뱅크와 거래기업의 거래관계가 이전보다 약화되었음을 알 수 있다.

<표 1> 메인뱅크에서 파견된 임원수 추이(단위 : 명)

	1980	1985	1990	1995	2000	2005	2008
기업 표본 수	528	514	533	558	539	475	431
평균 메인뱅크 출신 임원 수	0.82	0.71	0.71	0.73	0.59	0.55	0.48
평균 총 임원 수	19.16	20.76	22.01	22.77	18.61	14.79	15.15
평균 메인뱅크 출신 임원비율	4.67%	3.84%	3.50%	3.53%	3.73%	4.22%	3.78%
메인뱅크 출신 임원 유	303 (57.4%)	260 (50.6%)	278 (50.3%)	295 (52.9%)	253 (46.9%)	193 (40.6%)	157 (36.4%)
메인뱅크 출신 임원 무	225 (42.6%)	254 (49.4%)	275 (49.7%)	263 (47.1%)	286 (53.1%)	282 (59.4%)	274 (63.6%)

주: '메인뱅크 출신 임원 유'는 임원 중 메인뱅크 출신이 있다는 뜻이며, '임원 무'는 메인뱅크 출신이 임원 가운데 없다는 의미임.
자료: 廣田(2009)

또한 은행과 기업의 밀접한 관계를 보여주는 사례로는 주식의 상호 보유를 들 수 있다. 이전에는 메인뱅크가 거래기업의 주식을 보유하는 경우가 많았기 때문에 일본 기업들의 지배구조에도 큰 영향을 미치는 존재라고 할 수 있었다. 그러나 현재 메인뱅크의 해당 기업에 대한 주식보유비율은 갈수록 감소하고 있다. 즉, 도시은행 및 지방은행은 1975~1985년에 걸쳐 일본 주식시장에서 20%가 넘는 주식을 보유하고 있었으나 1990년대에는 그 주식소유비율이 15%대로 하락하였다. 이후 2000년대에는 동 비율이 5%대로 하락하였는데, 이는 은행들이 2000년대 이후 급속하게 보유주식을 매각하기 시작한 결과였으며 2012년에는 주식보유비율이 2.9%로 현저히 낮아졌다.[5]

---

5) 上田亮子, 「我が国におけるコーポレート・ガバナンスをめぐる現状等に関する調査」, 金融庁金融研究センター, 2014.07.

〈그림 4〉 일본 증권시장의 주식소유구조

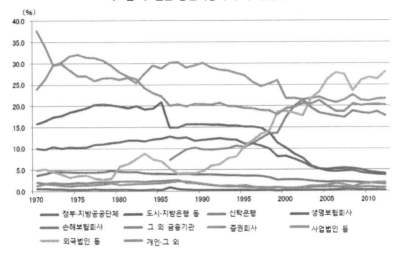

자료: 동경증권거래소 「주식분포상황 조사」, 우에다(2014)에서 재인용

주식 상호보유 경향은 일본경제 거품의 붕괴와 함께 사라지기 시작
하였다. 주가하락으로 인해 은행의 보유주식에는 평가손실이 발생하기
시작하였는데, 은행들은 이들 주식을 매각함으로 평가손실을 보충하였
다. 또한 90년대 후반부터 본격화된 부실채권 문제를 처리하기 위해 가
치상승 여지가 있는 주식을 매각하게 되었다. 다만 90년대에는 주식을
매각하여 이익을 실현한 경우 매각 후 즉시 다시 사들이는 이익창출형
크로스거래6)가 관행으로 널리 시행되고 있었기 때문에 은행의 보유주

---

6) 이는 기업이 시가에 비해 장부가격이 낮은 보유주식을 매각함과 동시에 다시
사들이는 거래를 실시함으로써 표면상의 이익을 염출하는 방법을 뜻한다. 장부
가격은 올라가지만 보유종목 및 수량은 변하지 않기 때문에 표면상의 이익을
계상하는 방법으로 특히 결산기 직전에는 관행으로 이용되어 왔다. 그러나 이러
한 수법이 결산조작이라는 지적이 제기됨에 따라, 일본 공인회계사 협회는 2000
년 9월부터 유사 행위를 포함하여 이러한 수법을 전면적으로 금지할 것을 결정

식 매각은 큰 폭으로 진행되지는 않았다. 하지만 2000년대부터는 회계 기준의 변경으로 인해 이러한 크로스거래를 주식처분이익으로 계상하는 것이 인정되지 않게 되었다. 은행의 입장에서는 유가증권의 평가손실 및 부실채권의 처리에 수반되는 손실을 메우기 위해서 동 관행이 필수적이었으나, 시가회계 기준의 도입으로 금지되자 은행의 상호보유주식 처분이 큰 폭으로 실시되었다.

실제로 전국은행 기준으로 재무상태표의 자산항목 중 유가증권에 계상되어 있는 주식의 규모는 1996년에는 45.9조 엔이었으나 2001년에는 34.4조 엔, 2002년에는 23.2조 엔으로 큰 폭으로 감소하였다. 또한 2001년 11월 은행의 주식보유를 직접적으로 제한하는 '은행 등의 주식보유의 제한에 관한 법률'이 공포되었는데, 이 역시 은행이 기업과 상호보유하고 있던 주식을 매각하게 된 요인으로 작용하게 되었다.[7] 실제로 2002년 3월과 2015년 3월 취득원가 기준으로 보유하고 있는 주식의 규모를 비교해 보면, 미츠비시 UFG의 경우 9.2조 엔에서 2.8조 엔, 미츠이스미토모 파이낸셜그룹은 5.4조 엔에서 1.7조 엔, 미즈호 파이낸셜 그룹의 경우 7조 엔에서 2조 엔 초반까지 하락한 것으로 나타났다.[8]

하였다. 또한 2001년 1분기부터는 단기매매목적의 보유주식은 시가평가 대상이 되었으며, 2002년 1분기부터는 상호보유주식 역시 시가평가의 적용대상이 되었다(시가회계 기준 도입). 이는 주식 상호보유 관행의 해소를 가속화하는 계기가 되었다.

7) 伊藤正晴, 「銀行を中心に、株式持ち合いの解消が進展, ~株式持ち合い構造の推計: 2010年版~」, 大和總合研究所, 大和総研調査季報 2011年 新春号 Vol.1.
8) 「銀行の持ち合い株解消が期待ほど進まない裏事情」, 週刊ダイヤモンド編集部, 2015.06.16.

2015년 3월 발표된 '기업지배구조 준칙'(Corporate Governance code)에서는 은행과 기업이 상호 보유하고 있는 '정책보유주식'과 관련하여 "순수 투자 목적 외의 주식을 보유할 경우, ①해당 주식 보유에 관한 방침을 공개하고, ②경영자는 매년 이사회에서 보유주식의 중장기적인 경제적 합리성, 수익 및 위험에 관한 장기적 전망 등을 설명해야 하며, ③해당 주식의 의결권 행사에 관한 적절한 기준을 책정·공개"할 것을 의무화하였다.9) 이에 더해 일본정부는 상장기업들이 6월 1일부터 동 준칙을 따를 것을 권고하고, 따르지 않을 경우는 그 이유를 투자자들에게 설명할 것을 요구하였다.

뒤이어 동 준칙을 따르는 지배구조 관련 보고서들이 발표되었는데, 6월~8월에 이들 보고서를 발표한 74개사를 분석한 결과 바젤 III 기준으로 대형은행10)에 해당하는 미즈호 파이낸셜 그룹, 미츠비시 UFG, 미츠이스미토모 파이낸셜 그룹 등 3대 은행을 비롯한 은행들은(은행 외 금융회사 포함) 정책보유주식과 관련하여 "원칙적으로 보유하지 않음" 혹은 "제한적으로 보유함"이라고 보유 방침을 명시하였다.11) 그러나 그 이면을 들여다보면 정책보유주식과 관련하여 각 은행마다 어느 정도의 입장 차이가 있는데, 일례로 미츠비시 UFG는 "보유하고 있는 해당 주식의 잔액 삭감이 기본 방침"이라고 하면서, RORA12)라고 하는 지표를 거래기업

---

9) 「コーポレートガバナンス・コード」, 株式会社東京証券取引所, 2015.06.
10) 여기서 대형은행이란 국제금융 시스템상 중요한 은행(Global Systemically Important Bank, G-SIBs)을 뜻함.
11) 「コーポレートガバナンス報告書の開示内容の考察 ~未来への意思を示し、投資家との対話の有効なツールに~」, みずほ銀行 産業調査部, 2015.09.28.
12) RORA(Return on Risk Weighted Assets)란 위험가중자산수익률을 뜻하며, 은행

의 주식을 보유할 것인지 매각할 것인지의 기준으로 삼고, 기준을 충족시키지 못하는 정책보유주식은 그 주식의 채산성 개선이 일정 기간 내에 이루어지지 못할 것으로 전망되는 경우 매각을 검토할 입장이다. 그러나 대체로 일본의 5대 은행들은 메인뱅크로서의 입장 및 대출 등의 거래를 유지하기 위해 거래기업과의 주식 상호보유를 아예 없애지는 않을 전망이다.[13]

Aoki and Patrick(1994)에 의하면, 메인뱅크는 거래기업을 대상으로 크게 세 가지 형태의 모니터링 기능을 수행한다. ①기업의 대출과정에서 투자계획을 심사하는 사전적 감시기능, ②해당 기업의 경영에 대한 정보공유와 같은 중간적 감시기능, ③경영자 교체 등 사후적 감시기능이 그것이다[14]. 호리우치·후쿠다(堀内·福田, 1987)[15]등도 이러한 은행의 모니터링 기능을 '위탁받은 모니터'(delegated monitor)라고 보고 있다. 이러한 견해는 메인뱅크가 여타 은행을 대신하여 거래기업을 모니

이 거래기업으로부터 받는 대출이자 및 주식 배당금 등의 수익을 통해 그 거래기업의 주식을 보유할 때 오는 위험을 상쇄할 수 있는지를 나타내는 지표로 쓰이기도 함. 미츠비시 UFG 홈페이지 설명 참조.
13) 미즈호 파이낸셜 그룹의 사토 사장은 정책보유주식과 관련하여 기업지배구조 준칙에 따른 새로운 가버넌스 보고서를 발표한 이후 "향후 책정하는 '보유기준'을 통과하는 주식이라면 새로운 주식의 취득도 가능하다."고 한 바 있음. 또한 대형 은행들의 해당 주식 삭감 여부를 둘러싸고 거래처 기업들이 안정적인 경영이 어려울 것이라는 우려도 제기되고 있기 때문에, 향후 신중한 주식의 매각이 예상될 것이라는 분석임. 산케이신문, "大手銀行5グループ、持ち合い株解消で 温度差 ガバナンス報告書," 2015.08.01.
14) Masahiko Aoki and Hugh Patrick, "The Japanese Main Bank System," Oxford University Press, 1994.
15) 堀内昭義・福田慎一(1987),「日本のメインバンクはどのような役割を果たしたか?」『金融研究』第6巻 第3号.

터링하고 정보의 비대칭성을 완화하여 기업의 자금조달을 보다 용이하게 한다는 것이다. 그러나 부동산거품 붕괴 이후 대규모로 발생한 부실채권을 은행이 떠안게 되면서 본업인 기업에 대한 모니터링 기능을 제대로 발휘하지 못했다는 비판을 받고 있다.[16] 또한 히로타(廣田, 2009)는 '위탁받은 모니터'(delegated monitor)로서의 메인뱅크 기능의 중요성이 저하되고 있음을 지적하고 있는데, 이는 기업이 자기자본을 강화함에 따라 은행차입이 감소한 데에 크게 기인한다. 그에 더해 히로타(廣田)는 메인뱅크 융자 담당자와의 인터뷰를 통해, 메인뱅크의 구제 기능이 과거에 비해 저하된 이유로 주주대표소송의 리스크를 언급하였다. 즉, 은행의 입장에서는 이러한 위험을 피하기 위해 거래기업을 구제할 것인지의 여부를 경제적 합리성을 근거로 판단하게 됨에 따라 기업구제 기능이 이전보다 약화되었다는 것이다.

이상으로부터 90년대 이후 직접금융을 통한 자금조달 비중이 증가하였다는 점, 메인뱅크가 거래기업으로 파견하는 임원의 수가 감소하고 있다는 점, 주식 상호보유가 해소되고 있는 점 등을 통해 메인뱅크의 기능이 약화되고 있음을 확인하였다.

하지만 2000년대 이후에는 기업의 부채에서 차지하는 은행 및 메인뱅크 차입금 비중이 오히려 증가하고 있는바, 이는 일본기업의 자금조달이 시장(주식, 회사채)보다 은행(메인뱅크 포함)과의 관계형금융에

---

16) 강철구, 「일본의 메인뱅크제도와 기업지배구조의 변화」, 『사회과학연구』 36권 2호, 2010, 199-216쪽; 금융청, 「金融システムと行政の将来ビジョン」, 日本型金融システムと行政の将来ビジョン懇話会, 2002.7.12.

대한 의존도가 높아졌음을 시사한다. 또한 박성빈(2006)에 따르면 대출 측면에서 은행과 기업의 관계는 중소·중견기업의 경우 여전히 밀접한 관계를 유지하고 있으며, 중소기업의 경우에는 여전히 자금조달에서 은행에 대한 의존도가 높기 때문에 이전에 비해 은행과 기업의 관계가 해소되고 있다고 단정 지을 수는 없다.[17]

또한 히로타(廣田)는 일본의 약 500개 대기업과 그들의 메인뱅크와의 거래관계를 조사한 결과, 기업이 메인뱅크를 중요시하는 이유로 ① 필요한 때에 자금을 공급받을 것이라는 암묵적인 양해가 아직도 어느 정도 존재한다는 점, ②기업은 메인뱅크로부터 필요한 정보 및 금융서비스를 요구하고 있다는 점을 지적하였다. 따라서 최근의 메인뱅크는 기존의 융자 공급처에서 기업의 위험헷지 및 정보제공의 역할을 수행하는 것으로 그 기능이 변화되고 있는 것으로 볼 수 있다.[18] 이를 통해 임원진 파견, 주식 상호보유 등과 같은 메인뱅크 시스템의 일부 구성요소들은 해소되고 있으나, 기업은 여전히 메인뱅크를 변경하지 않고 거래상 밀접한 관계를 유지하고 있다고 판단된다.

---

17) 박성빈, 「글로벌화에 따른 일본 메인뱅크 시스템의 변용에 관한 실태분석」, 『한일경상논집』 34, 한일경상학회, 2006, 89-118쪽.
18) 또한 금융청의 '일본형금융시스템과 행정의 장래 비전 간담회'에서는, "새로운 금융시스템에서는 상대형 산업금융 모델(은행 중심의 금융중개)도 존속하지만, 시장금융 모델의 역할이 보다 더 중요하게 되었다는 의미로, 시장기능을 중심으로 하는 "복선형금융시스템" 이라고 칭한다."라고 밝혔다. 금융청, 「金融システムと行政の将来ビジョン」, 日本型金融システムと行政の将来ビジョン懇話会, 2002.7.12.

3. 한일 양국 은행의 금융중개기능의 변화

3.1. 금융중개기능의 정의

금융중개에 대해서는 Gurley & Shaw(1958)를 필두로 하여 수많은 학자들이 정의를 내리고 있고 학자마다 차이가 있기 때문에 그 개념을 한마디로 정의하기는 어렵다. 이는 가장 좁게는 은행의 주요 기능 가운데 하나로 예금과 대출을 중개하는 것을 일컫지만, 이에 더해 지급결제와 신용창출(유동성공급) 기능을 포함하는 경우도 있다.[19] 사전적(辭典的)인 의미로는 저축 주체(즉 최종적 자금잉여 주체)에게 예금증서, 금융채, 신탁증서 등의 간접증권을 발행하여 자금을 조달하는 한편 투자 주체(즉 최종적 자금부족 주체)가 발행하는 채무증서, 주식 등의 본원적 증권을 구입함으로써 당해 자금을 운용하는 기능을 말한다. 이와 같은 기능을 수행하는 금융중개기관은 예금을 통해 자금을 조달하는지 여부에 따라 예금취급금융기관(상업은행 등)과 비예금취급금융기관(보험회사, 투자신탁 등)으로 구분되기도 한다. 본 연구에서는 기본적으로 호리우치(堀內, 1990)에 따라 금융중개기능을 만기변환(maturity transformation), 정보생산, 지급결제시스템 관리, 위험분산 및 비용감축(risk transformation),

---

19) 여러 금융학자 가운데 금융중개기능을 매우 광범위하게 정의하고 있는 대표적인 경우는 Greenbaum and Thakor(1995)라 하겠다. 이들은 동 기능을 중개(brokerage)와 질적 자산변성(qualitative asset transformation)으로 구분하고, 전자에 자금제공(대출 등), 거래서비스(수표인수, 증권매매 등), 금융자문, 인증서비스, 대출채권 유동화(origination) 등을 포함시키고 있으며, 후자에는 정보생산(monitoring), 보증 및 보험 제공, 유동성창출, 경영관리 등을 포함시키고 있다.

보험공급 등의 기능으로 정의한다.[20] 이들 각각의 내용을 간략히 정리해 보면 다음과 같다.

첫째(만기변환), 자금의 수요자와 공급자는 선호하는 자금의 만기가 다르기 때문에 금융중개기관은 자금공급자로부터 받은 자금(주로 단기예금)을 자금수요자에게 만기가 비교적 장기인 채권(주로 장기대출)의 형태로 발행하여 공급함으로써 자금 공급자와 수요자의 만기선호 차이에서 오는 간격을 메워주는 역할을 한다. 만기의 변환은 금리(변동) 및 유동성 위험을 수반하게 되는데, 금융중개기관은 비금융경제주체가 가지고 있지 않은 전문지식, 금융기법 등을 사용하여 이들 금리 및 유동성 위험을 관리할 수 있다.

둘째(정보생산), 은행은 기업과의 금융거래, 이사회 참여, 의사결정과정 감시 등을 통해 주로 기업의 재무제표에 의존하는 금융시장에서는 입수불가능한 기업관련 정보를 얻을 수 있다. 이와 같은 정보생산을 통해 담보가 부족한 서민, 중소기업에 신용으로 대출을 제공할 수도 있다. 물론 신용평가기관 등도 정보생산 기능을 가지나, 정보의 신뢰성 및 적절성 등의 문제로 인해 은행이 수행하는 정보생산 기능을 온전히 대체하는 데에는 한계가 있다.[21] 다만 금융중개기관 역시 자금수요자의

---

20) 금융중개에 관한 보다 상세한 논의는 방대한 서베이 논문 Gorton and Winton(2002)을 참조하기 바란다.

21) Arrow(1921~)는 실제로 정보를 사용해 보지 않으면 그것이 거래활동에 크게 도움이 될 수 있을지 여부를 알지 못하기 때문에 거래시점에서 그 질에 대한 신뢰성을 판단하기 어려우며, 또한 생산된 정보를 타인에게 매각할 경우 제3자에게도 제공하는 것(복제)이 쉽기 때문에 전유(專有)가 곤란하다고 주장한다. 또한 신용평가기관 등이 생산하는 정보는 금융시장을 통해 일반 투자자들에게 제공

모든 정보를 알고 있지는 못하기 때문에 결과적으로 신용도가 낮은 자금 수요자에게 자금이 제공되는 역선택 문제가 발생할 가능성은 존재한다.

셋째(지급결제시스템 관리), 은행은 예금수취를 고유업무로 수행하면서 예금자에게 지급결제서비스를 제공한다. 이를 위해 은행은 예금자가 예금의 해약을 요구할 경우 항상 그 요구에 대응할 수 있도록 충분한 지급준비금을 보유하고 있어야 한다. 은행이 수익을 내지 못하는 지급준비금을 보유하여 기회비용을 지불하면서까지 지급결제서비스를 제공할 수 있는 것은 수많은 예금자 유치를 통해 규모의 경제(Economies of scale)를 활용할 수 있기 때문이다.

넷째(위험분산 및 비용감축), 금융중개기관은 개인보다 정보 축적 및 관리 등의 측면에서 전문성을 지니고 있어 위험을 더욱 정확하게 예측하고 분석할 수 있으며, 다수의 자금공급자로부터 자금을 받아 다양한 종류의 금융자산에 투자하기 때문에 위험분산이 잘 된 포트폴리오를 구성하는 것이 가능하다. 이들 자산을 매매하거나 관리하기 위해서는 고정비용이 필연적으로 수반되는데, 이 때문에 얼마 되지 않는 금액의 자산을 보유하고 있는 개인은 자산구성을 다양화하기가 어렵다. 이에 비해 금융중개기관은 다수의 자금공급자로부터 자금을 모아 규모의 경제를 실현함으로써 비용을 절감할 수 있다.

다섯째(보험의 공급), 보험은 경제주체가 특정 위험을 피하기 위한 수단이고, 이러한 위험은 포트폴리오에 포함된 가계의 수가 많으면 많

되는 것과 달리, 은행과 같은 금융중개기관이 생산하는 정보는 자신의 융자활동에만 사용된다는 차이가 있다. 자세한 것은 堀内昭義(1990)를 참조하기 바람.

을수록 작아지게 된다. 금융중개기관은 일종의 보험증서라고 할 수 있는 간접증권(예금증서)을 발행하여 예금자에게 위험절감 서비스를 제공하는 역할을 한다.

3.2. 양국 은행의 금융중개기능의 변화의 특징

은행이 이상에서 기술한 금융중개기능을 충실히 수행한다면 Berger and Udell(1996), Gorton and Winton(2002), 함정호 · 진태홍 · 김덕영(2004) 등이 지적한 바와 같이 장기대출, 중소기업대출을 필두로 하는 관계형금융(relationship banking)과 신용대출이 늘어나고, 은행의 지급준비금도 충분하여 요구불예금을 필두로 하는 가계 및 기업의 예금도 안정적인 수준을 유지할 수 있다. 그렇다면 한일 양국 은행의 현실은 어떠한가.

첫째, 일본의 단기예금과 장기대출 추이를 살펴보면 2000년대 초반까지만 해도 양자 모두 감소추세가 뚜렷하여 은행의 금융중개기능이 극도로 약화되었음을 짐작케 한다. 하지만 그 이후에는 글로벌 금융위기 전후 시기만 제외하고는 양자 모두 증가세로 반전하면서 동 기능이 살아나고 있음을 추측케 한다.[22] 한편 한국의 경우 적어도 글로벌 금융위기 이전까지는 단기예금의 증가가 장기대출(시설자금)의 증가로 이어지면서 은행이 만기변환 기능을 충실히 수행해 왔으나, 그 이후로는 양자 모두 증가세가 꺾이면서 만기변환에 기초한 금융중개기능이 위축되

---

22) 물론 단기예금이 증가함에도 불구하고 장기대출이 늘어나지 않는 것을 두고 은행의 만기변환 기능이 위축되고 있다고 해석하는 데에는 분명 한계가 있다. 기업의 장기 자금수요가 감소해도 이와 유사한 상황이 발생할 수 있기 때문이다.

고 있는 듯하다. 이로부터 "글로벌 금융위기 이후 한국의 은행은 잃어버린 20년(적어도 잃어버린 10년) 동안의 일본의 은행과 마찬가지로 만기변환에 기초한 금융중개기능이 약화되고 있다"는 가설을 세울 수 있다.

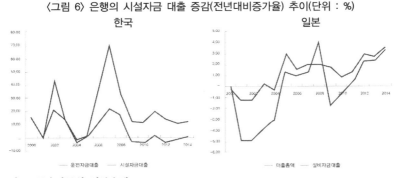

〈그림 5〉 은행의 기간별 정기예금 증감(전년대비증가율) 추이(단위 : %)

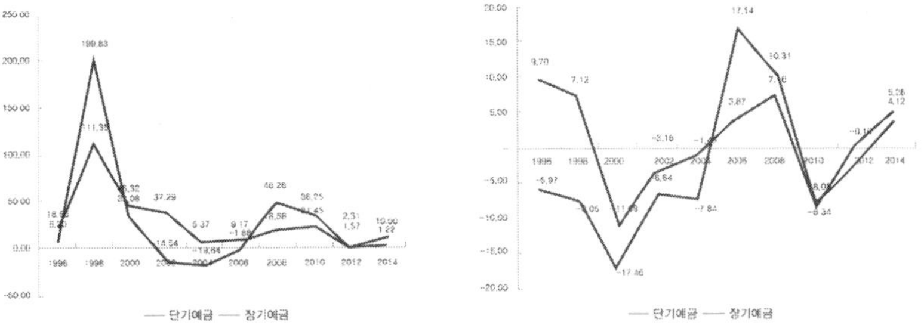

주 : 장단기예금의 구분 기준은 1년
자료 : 한국은행, 일본은행

〈그림 6〉 은행의 시설자금 대출 증감(전년대비증가율) 추이(단위 : %)

자료 : 금융감독원, 일본은행

둘째, 일본의 경우 신용대출이 꾸준히 증가하고 있는 반면, 1990년대 초반까지만 해도 한국과 유사한 수준으로 높은 비중을 차지했던 담보대출은 지속적으로 하락하고 있어 정보생산에 기초한 은행의 금융중개기능이 개선되고 있음을 짐작케 한다.[23] 한편 일본 은행들의 기업규모별 대출추이를 살펴보면 대기업대출이 증가하고 있는 반면 중소·중견기업대출은 감소 추세를 보이고 있어 정보생산에 기초한 은행의 금융중개기능이 저하되고 있음을 추측케 한다.

한국의 경우 담보별 및 기업규모별 대출추이를 살펴보면 정보생산에 기초한 은행의 금융중개기능이 저하되고 있음을 알 수 있다. 즉, 외환위기 이후 담보대출 관행을 개선하라는 감독당국의 독려와 은행의 노력이 지속되어 왔음에도 불구하고 은행의 총대출 대비 담보대출 비중은 상승하고 있는 반면 신용대출의 비중은 하락하는 추세가 이어지고 있으며, 중소기업대출 비중 및 증가율 역시 MB 정부에 들어와 줄곧 감소하는 추세에 있다. 담보가 부족한 중소기업에 대한 대출은 상당 부분 보증대출로 제공되는데, 중소기업대출 비중의 감소는 외환위기 이후 신용보증을 감축하라는 IMF의 권고로 보증대출이 감소한 데에 크게 기인한다. 하지만 MB 정부에 들어와서는 보증대출이 다시 증가세로 돌아섰음에도 불구하고 중소기업대출이 감소한 것은 정보생산에 기초한 은행의 금융중개기능이 저하되고 있음을 말해주는 것이라 하겠다. 물론 여기에는

---

23) 하지만 이와 같은 사실만으로 일본의 은행이 동 기능에 충실했다고 단정하기는 이르다. 왜냐하면 담보대출 비중의 하락에는 부동산거품 붕괴에 따른 담보가용가의 하락이라는 변수가 결정적으로 작용했을 가능성이 있는 데다 담보대출 비중의 하락을 보증대출 비중의 증가로 대체했기 때문이다. 실제로 일본 은행들의 신용대출 비중은 한국에 비해 크게 높은 편은 아니며 보증대출 비중은 한국의 3배 정도로 높다. 따라서 일본 은행들의 정보생산에 기초한 금융중개기능이 개선되고 있음을 검증하기 위해서는 이들 변수(즉 담보가용가의 하락, 보증대출의 증가)를 통제한 후 통계적 방법 등을 이용하여 보다 엄밀하게 실증분석을 해 보아야 할 것이다.

MB 정부 초기에 글로벌 금융위기가 발발하면서 중소기업을 필두로 기업의 재무구조가 악화되고 자금수요가 감소한 것도 일조하고 있다.

결국 기업규모별 대출추이로부터는 양국 은행 공히 정보생산에 기초한 금융중개기능이 약화되고 있음을 추론할 수 있지만, 담보별 대출추이로부터는 "외환위기 이후 한국의 은행은 일본의 은행에 비해 정보생산에 기초한 금융중개기능이 약화되고 있다"는 가설을 도출할 수 있다.

〈그림 7〉 은행의 담보별 대출비중 추이(단위 : %)

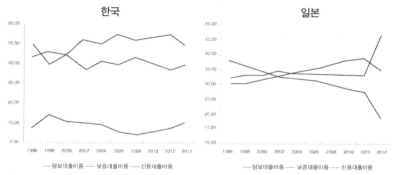

자료 : 금융감독원, 일본은행

〈그림 8〉 은행의 기업규모별 대출비중 추이(단위 : %)

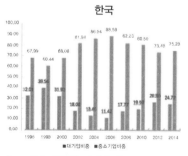
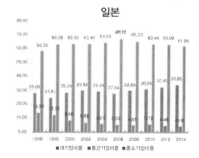

자료 : 금융감독원, 일본은행

셋째, 일본의 경우 요구불예금은 2000~2002년 동안 변동이 심하였으나 전반적으로는 안정적인 증가세를 보이고 있고, 법정준비예금액은 1993년 이후 글로벌 금융위기 전까지 완만한 등락이 있었으나 전반적으로는 요구불예금과 마찬가지로 안정적인 증가세를 보이고 있다. 게다가 일본은 한국과 달리 잃어버린 20년 기간 동안 기업예금이 줄곧 하락하고 있어 은행의 지급결제시스템 안정화 기능에 문제가 발생할 가능성은 적어 보인다.

한편 한국의 경우 요구불예금 및 지급준비금의 증가율이 모두 2006년을 정점으로 하여 전반적으로 둔화되는 추세에 있다. 이는 기본적으로 저금리 기조가 지속되면서 요구불예금이 감소하고 이에 따라 자연스럽게 지급준비금도 감소하는 현상으로 이해될 수 있다. 하지만 기업예금이 빠른 속도로 증가하고 있는 최근의 상황을 감안할 때, 지급준비금의 둔화는 은행의 지급결제시스템 안정화 기능을 약화시킬 가능성이 있다. 지급준비액 잔액은 글로벌 금융위기 이후 크게 증가한 기업예금, 2013년부터 증가세로 반전한 요구불예금 등 예금의 규모에 비해 충분하다고 보기 어렵기 때문이다. 참고로 2013년말 현재 지준예치금에 시재금을 더한 실제지급준비액 잔액은 32조 원 정도에 지나지 않으나 2004~2007년 평균 150조 원 정도에 머물던 기업예금은 약 310조 원에 이르는 가운데 총예금은 1,000조 원을 돌파하였다. 또한 요구불예금은 2013년 들어와 10%를 상회하는 증가율을 보이며 2013년 말 현재 약 111조 원을 기록하고 있는데, 이중 기업예금(41.22조 원)은 가계예금(41.96조 원)과 거의 유사한 수준이다.

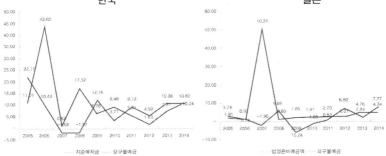

〈그림 9〉 은행의 지급준비금 및 요구불예금 증감(전년대비 증가) 추이(단위: %)

자료 : 한국은행, 일본은행

넷째, 은행의 전통적인 금융중개 역할은 자금 잉여주체인 가계의 예금을 자금 부족주체인 기업의 대출로 이어주는 것이다. 그런데 한국의 경우에는 이와 같은 금융중개 구조에 근본적인 변화가 발생하고 있다. 즉, 2000년대 초까지만 해도 예금은행 총예금의 60%를 웃돌던 가계예금은 2008년 글로벌 금융위기 이후 40%대로 줄곧 낮아진 반면, 기업예금은 지속적으로 증가하여 글로벌 금융위기 이후 30%대의 비중을 이어가고 있다. 이와 같은 추세로 가계예금이 줄고 기업예금이 증가할 경우 은행의 유동성관리는 더욱 어려워지고 금융중개기능도 약화될 가능성이 있다. 왜냐하면 기업예금은 가계예금에 비해 건당 규모와 변동성이 커 일시적으로 인출수요가 몰려 즉시결제가 어려워질 경우 지급결제시스템의 안전성을 위협할 수 있고,24) 대기업을 중심으로 기업이 자금부

---

24) 기업예금 중 대기업예금은 주요 사용처가 설비투자자금 등으로 건당 규모와 변동성이 큰 반면, 운전자금 수요가 큰 중소기업예금의 경우 건당 규모와 변동성이 낮다.

족 주체에서 자금잉여 주체로 바뀌어 가면 가계예금을 기업대출로 연결하는 전통적 금융중개기능은 위축되기 때문이다. 한편 일본은 한국과 대조적으로 가계예금은 꾸준히 증가하고 기업예금은 줄곧 하락하고 있어 은행의 전통적인 금융중개 역할이 위축될 우려는 적어 보인다.[25]

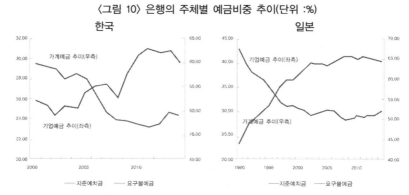

〈그림 10〉 은행의 주체별 예금비중 추이(단위 :%)

자료 : 한국은행, 일본은행

다섯째, 기업금융 업무의 축소와 담보대출을 위주로 한 가계금융 업무의 확대는 은행의 정보생산 기회를 줄여 금융중개기능을 저하시킬 수 있다. 이러한 우려는 한국과 일본 모두에 적용된다. 즉, 한국의 경우 외환위기 이후 대대적으로 구조조정을 경험한 은행들은 기업금융 업무를 줄이는 대신 가계금융 업무를 확대해 왔다. 그 결과 가계대출의 60%를 상회하는 주택담보대출은 2002년 88조 원에서 2013년 420조 원으로 10년 만에 5배 정도 증가하면서

25) 한국과 일본의 가계예금 추이가 반대로 나타나는 이유와 관련하여 지난 2016년 4월 22일 서울대학교 일본연구소 주최 워크숍에서는 일본의 경우 국민들이 연금의 불입보다는 수령이 많은데, 한국의 경우는 국민들이 아직 연금 불입 단계인 경우가 많아 시간이 지나면 일본처럼 가계저축률이 증가할 수 있다는 견해가 제시된 바 있다.

부동산시장을 과열시키고 부동산발 금융위기를 야기할 수 있는 잠재요인으로 등장했다. 또한 은행을 포함한 모든 금융기관(금융법인)의 자금공급 총액은 2008년을 정점으로 하여 감소하는 가운데 특히 기업(비금융법인기업)에 대한 자금공급의 감소가 두드러지게 나타나고 있다. 일본의 경우 1990년만 해도 가계대출 중 주택대부대출이 차지하는 비중은 39%에 지나지 않았지만 최근에는 60%를 상회할 정도로 급상승하고 있다(글로벌 금융위기 당시인 2008년에 60.59%로 60%를 돌파한 뒤 2014년까지 약 65%까지 상승한 실정). 금융법인의 자금공급 총액은 한국과 달리 증가하고는 있지만, 기업(비금융법인기업)에 대한 자금공급은 잃어버린 20년 기간 동안 줄곧 감소해 왔다.

〈표 2〉 가계대출 및 주택담보대출 추이(단위 : 십억 원(한국), 억 엔(일본))

한국

	2010	2011	2012	2013	2014	2015
GDP	1,265,308	1,332,681	1,377,456	1,429,445	1,486,079	1,558,592
가계대출	793,779	861,388	905,944	960,580	1,025,076	1,141,834
주택담보대출	436,010	475,134	490,140	507,319	555,627	600,686

일본

	2009	2010	2011	2012	2013	2014
GDP	4,739,964	4,805,275	4,741,705	4,744,037	4,824,304	4,896,234
가계대출	3,059,864	3,028,460	2,996,125	3,010,554	3,060,905	3,103,624
주택담보대출	1,908,022	1,907,227	1,927,772	1,942,772	1,967,060	1,983,937

주 1: 한국의 경우 가계대출은 한국은행 경제통계시스템 상의 '가계신용'의 연도별 데이터를, 주택담보대출은 '가계신용' 하의 가계대출 중 예금취급기관과 비은행예금취급기관 각각의 주택담보대출액의 합계액임.
주 2: 일본의 경우 GDP는 일본 내각부에서, 가계대출 및 주택대부대출은 일본은행의 '시계열 통계데이터 검색 사이트(時系列統計データ検索サイト)'의 자금순환 중 가계항목의 부채에서 민간금융기관, 공적금융기관 각각의 주택대부대출의 총합임.

주 3: 일본의 경우 2015년 GDP를 제외하고 나머지 가계대출 및 주택대부대출 관련 항목이 아
직 업데이트되지 않아 2014년까지만 적용하여 한국과 1년씩 기간상의 차이가 발생함.
주 4: GDP는 양국 모두 명목 기준임.
자료: 한국은행, 일본 내각부 및 일본은행

〈그림 11〉 금융법인의 비금융법인기업에 대한 자금공급 추이
(단위 : 왼쪽 축 %, 오른쪽 축 조 원 및 억 엔)

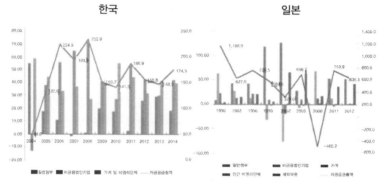

자료: 한국은행, 일본은행

　　　은행 및 자본시장의 금융중개기능 약화의 배경에는 이상에서 살펴
본 바와 같은 공급 측 요인뿐만 아니라 수요 측 요인도 존재한다. 한국의
경우 글로벌 금융위기 이후 전까지만 해도 기업의 자금수요가 증가하는
가운데 기업예금을 크게 늘릴 정도로 자금잉여 주체로 변신한 일부 대
기업의 경우에는 회사채나 주식 등 직접금융을 통한 자금조달이 크게
증가했다. 하지만 글로벌 금융위기 이후로는 직간접금융 모두에서 자금
수요가 감소하고 있다. 일본의 경우에도 기업의 자금수요 패턴은 한국
과 대체로 유사하지만 특히 직접금융을 통한 자금조달은 부진한 상황이
지속되고 있다. 양국 모두 일부 대기업을 제외한 대부분의 중소기업은
여전히 자금부족 주체로 남아있는 가운데 이들에 대한 대출의 비중 및

증가율이 줄곧 감소하고 있음을 볼 때, 양국 은행의 금융중개기능이 약화되고 있음은 부인하기 어려운 사실이라 하겠다.

<그림 12> 기업의 자금조달 추이(단위 : 조 원. 천억 엔)

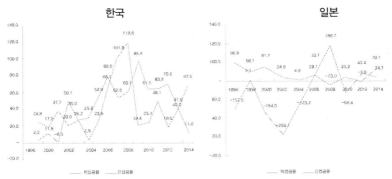

주1 : 비금융법인을 대상으로 함.
주2 : 한국의 경우 1998년, 2013년도는 1~3분기까지만 포함됨.
주3 : 직접금융은 주식 및 출자지분, 회사채, 기업어음, 공공채를 포함(순증 기준)
주4 : 간접금융은 한국의 경우 예금취급금융기관 차입, 일본의 경우 민간금융기관 및 공적금
　　　융기관으로부터의 차입(순증 기준)
자료 : 한국은행, 일본은행

4. 실증분석 및 결과

　　은행 및 자본시장의 금융중개기능이 약화되고 있는지를 통계적으로 검증하기 위해 대표적인 금융중개 수단인 대출(은행)과 회사채+주식(자본시장)이 기업투자에 미치는 영향력이 시간에 따라 어떻게 변하고 있는지를 살펴보기로 하자. 실증분석에 사용되는 데이터는 한국의 경우 Wisefn에서 발표하는 비금융법인기업 중 한국거래소, 코스닥 시장에 상

장된 100개의 기업을 무작위로 추출한 것이고, 일본의 경우에는 EDINET 홈페이지에 유가증권보고서를 제출한 도쿄증권거래소 1부, 2부, 마더스, JASDAQ에 상장된 비금융법인기업 170개를 무작위로 선정한 것이다.

종속변수(피설명변수)로는 유형고정자산합계액의 전년대비 증가액을 사용하여 기업의 설비투자 동향을 파악하고자 하였다. 또한 설명변수는 상장기업 유가증권보고서 상의 은행으로부터의 장단기 차입금(R), 회사채 발행액+납입자본금(M)을 사용하였다. 한편 기업 내부자금 대리변수로는 당기순이익+감가상각비-배당금(Inter)을 사용하였다.

〈표 3〉 실증분석에 사용된 변수 리스트

	변수명	대리변수
피설명변수	INV(전체 투자함수)	유형고정자산 전년대비 증가액
설명변수	R(관계지향형 계약)	은행으로부터의 장·단기 차입금
	M(시장지향형 계약)	회사채+납입자본금
	Inter(자기자금)	내부자금

주 : 한국, 일본 모두 동일한 방식으로 실시함.

또한 이를 토대로 "기업의 가치=실물투자의 성과"라는 가정을 상정하고, 투자함수 추정을 통해 기업의 설비투자 증대에 은행(R), 자본시장(M) 중 어느 것이 더 효과적인지를 분석하기 위해 다음과 같은 모형을 설정하였다.

$$INV_{it} = c_i + \alpha X_{it} + \varepsilon_{it}$$

단, 동 모형에서 i=1,2,...,N(기업), t=1,2,...,T(기간)이고, X는 R, M 등을 포함한 설명변수 벡터, ε은 오차항이다. 동 자료들은 횡단면과 시계열

둘 다의 특성을 지니기 때문에 패널 회귀분석으로 실증분석을 실시하였는데, 고정효과모형(Fixed Effects Model)과 임의효과모형(Random Effects Model)을 각각 추정한 뒤 Hausman Test를 통해 두 모형 중 어느 모형이 더 적합한지를 판정하였다. 하우스먼 검정 결과 고정효과모형이 모든 분석에서 더 효과적인 것으로 판정되어, 이를 이용하여 한일 양국의 연도별 투자함수를 추정하였다.

김동환(1999)[26]에 따르면 한국의 경우 대출(R), 회사채+주식(M)의 투자함수에 대한 계수는 외환위기 이전(1960년대~1997년)에는 각각 0.338, 0.269을 기록했었다. 하지만 이번 연구의 대상기간인 외환위기 이후(2005~2014년)에는 각각 0.3404, 0.1716로 나타나 R계수는 약간 증가한 반면, M계수의 경우는 하락하였다. 특히 2005~2014, 2006~2014,…, 2013~2014년으로 1개 연도씩 줄여가며 투자함수를 추정한 결과, R의 계수는 2011년까지는 계속 증가하였으나 이와는 반대로 M의 계수는 2011년까지 계속 하락하였다. 그러나 2011년 이후부터는 정반대의 현상이 나타나고 있는데, R의 계수는 다시 하락하고 M의 계수가 증가하는 것으로 나타났다. 이는 최근 들어와 은행의 금융중개기능이 하락하는 대신 자본시장의 금융중개기능이 개선되는 것을 시사하는 것이라 볼 수도 있다. 또한 2011년 이후 R계수가 급격하게 하락한 점은 주목할 만한바, 이는 최근 몇 년간 특히 은행의 금융중개기능이 급격히 위축된 것임을 나

---

26) 다만 김동환(1999)은 한국증권거래소 1, 2부 상장기업을 표본으로 하고 있는 반면 이번 연구는 한국거래소 및 코스닥 시장에 상장된 중소기업을 포함한 기업들을 표본으로 하고 있다.

타내고 있을 수 있어 은행의 기업에 대한 대출기능 약화 여부에 대한 동향을 예의주시할 필요가 있을 것으로 보인다. 특히 내부자금(Inter)의 부호가 마이너스로 나타난 것은 재무이론과 달리 내부자금이 대리인 비용을 수반하지 않는 자금조달 수단이 되지 않을 수도 있음을 의미한다. 이는 김동환(1999)의 실증분석 결과와 크게 다른 것으로, 외환위기 이후, 특히 2008년 글로벌 금융위기 이후 기업들이 유동성 확보를 위해 내부유보를 투자재원으로 사용하지 않는 경향이 있어 왔음을 보여준다.[27]

---

27) 또한 본 연구에서는 기업의 은행차입 및 회사채 발행에 이자율(은행대출금리, 회사채 시장이자율)이 미치는 영향 및 이에 따른 투자증대가 결과적으로 경제성장에 미친 기여도를 알아보기 위해 경제성장률도 포함시켜 분석을 실시해 보기도 하였다. 변수 C, R, M, Inter는 모두 금액이나 이자율, 경제성장률은 %라는 점에서 분석 시 스케일이 맞지 않아 발생할 수 있는 오류를 최소화하기 위해 유형고정자산전년대비증가율, 차입금, 회사채 및 납입자본금, 감가상각비 · 당기순이익 · 배당금의 전년대비 증가율로 조정하여 분석을 실시하였으나 통계적으로 의미 있는 결과를 도출해 내지는 못하였기에 제외하였다.

<표 4> 한국기업의 투자함수 추정(2005~2014)

	R	M	Inter
추정계수	0.3404	0.1716	-0.1516
t값	4.49	4.16	-2.03

	2005~2014	2006~2014	2007~2014	2008~2014	2009~2014
R	0.3403859 (4.49)	0.4012284 (4.67)	0.5347484 (5.27)	0.7197879 (5.83)	0.8610403 (5.59)
M	0.1716467 (4.16)	0.1482988 (3.16)	0.1067928 (1.90)	0.0079259 (0.11)	-0.1275518 (-1.33)
Inter	-0.151585 (-2.03)	-0.1152133 (-1.41)	-0.0437398 (-0.47)	0.0502203 (0.47)	-0.0356037 (-0.25)
연도수	10	9	8	7	6

	2010-2014	2011-2014	2012-2014	2013-2014
R	1.200019 (5.39)	2.461598 (7.93)	0.340609 (2.06)	-0.4485761 (-2.60)
M	-0.4440994 (-3.50)	-1.6989 (-9.59)	0.0277446 (0.28)	0.1039579 (0.66)
Inter	-0.4451757 (-2.50)	0.3161469 (1.45)	0.1147374 (0.99)	-0.0772833 (-0.92)
연도수	5	4	3	2

주 : Hauman Test 결과 모든 분석에서 Fixed Effect Model의 설명력이 높은 것으로 나타남.

한편 일본의 경우 대출(R), 회사채+주식(M)의 투자함수에 대한 계수를 2005-2014년에 걸쳐 추정한 결과 각각 0.0416, -0.0905로 R 계수가 M 계수보다 높게 나타났음을 확인할 수 있는데, 이를 통해 대출(은행)이 회사채+주식(자본시장)에 비해 기업투자에 상대적으로 더 긍정적인 영향력을 미치고 있다고 추론할 수 있다. 또한 한국의 경우와 동일하게 투자함수의 시간에 따른 변화를 살펴보기 위해 분석기간을 2005~2014,

2006~2014,…, 2013~2014년으로 1개 연도씩 줄여가며 투자함수를 추정해 본 결과, R은 2005년부터 2010년까지 시간이 지남에 따라 계수가 증가하고 그 이후에는 다소 하락하지만 여전히 플러스로 나타났다. M의 계수는 2005년부터 2010년까지는 개선의 경향을 보이고 있기는 하지만 마이너스를 기록하였다. 이후 2011년부터는 변동성이 심한 경향을 보이고 있는데, 2011년에는 플러스로 나타났으나 2012년에는 마이너스로 나타났으며, 2013년에는 다시 플러스로 개선된 것으로 나타났다. 즉, 2010년까지는 R의 계수는 플러스, M의 계수는 마이너스로 어느 정도 일관된 방향성을 나타냈으나 2011년부터 R의 계수는 플러스를 유지하고 있는 반면 M의 계수는 그 방향을 예측하기 어려운 실정이다. 이는 글로벌 금융위기 이후에도 여전히 은행의 금융중개기능은 안정적으로 개선되는 경향을 보이고 있는 반면, 자본시장의 경우는 그렇지 못하다는 것을 시사한다. 다만 일례로 기업이 주식시장 등에서 자금을 어느 정도 조달하는지 여부를 가늠케 하는 상장기업 IPO(Initial Public Offering, 기업공개) 추이[28]를 보면, 2009년에 10건으로 최저 수준을 기록(이 시기에 상장기업 수도 20개사로 2009년 19개에 이어 두 번째로 낮은 수준임)한 뒤 지속적으로 회복되고 있는데, 2012년 30건, 2013년 57건, 2014년 78건으로 지속적으로 증가하는 추세를 보이고 있다. 따라서 동 추세만 놓고 보면 아베노믹스 출범 이후 기업들이 적극적으로 주식시장에 상장하고 있으며, 아베 정권이 추구하였던 주식시장 활성화라는 목표가 분석 당시(2014

---

28) 도쿄증권거래소의 '신규상장기본정보'에 따르면, 기업이 신규상장하는 경로는 크게 IPO, 경유상장(타 거래소에서 상장), 외국회사, technical 상장 등 4가지임.

년)까지는 어느 정도 성과를 보였음을 시사하는 것일 수도 있다. 실제로 2013~2014년 닛케이 225의 추이를 보면, 2013년 초에는 1만 엔 선에서 머물던 닛케이 지수가 아베노믹스 도입 이후 지속적으로 성장, 2014년 말에는 약 17,000~18,000엔 선까지 회복된 바 있다. 그러나 M의 계수는 전반적으로 낮으며 통계적 유의성이 없기 때문에 분석 기간에는 기업의 설비투자에 자본시장으로부터의 자금조달이 중대한 영향을 미쳤다고 보기에는 한계가 있다. 한편 내부자금(Inter) 부호가 2012년부터 마이너스로 나타났다는 점은 아베 정부가 기업의 내부유보를 설비투자로 돌리기 위해 각종 시책들을 도입[29]하였음에도 불구하고 이 기간 동안 기업의 설비투자가 정부가 의도한 만큼 적극적으로 이루어지지는 않았음을 반영하는 것일 수도 있다.

---

[29] 일례로 최근 국회에서 통과된 원샷법의 모태가 된 '산업경쟁력강화법'에서는 설비투자를 도모하는 기업에게 생산성향상 설비투자촉진세제(즉시상각 혹은 5% 세액공제, 중소기업투자촉진세제(즉시상각 혹은 최대 10% 세액공제), 리스를 활용한 첨단설비 등의 투자촉진과 같은 특혜를 규정하고 있음.

<표 5> 일본기업의 투자함수 추정(2005~2014)[30]

	R	M	Inter
추정계수	0.0416	-0.0905	0.0693
t값	2.90	-4.43	2.81

	2005~2014	2006~2014	2007~2014	2008~2014	2009~2014
R	0.0415595 (2.90)	0.0493231 (2.91)	0.1125703 (5.24)	0.1736291 (6.26)	0.2068453 (8.77)
M	-0.0905 (-4.43)	-0.0951177 (-4.31)	-0.0833359 (-3.26)	-0.0560325 (-1.72)	-0.0604604 (-2.24)
Inter	0.0692534 (2.81)	0.0549028 (2.03)	0.0488621 (1.56)	0.0285022 (0.73)	0.0431106 (1.21)
연도수	10	9	8	7	6

	2010~2014	2011~2014	2012~2014	2013~2014
R	0.2952209 (10.61)	0.2371873 (7.95)	0.3136883 (7.86)	0.2331053 (2.12)
M	-0.0236391 (-0.76)	0.0146857 (0.47)	-0.0857239 (-2.20)	0.1659397 (2.27)
Inter	-0.0092477 (-0.20)	0.0894168 (1.82)	-0.0784164 (-1.43)	-0.0256329 (-0.23)
연도수	5	4	3	2

주 : 1) Hauman Test 결과 모든 분석에서 Fixed Effect Model의 설명력이 높은 것으로 나타남

---

30) 동 실증분석은 일본 EDINET 홈페이지에 유가증권보고서를 제출한 도쿄증권거래소 1부, 2부, 마더스, JASDAQ에 상장된 비금융법인기업들을 대상으로 하였으며, 총 170개 기업들을 무작위로 선정하였음.

5. 맺음말

한일 양국을 비교하는 입장에서 이상의 논의를 정리해보면 다음과 같다. 첫째, 잃어버린 20년 동안 일본 은행들의 만기변환에 기초한 금융중개기능은 극도로 약화되었지만 최근 들어서는 한국과 달리 살아나는 경향이 있다. 둘째, 정보생산에 기초한 금융중개기능은 양국 은행 공히 약화되고 있으나, 약화되는 정도는 외견상 한국이 더욱 심한 것으로 판단된다. 셋째, 은행의 지급결제시스템 안정화기능 측면에서도 일본이 한국보다는 다소 양호한 것으로 보인다. 넷째, 기업금융 업무의 축소와 가계금융 업무의 확대는 은행의 정보생산 기회를 줄여 금융중개기능을 저하시킬 수 있는데, 이러한 우려는 양국 모두에 공통적으로 나타나고 있다. 다섯째, 기업의 자금수요 자체가 저조한 것도 금융중개기능 약화의 중요한 원인이 되는바, 한국 기업의 자금수요 패턴 역시 일본의 잃어버린 20년을 닮아가고 있다.

우리나라가 잃어버린 20년 일본의 전철을 밟지 않으려면 은행의 금융중개 기능을 복원하여 실물경제 기반을 지탱하는 동시에 시장(즉, 자본시장)의 금융중개 기능도 강화할 필요가 있다. 또한 은행의 금융중개 기능을 정상화하기 위해서는 정부실패를 최소화하면서 시장실패를 해소할 수 있는 금융규제 체계를 강구할 필요도 있다. 시장중심 금융시스템은 완전시장(perfect market)이 존재할 경우라야 제 기능을 충분히 발휘할 수 있지만, 은행중심 금융시스템은 완전시장 조건이 충족되지 않는 현실에서 시장중심 금융시스템을 보완하는 역할을 할 수 있다.

Horiuchi, Packer and Fukuda(1988) 등에 따르면 독일의 하우스방크, 일본의 메인뱅크와 같은 은행중심 금융시스템은 은행과 기업 등 모든 경제주체의 자발적이며 합리적인 행위의 결과로서 형성된 것이지, 그 자체가 경쟁적 시장기구와 상충되는 것은 아니다. 우리나라 역시 은행중심 금융시스템의 장기, 협력적 특성과 시장중심 금융시스템의 단기, 경쟁적 특성을 동시에 살리기 위해 자본시장을 확대 발전시키되 은행으로 하여금 자본시장의 주요 플레이어가 되도록 유도할 필요가 있을 것이다.

일본의 국제경쟁력 하락과 그 원인*

여인만

1. 머리말

1900년대 초 버블붕괴 이후 시작된 일본의 국제적 위상 저하는 최근까지 계속되고 있는데, 이는 여러 가지 지표로 확인할 수 있다. 전 세계 GDP에서 차지하는 일본의 비중은 명목환율 기준으로 1990년대 중반 17.9%에서 2010년에는 8.7%로 하락했고, 구매력평가(PPP) 기준으로는 1990년대 초반 9.4%에서 2010년에는 5.7%로 저하했다(김규판 외, 2011, 28쪽). 이는 일본의 명목GDP가 버블붕괴 직전의 1990년부터 변하지 않은데 비해, 중국과 인도 등 신흥국의 경제는 2000년대 들어 급속히 성장하였기 때문으로, 이러한 추세는 앞으로도 계속되어 2030년경에는 일본의 비중이 4%까지 하락할 것으로 전망되고 있다(元橋, 2014, 1쪽). 제조

---

* 본장의 일부 내용은, 『日本研究』 제26집(2016.8, 고려대학교 글로벌일본연구원)에 「일본 전자산업의 국제경쟁력 하락과 그 원인」으로 게재되었다.

업에 국한해보면, 이러한 현상은 더욱 뚜렷하여, 전 세계 제조업에서 차지하는 일본의 비중은 1995년의 20.7%에서 2012년에는 9.7%로 급락한 반면, 04년에 9.0%에 불과하던 중국의 비중은 2012년에 22.4%로 급상승했다. 참고로 한국의 비중은 1995년의 2.4%에서 2012년의 2.8%로 비중을 유지하고 있다(산업연구원, 2015, 10쪽).

이러한 일본경제의 장기침체는 일본의 1인당 GDP의 국제적 수준에도 영향을 미쳤다〈그림 1〉. 즉 일본은 1980년대 중반에 서유럽국가들의 수준을 추월하여 격차를 확대했으나, 1990년대 이후에는 그 차가 좁혀지고 있고, 반대로 미국과의 격차가 확대되고 있다. 더구나 1990년대 중반 이후 싱가포르·홍콩이 일본을 추월했고, 최근에는 한국·대만도 일본과의 격차를 줄이고 있다.

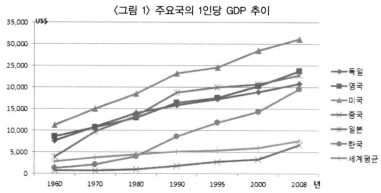

〈그림 1〉 주요국의 1인당 GDP 추이

자료 : Maddison 장기통계(http://www.ggdc.net/MADDISON/oriindex.htm)

이러한 상황을 염두에 두면서, 본장에서는 일본경제의 국제적 위상 저하의 현황과 원인을 일본의 국제경쟁력 하락이라는 관점에서 그 현황과 원인을 검토한다. 구체적으로는 국제경쟁력을 국가경쟁력 및 산업의 국제경쟁력으로 나누어 분석한다.

그런데 사실 국제경쟁력이란 분석개념으로서 엄밀하게 정의되어 있지 않다. 더구나 그 개념은 일본이라는 국가의 경쟁력, 일본의 특정산업의 경쟁력, 일본의 특정기업의 경쟁력이라는 의미가 혼재되어 있다. 그중에서 기업의 국제경쟁력이 기업활동을 효율적으로 수행하여 전 세계적으로 경쟁기업과 비교하여 높은 이익률과 시장점유율을 달성하는 것으로 명백히 정의될 수 있는 데 비해, 산업경쟁력은 복잡하고 모호하다. 산업경쟁력은 특정산업에서의 특정국가의 시장점유율의 합이나 수익률의 평균으로 나타날 수밖에 없지만, 그렇다고 해서 그것이 특정산업에서 특정 국가 기업들의 협조에 의해서 이루어지지는 않는다. 오히려 특정 국가 기업들의 활발한 경쟁의 결과이다. 국가경쟁력은 더욱 더 애매한 개념이다. 그것은 특정 산업에서 특정국의 기업이 경쟁력을 가지고 있는 상태를 의미하는 것이지만, 산업경쟁력이 기업경쟁력의 합이 아니기 때문에 똑같이 정의상의 문제점이 존재한다(湯沢編, 2009).

그럼에도 불구하고 기업경쟁력뿐만 아니라 산업경쟁력이나 국가경쟁력이라는 개념이 실제로 분석개념으로 자주 이용되는 것은, 포터(M. Porter)가 1980년대 미국과 일본의 제조업을 비교하면서 국가경쟁력 혹은 국가의 경쟁우위란 개념으로 설득력 있는 분석모델을 제시했기 때문인 것으로 보인다(Porter, 1990).[1] 즉 포터는 현실적으로 "특정국이 특

---

1) 물론 이윤추구라는 단일목표를 추구하는 기업의 경쟁력과 다양한 목적을 가지는 국가의 경쟁력을 논리적으로 연결하는 것이 난센스라는 비판은 당시에도 강

정산업에서 성공하고 있는 기업의 본거지가 되고 있는 이유는 무엇인가"라는 문제의식을 가지고, 국제경쟁력을 지니는 기업에게 제공되고 있는 다양한 환경요소를 분석했다. 그 결과, 특정국에서 특정산업이 발전하는 이유로서 생산요소(인재, 기술), 관련·지원 산업, 수요조건(시장규모 및 특성), 기업의 전략·조직 및 경쟁이라는 4가지 요인들이 서로 유기적으로 관련되어 있다는 사실을 지적했다. 그리고 외생변수로 정부와 기회요소를 지적했다. 이러한 4가지 요인들로 이루어진 국가의 경쟁우위에 관한 '다이아몬드 모델'에 의해, 기업 및 국가에게 전략적·정책적 함의를 제공할 수 있었다. 즉 기업은 4요인을 분석함으로써 국제적으로 경쟁력을 가질 수 있는 사업을 추진할 필요가 있고, 정부는 4요소 중에서 타국과의 비교우위 부문에 공적투자를 집중할 필요가 있었던 것이다.[2]

즉 이 모델에서는 기업의 경쟁력에 관련되는 산업차원의 요인, 국가차원의 요인을 분석할 수 있게 되었다. 따라서 기업경쟁력, 산업경쟁력, 국가경쟁력이 순차적으로 발생하는 것이 아니라, 국가경쟁력(R&D 정책)이 산업·기업경쟁력에 영향을 미치기도 하고, 산업경쟁력(클러스터)이 기업경쟁력에 관련되는 효과도 검증할 수 있었다.

이상의 포터의 모델을 염두에 둘 경우, 일본의 국제경쟁력 저하는 1

하게 존재했다. 대표적인 비판으로는 Krugman(1991;1994;1996)을 들 수 있다.
2) 실제로 일본 정부는 포터의 모형을 의식하여 경쟁력 강화 정책을 수립하려 시도하였다. 참고로 国際競争力研究会(2001)는 경제산업성 산하 경제산업연구소의 연구회에서 반도체, PC, 휴대전화, 정보가전의 4산업에 대해 경쟁력을 분석한 보고서인데, 포터의 프레임워크에 의거해 정리했다는 점을 분명히 밝히고 있다.

차적으로는 일본기업의 경쟁력 저하에 원인이 있지만, 그와 관련되는 국가적 차원, 산업적 차원의 요인도 존재할 것으로 예상된다. 이상의 문제의식 하에서 본장은 다음과 같이 구성된다.

먼저 2절에서는 국제경영대학원(IMD)과 세계경제포럼(WEF)의 국제경쟁력 순위를 통해 일본의 국가경쟁력 추이를 살펴보고, 이어서 일본의 산업경쟁력을 무역특화지수 등의 지표로 검토한다. 3절에서는 정보통신산업(ICT)을 대상으로 구체적으로 제품별 경쟁력을 알아본다. 그리고 4절에서는 일본의 국제경쟁력의 하락 원인을 생산성, 산업특성의 변화, 기업대응의 실패라는 관점에서 각각 분석해본다. 5절에서는 이러한 상황에 대처하기 위해 일본정부가 시행해온 경쟁력 회복·강화 정책에 대해 알아본다. 그리고 결론에서는 이상의 내용을 정리하고 향후 전개방향에 대해 전망해본다.

2. 일본의 국제경쟁력 변화

2.1. 국가경쟁력의 추이

특정 기업이 특정 지역·국가에서 기업활동을 수행하기 위해서는 환경조건의 정비가 필요하다. 그를 위한 참고자료로서 기업의 성과와 환경조건에 관한 다양한 지표를 집계한 '(국가의) 국제경쟁력' 순위가 발표되고 있다. 대표적인 것으로서, 스위스의 로잔느에 있는 국제경영대학원(International Institute for Management Deveopment : IMD)이 1989년부터 발표하고 있는『국제경쟁력 연감』(World Competitiveness Yearbook)과 WEF(World Economic Forum)가 공표하고 있는 글로벌 경쟁력 지표(Global Competitiveness Index)가 있다. GCI는 1995년까지 IMD와 공동으로 작성하다가 1996년부터는 독자적으로 작성하고 있다. 최근에는 이노베이션, 정보통신기술(ICT)부문에 특화된 순위도 등장했다〈표 1〉.

〈표1〉 국가경쟁력에 관한 주요 지표의 개요

지표명	Global Competitiveness Index(GCI)	World Competitiveness Yearbook(WCY)	Global Innovation Index(GII)	Innovations-indicator(BDII)
작성주체	World Economic Forum(WEF)	IMD	Cornell Univ. INSEAD, WIPO	Deutsche Telecom
측정내용	생산성의 결정요인으로서의 경쟁력	기업이 경쟁할 수 있는 환경을 창출·유지하는 능력으로서의 경쟁력	이노베이션, 경쟁력, national innovation ecosystem	national innovation system 능력
대상국 수	144	61	143	35
지표 수	119	338	81	31
일본의 종합 순위	2012-13년 10위 2013-14년 9위 2014-15년 6위	2013년 24위 2014년 21위 2015년 27위	2012년 25위 2013년 22위 2014년 21위	2011년 19위 2013년 19위 2014년 20위
일본의 대분류 순위	기초요건 26위 효율향상요인 7위 이노베이션요인 2위	경제성과 29위 정부효율성 42위 비즈니스효율성 25위 인프라 13위	제도 18위 인적자본·연구 17위 인프라 11위 시장의 성숙도 13위 비즈니스성숙도 17위 지식·기술산출 12위 창조적 산출 46위	경제 6위 과학 23위 교육 24위 정부 17위 사회 21위

자료 : 西崎·藤田 (2015), p.3, p.8

IMD는 경쟁력을 "글로벌 기업에게 기업의 역량을 유지할 수 있는 환경이 정비되어 있는가"의 시점에서 평가하고, WEF는 "국가의 생산력과 수익력 수준을 결정하는 제 요소"에 초점을 맞추고 있다(竹村, 2015, 2쪽). 따라서 측정내용도 전자가 생산성을 결정하는 요인에 중점을 두는 데 비해, 후자는 기업이 경쟁력을 가질 수 있는 환경을 창출·유지하는 능력을 중시한다(西崎·藤田, 2015). 그러나 양자 모두 경쟁력을 기업활동의 편리도(비즈니스 환경)를 나타내는 개념으로 이해하고 있다는 점에서는 동일하다.

이처럼 국가경쟁력 순위는, 기업의 투자환경 조건을 의미하는 것으로 국민의 삶의 조건을 의미하지는 않는다. 그런데 최근 일본에서는 이 순위가 의미하는 바를 국민생활과 관련있는 경쟁력 현황 및 과제를 제시하는 것으로 수용하려는 분위기가 높아지고 있다. 예를 들어 『経済財政白書』(2010년판)은, IMD가 국제경쟁력지표를 분석한 바에 의하면, "비즈니스 환경이 좋은 국가는, 일반적으로는, 생활의 만족도와 그 질도 높아지는 경향이 있다"(p. 402)는 주장을 소개하고 있다.[3] 최근에는 「일본재흥전략(日本再興戦略)」에서 KPI(중요업적평가지표)의 하나로 GCI의 이노베이션 순위를 5년 이내에 1위로 한다는 목표가 설정되기도 했다(西崎·藤田 2015).

이상의 의미를 전제로 하여, IMD에 의한 주요국의 경쟁력 순위를

---

3) 여기서 생활의 질은, 뒤에서 소개하듯이, 각국 경영자 및 관리자를 대상으로 한 설문조사에 의한 것으로 비즈니스 환경과 높은 상관을 나타낼 가능성이 있다. 또한 이 조사 대상국은 OECD가맹국에 한정되어 있다는 점도 이 결과를 나타나게 한 요인이 될 수 있다. 참고로 2010년 *Newsweek*는 100개국을 대상으로 '성장력 및 행복도 세계 순위'를 발표했는데, 이는 국민의 행복에 관련된 교육, 건강, 생활의 질, 경제 활력, 정치적 환경 등의 항목에 대해 점수를 산출하여 종합한 것이다. 이 조사에서 2010년 당시 IMD에서 3위였던 미국은 11위, IMD에서 27위였던 일본은 9위였다(友寄, 2011).

추이를 보면〈그림 2〉, 일본의 경쟁력 저하가 일목요연하게 나타난다. 즉 일본은 1989~93년은 1위였고 그 후 몇 년간은 최상위 그룹에 속해 있었다. 그런데 금융위기가 발생한 1997~98년을 계기로 순위가 저하했다. 그리고 2000년대 들어 다시 급락하여 02년에는 27위가 되었다.4) 그 후는 경기변동 등의 영향을 받아 등락은 있으나 대체적으로 20위대에 머물고 있다. 즉 전체적으로 중위권에 속하고 있는 것이다.5)

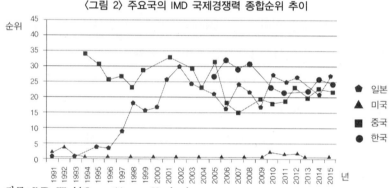

〈그림 2〉 주요국의 IMD 국제경쟁력 종합순위 추이

자료 : IMD, *World Competitiveness Yearbook*

반면에 미국은 일관되게 최상위권을 유지하고 있다. 그밖에 홍콩, 스위스, 싱가포르도 항상 상위권을 유지하고 있다. 참고로 2013년의 톱

---

4) 2000년대 들어 순위 변화에는, 2001년에 실시된 개별지표의 대규모 변경 및 집계방법의 개정이 영향을 미쳤다. 집계에 사용되는 개별지표의 수는 249에서 224개로 변경되었다. 집계방법도 그 이전까지는 개별지표를 직접 집계하는 방식이었으나(앙케이트와 실제통계의 비율을 1:2로 가중치 부여), 새로운 체계에서는 20개의 세부항목을 집계한 후 각 항목에 동일한 가중치를 부여하게 되었다((西崎·藤田, 2015, 6쪽).

5) IMD의 국가경쟁력 순위 조사 대상국은 1989년 당초에는 39개국이었으나, 동유럽국가의 체제이행과 함께 1994년부터 이들 국가가 포함되기 시작하여 2013년에는 60개국으로 증가했다.

10은 미국, 스위스, 홍콩, 스웨덴, 싱가포르, 노르웨이, 캐나다, UAE, 독일, 카타르 순이었고, 한국은 22위였다.

그에 비해 WEF의 순위에서는 최근에도 일본의 순위가 10위권 이내로 상대적으로 높게 나타나고 있다.[6] 이는 양 지표의 산출방법 차이에서 비롯된 것이다. IMD의 순위 평가항목은 우선 4개의 대항목으로 구성되고, 각각의 대항목은 다시 20개의 중항목으로 구분되며, 그것은 또다시 300개 이상의 소항목으로 나누어진다. 반면에 WEF의 순위 평가항목은 3개의 대항목, 12개의 중항목, 100개 이상의 소항목으로 구성된다. 그리고 IMD의 중항목에 대해서는 전부 동일한 가중치(1/20)가 주어지는데 비해, WEF는 국가·지역별로 차이를 둔다. 즉 WEF는 국가의 소득수준에 따라 집계 가중치를 달리하고 있는데, 일본을 포함한 선진국에서는 '이노베이션과 비즈니스의 제도화'의 가중치가 높고 일본의 약점인 재정 관련 매크로 경제환경의 가중치가 낮기 때문이다. 따라서 IMD에서는 소국과 개발도상국이라도 상위에 올 수 있는 반면, WEF에서는 선진국이 순위상 유리한 경향이 있다. 그리고 양자 모두 통계 데이터에서 산출되는 항목과 경영자층을 대상으로 한 앙케트 조사에서 산출되는 항목이 있는데, 앙케트 조사결과는 주관적인 평가가 되기 때문에 평가가 각국의 실정에 맞지 않을 가능성과 당시의 '분위기'에 영향을 받을 수 있다는 점이 근본적인 한계로 지적되고 있다(西崎·藤田, 2015).

---

6) 2010년 이후 WEF 순위를 보면 스위스가 연속해서 1위를 유지하고 있고, 2013~14의 경우 상위 10개국은, 싱가포르, 핀란드, 스웨덴, 독일, 미국, 홍콩, 네덜란드, 일본, 영국 순이었다.

따라서 이러한 한계를 인식하고 조사가 의도한 경쟁력의 의미를 정확하게 이해하기 위해서는 이상과 같은 종합순위보다는 항목별 순위의 추이를 검토하는 것이 바람직하다. IMD의 경우 대분류 항목은 8분야였으나 2002년부터 현재와 같이 경제성과, 정부효율성, 비즈니스 효율성, 인프라의 4분야로 조정되었다〈표 2〉.

〈표2〉 IMD 세계경쟁력연감의 주요 평가 항목과 주요국의 순위(2013년)

대분류	중분류(항목 수)	주요 항목	일본	미국	중국
경제성과	국내경제(25)	경제규모,GDP증가율,1인당GDP,예상성장률	5	1	3
	무역(24)	국제수지,무역수지,무역의존도	56	9	20
	국제투자(17)	대외직접투자, 대내직접투자,포트폴리오투자	16	1	8
	고용(8)	취업자수, 취업자수증가율, 실업률	12	22	1
	물가(4)	소비자물가지수증가율, 구매력평가, 부동산임대료	53	6	42
	소계		25	1	3
정부효율성	공적재정(12)	재정수지, 외화준비액, 공적재정운용	60	55	14
	재정정책(13)	세수. 소득세율, 법인세율, 사회보장부담	37	26	55
	행정기구(13)	중앙은행 금융정책, 부패도	17	11	13
	비즈니스법제(20)	관세, 외국인투자, 경쟁정책, 창업, 노동법제	29	12	55
	사회제도(12)	정치적 안정성, 소유권제도, 지니계수, 남녀간격차	24	22	44
	소계		45	25	41
비즈니스효율성	생산성·효율성(11)	노동생산성 수준 및 증가율, 부문별 생산성	28	5	31
	노동시장(23)	평균임금, 노동자 의욕, 직무훈련, 노동력 질	39	18	3
	금융시장(17)	벤처 캐피털, 주식시장, 금융기관투명성	13	1	32
	경영관행(9)	환경변화에의 적응도, 기업지배구조, 기업가정신	18	13	40
	경영이념·가치관(7)	글로벌에 대한 인식, 유연성, 문화적 특성	35	15	30
	소계		21	4	25
인프라	기초 인프라(25)	인구, 교통, 물류, 에너지비용	27	6	8
	기술 인프라(23)	휴대폰 보급도, 인터넷 유저, 고급기술 수출	21	2	20
	과학 인프라(23)	R&D총액/GDP비. 연구자 수. 특허 수, 노벨수상자	2	1	8
	건강·환경(27)	의료서비스, 리사이클 수준, 환경규제	8	19	54
	교육(16)	교육비/GDP비, 대학교육, TOEFL 점수, 식자율	28	18	45
	소계		10	1	26
종합			24	1	21

자료 : IMD; 西崎·藤田 (2015) ; 小針 (2013) ; 元橋 (2014) 등에서 필자 작성

대분류별로 순위의 추이를 보면, 먼저 정부효율성은 버블붕괴와 함께 하락하기 시작하여 1996년에 이미 21위까지 떨어졌다. 정부의 불량채권 문제에 대한 대응이 늦어진 것이 영향을 미친 것으로 풀이된다. 버블붕괴를 야기한 매크로 경제운영의 실패도 물론 크게 작용했을 것으로 보인다. 비즈니스 효율성은 1996년에 4위였으나 1998년에 24위로 급락했다. 이는 당시 발생한 금융위기의 영향을 받았다고 할 수 있는데, 구체적인 세부 항목은, 시장변화에 대한 대응, 이사회의 기능, 기업가정신, 마케팅, 기업윤리 등으로 각국의 경영자에게 설문조사한 것이다(元橋, 2014).

2000년 이후의 순위변동 요인을 보면〈그림 3〉, 전체적으로 2000년대 초반에 개선의 기미를 보이다가 후반 들어 악화로 반전되었고, 최근 들어 다시금 회복세를 보이는 것을 알 수 있다. 특히 기업의 효율성은 최근 명확하게 순위를 향상시키는 데 기여하고 있다. 정부효율성도 완만하게 개선되고 있다. 일본정부의 구조개혁이 꾸준하게 진행되고 있으나, 외국의 개혁 스피드가 일본을 앞서고 있어 정부효율성이 순위 향상요인으로는 되지 않는 것으로 보인다.

구체적으로 기업의 체질개선 노력을 보면, 경영관행이라는 항목의 순위는 2001년 43위에서 15년에는 23위로 상승했다. 정부의 구조개혁노력을 '행정기구'와 '비즈니스법제'의 동향으로 보면, 완만하나마 상승요인으로 작용하고 있다. 그러나 비즈니스법제는 여전히 30위 근처에 머물고 있다. 비즈니스에 관한 규제·절차의 절대치는 개선되고 있으나, 외국이 그 이상으로 개혁하고 있기 때문에 일본의 순위가 올라가지 않는 것이다.

반면에 악화되고 있는 지표를 보면, 원래부터 생산성과의 관련이 애매한 분야와 정책 및 기업경영에만 책임을 묻기 어려운 항목이 많다. 구체적으로는 재정, 국제수지, 에너지 관련 항목이다. 이것들은 고령화와 동일본대지진의 영향을 받은 면이 크기 때문이다. 또한 재정의 지속성은 그 자체가 중요한 정책목표이지만, 일본에서는 그것과 생산성의 관계가 반드시 명확하다고는 할 수 없다.

<그림 3> 일본의 항목별 국가경쟁력 순위의 추이

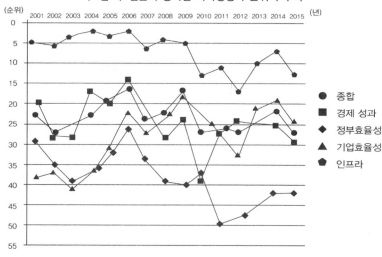

자료: 西崎・藤田(2015)

그런데 이 대항목별 순위 추이에서 주목되는 점은 인프라의 순위다. 이 항목은 일본경제의 생산성 혹은 기업이 경쟁력 환경이라는 면에서 중장기적으로 가장 핵심적인 지표라고 할 수 있다. 이 항목의 일본 순위는 다른 항목에 비해 여전히 높기는 하지만, 2000년대 들어 경향적으로 하락하고 있다.

이와 관련해서는 일본의 순위를 아직 상위권으로 측정하고 있는 WEF가 ICT(정보통신기술)분야에서는 일본의 순위를 그다지 높게 평가하지 않고 있다는 점이 주목된다. 즉 WEF는 「글로벌 정보기술 보고서」(GITR;Global Information Technology Report)라는 ICT에 특화된 국가 순위를 발표하고 있는데, 일본의 순위는 08~09년 17위, 09~10년 21위, 10~11위 19위, 12년 18위, 13년 21위로 IMD 순위와 거의 일치하고 있다(竹村, 2015).

또한 표1에 소개한, 이노베이션에 특화된 순위를 나타내는 GII와 BDDI의 순위에서도 최근 일본의 순위가 급락하였다. 즉 GII 순위의 경우 일본은 2008-9년의 4위에서 2012년에는 25위로 떨어졌다. BDDI에서도 2005년 5위에서 14년에는 20위가 되었다. 단기간에 이노베이션을 둘러싼 상황이 크게 변화했다고 볼 수는 없으므로 주요 원인은 채용지표의 변화에 의한 것으로 보인다. 앞서 지적한 바와 같이 IMD도 과거에 대폭적인 지표체계의 개정을 실시한 바 있다.

그런데 최근의 지표 개정 관련하여 새롭게 중시되는 내용으로는 내셔널 이노베이션 전체의 글로벌화, ICT이용의 고도화·다양화, 인적자본의 고도화·다양화 등이 있다. 예를 들어 ICT의 활용은, 이전에는 하드웨어의 정비가 중요시되다가 최근에는 소프트웨어의 비중이 높아지고 있고, 소프트웨어에 대한 투자에서 이노베이션·부가가치로 연결되는 능력을 평가하게 되었다. 모노즈쿠리에 강점을 가지고 있는 일본기업은 이러한 부문에 대한 경쟁력이 부족하여 최근의 순위가 저하되었다고 할 수 있다.

2.2. 산업경쟁력의 추이

1990년대의 장기불황 속에서도 일본의 무역수지는 흑자를 지속해왔다. 특히 금융불황기인 1998년에는 14조 엔의 흑자를 기록했고 글로벌 금융위기 시기인 2008~09년에도 2조 엔 규모의 흑자였다. 그러나 이 기간 중에 산업별로는 큰 변화가 있었다. 산업경쟁력을 나타내는 지표로서 무역특화지수를 이용하여 산업별로 1991년과 2010년을 비교하면 (〈표 3〉)[7], 수송기계 및 부품이 강력한 경쟁력을 유지하고 있는 반면 전기전자 및 금속은 경쟁력이 저하한 것을 알 수 있다.

〈표3〉 일본의 산업별 무역특화지수 변화

경쟁력 유지			경쟁력 상실		
산업	1991년	2010년	산업	1991년	2010년
수송기계	0.76	0.80	전기전자	0.67	0.22
철강	0.42	0.66	일반기계	0.66	0.47
자동차부품	0.85	0.73	금속	0.44	0.13
집적회로	0.36	0.58	섬유	0.20	-0.01

자료 : 經濟産業省, 『海外事業活動基本調査』, 『工業統計調査』. 김규판외 (2011), p.82에서 재인용

그런데 무역특화지수가 작아진 것은, 즉 특정산업의 제품이 수출보다 수입이 많아진 것은 해당산업의 해외직접투자에 의한 것일 수도 있다. 따라서 그 점을 고려하고 일본에서의 '산업공동화' 현상의 실태를 확

---

7) 산업의 국제경쟁력을 측정하는 방법으로는 현시비교우위지수(RCA)와 무역특화지수가 있다. RCA지수는 특정상품이 특정국의 전체 수출에서 차지하는 비중을 그 상품의 수출이 전 세계 상품 수출에서 차지하는 비중으로 나누어 계산되는데, 수입을 고려하지 않기 때문에 수출입이 동시에 일어나는 산업의 국제경쟁력을 정확하게 나타낼 수 없다는 단점이 있다. 그 점을 개선한 무역특화지수는 특정산업의 무역수지(수출-수입)를 무역규모(수출+수입)으로 나누어 계산된다. 무역특화지수는 -1에서 1사이의 값을 갖는데, 1에 가까울수록 경쟁력이 강한 것으로 해석한다.

인하기 위해 산업별로 1999~2009년간 해외고용과 국내고용 간의 관계를 살펴본 것이 〈표 4〉이다. 여기서는 일반기계에서 국내고용과 해외고용의 역상관(트레이드 오프)현상이 발견되지만, 수송기계는 해외고용과 국내고용이 모두 증가한 데 비해 전기기계는 모두 감소했다. 즉 전반적으로 모든 산업에서 산업공동화가 발생하고 있는 것은 아니라고 할수 있다. 이는 매출액으로 보아도 마찬가지로 국내 매출과 해외 매출이서로 독립적으로 움직이고 있다(김규판 외, 2011, 84쪽).

〈표4〉 일본의 산업별 해외고용 및 국내고용의 상관관계

	해외 종업원 수(1,000명)				국내 종업원 수(1,000명)			
	1999년(a)	2009년(b)	b/a	비중(%)	1999년(c)	2009(d)	d/c	비중(%)
제조업	2,580	3,680	142.6	100.0	9,378	7,736	82.5	100.0
식료품	88	157	178.4	4.3	1,134	1,125	99.2	14.5
목재·제지	34	30	88.2	0.8	594	400	67.3	5.2
화학	148	160	108.1	4.3	371	347	93.5	4.5
철강	60	46	76.7	1.3	243	221	90.9	2.9
비철금속	97	91	93.8	2.5	141	143	101.4	1.8
일반기계	139	315	226.6	8.6	2,819	1,079	38.3	13.9
전기기계	943	329	34.9	8.9	1,604	477	29.7	6.2
수송기계	536	1,136	211.9	30.9	857	948	110.6	12.3

자료 : 経済産業省, 『海外事業活動基本調査』, 『工業統計調査』. 김규판외 (2011), p.82에서 재인용

다음으로는 이상과 같은 산업별 무역특화지수의 차이를 지역별로 세분화하여 변화의 원인을 추출해보기로 하자. 〈그림 4〉는 제품별·지역별로 1988년과 2012년의 무역특화지수를 비교한 것이다. 지역은 일본 제조업의 대표적인 수출지역인 미국과 동아시아(중국, 한국, 대만), ASEAN(태국, 말레이시아, 필리핀, 인도네시아)으로 구분했다.

먼저 미국에 대해 살펴보면 1988년과 2012년 사이에 그다지 큰 변화가 없음을 알 수 있다. 1988년에는 유기화합물을 제외한 모든 산업에서

(+)의 지수 즉 일본이 미국에 대해 무역수지 흑자를 기록하고 있었는데, 특히 전자, 자동차 및 자동차부품은 일본이 미국으로 거의 일방적으로 수출하고 있었다. 그런데 2012년에는 집적회로와 의복에서 무역특화지수가 (-)로 반전되었을 뿐, 나머지 산업에서는 그다지 변화가 없다.

〈그림 4〉 지역별·산업별 일본 주요 산업의 무역특화지수 변화

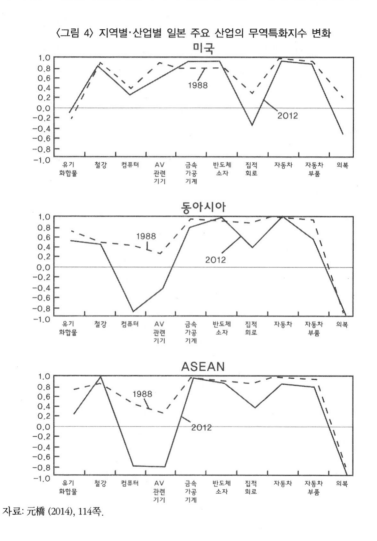

자료: 元橋 (2014), 114쪽.

그에 비해 동아시아 및 ASEAN국가와는 주목할 만한 변화가 나타났다. 먼저 두드러진 변화는 양 지역 모두 컴퓨터와 AV(음향・영상)기기가 높은 (+)에서 거의 -1까지 하락했다는 점이다. 집적회로는 (-)로 반전되지는 않았으나, 지수가 상당히 하락했다. 반면에 자동차 및 자동차부품, 철강, 금속가공기계 등은 여전히 압도적으로 수출이 많아 큰 변화를 보이지 않는다.

이상을 종합하면, 1990년대까지 일본을 대표하던 주요 산업이었던 가전산업과 자동차산업은 2000년대 들어 정반대의 움직임을 보이게 되었다고 할 수 있다. 즉 자동차산업이 여전히 높은 국제경쟁력을 유지하고 있고, 전자산업은 아시아 지역국가들과의 경쟁에서 열세로 반전되었다는 것을 알 수 있다. 철강 및 금속가공기계는 자동차산업과 유사한 패턴이고, 집적회로는 전자산업에 가까운 변화를 보였다고 할 수 있다.

이상과 같은 전자산업의 경쟁력 약화는 한중일 3국의 기술수준별로 산업 경쟁력을 비교한 연구에서도 확인할 수 있다. 이 연구는 한중일 3국의 세계 전체에 대한 비교우위구조를 무역수지 기여도지수로 2000년과 2008년을 비교 분석한 것인데, 그에 의하면 일본의 비교우위구조가 가장 크게 변화된 분야는 ICT산업으로 기여도 지수가 3.94에서 1.99로 대폭 하락했다. 반면에 한국의 ICT산업은 4.53에서 4.66으로 경쟁력이 유지되었고, 중국은 -2.20에서 0.76으로 대폭 상승했다(오영석, 2011, 32쪽). 또한 ICT산업이 일본의 제조업 전체 수출에서 차지하는 비중도 2000년의 15.7%에서 2007년에는 6.5%로 급락했다. 그에 비해 한국은 같은 기간 동안 28.9%에서 19.9%로 상대적으로 적은 폭으로 하락했고, 중국은 6.5%에서 17.8%로 급등했다(오영석, 2011, 59쪽).

이와 같은 ICT산업의 경쟁력 변화가 위의 〈표 3〉같은 전기전자산업 무역특화지수의 변화를 가져왔다고 할 수 있다. 물론 ICT산업에서의 경쟁력 약화가 두드러질 뿐이고, 기타 부문, 즉 첨단기술산업, 중고위기술산업, 중저위기술산업, 저위기술산업에서의 변화는 그다지 뚜렷하지 않다. 특히 일본제조업의 주요 경쟁력 분야는 중고위기술산업이었다. 일본의 경쟁력 약화 부문이 전자산업 특히 전자기기에 국한되고, 자동차산업 및 전자부품 부문에서는 여전히 높은 경쟁력을 가지고 있다는 점을 강조하는 견해는 이러한 사실에 기반하고 있다(김규판 외, 2011).

그렇다면 다음 절에서는, 일본의 전자, 컴퓨터 부문을 포함한 ICT산업에서 구체적으로 일본의 경쟁력이 어떻게 변화했는지를 제품별로 살펴보기로 하자.

3. 일본 ICT산업의 국제경쟁력 변화

3.1. ICT산업의 무역 및 서비스 수지[8]

일본의 무역수지는 2011년에 적자로 전환된 후 2013년에는 11.5조 엔 적자라는 거대규모에 달했다. 과거 20년간을 보면, 1998년에 최대 14조 엔의 흑자를 기록하는 등 대개 10조 엔을 넘는 흑자를 계상했다. 리먼 쇼크가 있던 2008년조차 2조 엔의 흑자를 기록했다. 그런데 주로 수입의

---

8) 이 항목에 대한 설명은 주로 平田正之, 「ICT産業の貿易収支とサービス収支が示す課題」, 『InfoCom World Trend Report』, 2015에 의거했다.

증가에 의해 대폭 적자를 계상하게 된 데 최근의 특징이 있다. 수입증가와 관련되어 자주 지적되는 것은 원자력발전 정지에 의한 원유와 LNG 등 광물성연료 수입 증가이다. 그러나 2013년의 11.5조 엔의 무역적자 가운데 이러한 광물성 연료 수입은 4조 엔밖에 영향을 미치지 않았다. 그 외에 단기적인 엔저에 의한 수입가격의 상승 영향이 3조 엔, 그리고 수출산업의 해외현지생산화 즉 공동화의 영향이 약 7조 엔이라는 분석도 있다.

수출산업의 공동화가 가장 진전되고 있는 분야는 전자산업으로, 그 무역수지는 1990년대부터 2000년대 전반까지 약 7조 엔의 흑자였으나 2013년에는 그 규모가 1.7조 엔으로 줄어들었다. 이 현상의 원인에 대해서는, 생산기지의 해외이전과 기업의 경쟁력 저하를 생각해볼 수 있는데, 전자산업의 해외생산비율이 2007년 이후 약 20% 수준에서 변화하지 않고 있다는 점을 고려하면, 후자가 좀 더 설득력 있다고 할 수 있다.

전자산업 가운데 영상기기와 음향기기의 수출은 최근 매년 대폭적으로 저하하고 있는데 비해 휴대전화의 수입은 급증하고 있다. 스마트폰의 증가는 CD 플레이어와 디지털 카메라의 수요 감소 요인이 되기도 한다.

다음으로는 ICT산업의 국제수지를 살펴보는데, 그 이전에 전자산업과 ICT산업의 관계에 대해 정리해보자. 전자산업은 크게 가전과 산전(산업용전기)으로 나누어지는데, 가전은 다시 백색가전과 AV가전으로 구분된다. 백색가전은 세탁기, 냉장고, 에어컨이 대표적인 제품이고, AV가전은 음향전기제품과 영상전기제품으로 다시 나누어진다. 이 가운데 산전 부문과 백색가전 부문이 IT기술의 영향을 상대적으로 덜 받는 데 비해, AV

가전은 IT기술과 밀접한 관련을 가진다. 평면TV 등이 대표적이다. 따라서 가전산업 가운데 AV가전 부문은 ICT산업에도 포함된다. 한편 ICT산업은 영역별로는 통신, 정보, 방송 등을 포괄하는데, 제품별로는 단말기, 디바이스(부품), 서비스가 있다. 이 가운데 단말기가 전자산업과 일치하는 부문이며, 디바이스는 전자부품산업과 중복된다. 따라서 대략적으로 보면 ICT산업은 전자산업에 통신·정보 서비스를 합한 것으로 볼 수 있다.

이 점을 염두에 두면서 ICT산업의 무역수지와 서비스수지의 동향을 보면, 무역수지는 2012년에 적자로 반전되어 13년에는 약 1.1조 엔의 적자를 기록했다. 1990년대 후반부터 2000년대 전반까지의 약 10년간은 3~5조 엔 정도의 흑자를 계상하고 있던 것을 감안하면 단기간의 급격한 변화라고 할 수 있다. 이는 수출의 감소와 수입의 증가가 동시에 진행되고 있기 때문이다. 그 중에서도 통신기기의 수입 증가가 두드러져 이 분야의 무역적자는 2013년에 2.1조 엔에 달했다. 즉 전자산업전체 무역적자액보다 통신기기의 무역적자가 더 많은 것이다. 그 외에 컴퓨터의 무역수지 적자화도 주목된다. 1990년대까지는 연간 1~2조 엔의 흑자를 기록했지만, 2000년대 들어 적자기조로 돌아서 13년에는 8,600억 엔의 적자를 기록했다.

한편 ICT관련 서비스수지는 전체 서비스수지와 마찬가지로 적자상태인데, 전체 적자가 과거 20년간에 약 6조 엔에서 약 3조 엔으로 축소된 데 비해, ICT관련 서비스수지에는 큰 변화가 보이지 않고 있다. 컴퓨터·정보 서비스 분야에서는 2010년 이후 오히려 적자폭이 확대되고 있다.

즉 ICT산업의 무역수지와 서비스수지를 통해서는, 컴퓨터의 장기 적자 구조, 통신기의 최근 급격한 적자 확대, 서비스수지의 적자기조 계속 등의 문제가 있음을 알 수 있다. 이러한 문제가 ICT산업의 해외이전의 결과가 아니라 외국제품의 수입증가 즉 일본기업의 제품 경쟁력 저하에 의한 것이라는 점도 분명하다.

3.2. ICT산업의 기업경쟁력과 수출경쟁력

ICT산업의 국제경쟁력에 관해서는 총무성이 2008년부터 매년 지표를 책정하여 공표하고 있으므로, 그 자료를 이용하여 경쟁력 변화를 살펴보기로 한다(総務省 2013a). 여기서는 시장점유율(세계시장에서 차지하는 일본기업의 매출액 비율)과 수출점유율(세계 수출액 합계에서 차지하는 일본의 수출액 비중)의 두 가지 지표를 측정하고 있다. 즉 전자는 기업경쟁력(세계시장에서 일본기업의 경쟁력), 후자는 수출경쟁력(기업입지상 국가로서의 경쟁력)의 관점에서 국제경쟁력을 파악하고 있다. 앞에서는 무역수지로 경쟁력을 평가했기 때문에, 해외현지생산의 영향을 제대로 반영할 수 없었으나, 기업경쟁력은 그 한계를 극복할 수 있는 측정방법이라고 할 수 있다. 혹은 기업경쟁력은 수출경쟁력을 갖추지는 못했으나 수입대체 경쟁력은 갖추고 있는 상황을 반영할 수 있는 지표로 볼 수도 있다.

또한 측정 대상 영역은 통신, 정보시스템·서비스, 방송·미디어라는 분야에 의한 구분과 서비스, 단말·기기, 디바이스라는 층위(layer)에 의한 구분을 기준으로 주요 서비스, 제품, 사업부문을 분류하고 있다(〈표 5〉). 예를 들어 휴대전화는 통신 분야의 단말·기기 층위에 속해 있다.

<표5> ICT 국제경쟁력 지표의 구성

	통신	정보시스템·서비스	방송·미디어
서비스	고정전화서비스	시스템개발, 애플리케이션, 소프트웨어 등	방송·미디어 서비스
단말·기기	휴대전화, 모바일 인프라, LAN스위치 등	노트북 PC, 워크스테이션, 프린터 등	액정 TV 등
디바이스	반도체, 프로세서, 액정 디바이스 등		

자료: 総務省 (2013a)

이상의 구분을 염두에 두면서, 2009~2013년의 ICT산업의 변화를 살펴보자. 먼저 전체 ICT산업의 세계 시장규모는 2013년에 3조 달러로 09년에 비교해 6.6% 증가했는데, 일본기업의 시장점유율은 12.3%로 09년에 비해 0.5%포인트 증가했다. 같은 기간 동안 아시아·태평양지역 기업점유율은 3.5%포인트 증가했다. 한편 세계 전체의 총 수출액은 1.2조 달러로 09년에 비해 24.7% 증가했는데, 일본의 수출점유율은 4.3%로 북미·유럽과 마찬가지로 점유율이 저하한 반면 아시아·태평양지역의 점유율은 상승했다. 기업경쟁력, 수출경쟁력 모두에서 아시아·태평양지역의 대두가 두드러지고 있는 것을 확인할 수 있다.

다음으로 층위별 추이를 보면, 먼저 서비스에서 일본기업의 시장점유율은 매년 상승하여 09년의 7.6%에서 13년에는 10.4%가 되었다. 이는 엔고의 영향 이외에도 해외 기업의 인수 등에 의한 영향으로 보인다. 단말·기기에서는 아시아·태평양 지역의 시장 점유율이 09년의 23.1%에서 13년은 34.6%로, 수출점유율은 66.1%에서 13년의 71.6%로 각각 상승한 데 비해, 일본을 비롯한 그 외 지역의 비중은 모두 하락했다. 디바이스는 단말·기기와 마찬가지 경향을 보였다.

다음으로는 각 품목별로 일본 기업의 시장점유율(기업경쟁력)과 수출액점유율(수출경쟁력)을 검토해보기로 하자. 시장점유율은 주요 서비스, 단말・기기, 디바이스의 8분야 38품목에 대해서, 수출액점유율은 주요 단말・기기, 디바이스의 7분야 20품목에 대해 각각 산출하고 있는데, 주요 품목에 대해 2009~2013년간 변화를 정리한 것이 〈표 6〉이다.

〈표6〉 일본 ICT산업의 품목별 경쟁력 현황

레이어	분야	품목	기업경쟁력(%)			수출경쟁력		
			2009년(a)	2013년(b)	(b)-(a)	2009년(c)	2013년(d)	(d)-(c)
단말・기기	통신	휴대전화기	11.4	3.6	-7.8	0.2	0.0	-0.2
		모바일 인프라	2.4	4.6	2.2	5.9	2.1	-3.8
		네트워크 기기	2.9	3.2	0.3	2.4	1.8	-0.6
	정보 시스템	데스크탑 PC	6.0	3.7	-2.3	0.5	0.5	0.0
		노트북 PC	21.7	14.9	-6.8	2.2	0.7	-1.5
		서버	7.7	7.2	-0.5	1.3	1.6	0.3
		스토리지	13.9	13.3	-0.6	1.0	0.8	-0.2
		복사기	65.5	68.2	2.7	7.4	1.9	-5.5
		프린터	33.5	41.4	7.9	10.5	8.3	-2.2
	방송・미디어	TV	43.4	25.3	-18.1	1.6	0.4	-1.2
		비디오	66.3	74.1	7.8	3.7	1.7	-2.0
		디지털 카메라			0.0	36.4	25.0	-11.4
		방송송신기			0.0	1.0	0.6	-0.4
디바이스 (부품)	통신	통신기기용 부품			0.0	6.0	1.9	-4.1
		통신케이블			0.0	4.9	3.6	-1.3
	방송	방송기기용 부품			0.0	15.7	9.0	-6.7
	반도체	프로세서	1.6	0.5	-1.1	7.2	4.1	-3.1
		디스크리트	41.2	38.8	-2.4	14.8	12.0	-2.8
	디스플레이	PC용	2.3	3.3	1.0	2.1	2.6	0.5

주: 원자료의 주요 수출경쟁력 조사 품목에 맞춰 기업경쟁력 품목을 선별했는데, 그 과정에서 기업경쟁력 조사품목명과 일치하지 않는 경우는, 다음과 같이 근접한 품목으로 대신했음.
　　네트워크 기기→LAN 스위치, 비디오→DVD/Blu-ray 레코더, TV→액정 TV
자료: 総務省 (2013a)

기업경쟁력의 경우, 38품목 가운데 일본의 기업경쟁력이 높은 제품 (시장점유율 25% 이상)은 8품목(복사기, 프린터, 액정TV, DVD/Blue-ray 레코더, 광화이버, 디스크리트 반도체〈트랜지스터 등 반도체소자〉, 옵트 일렉트로닉스〈LED 등의 광학소자〉, 휴대전화용 액정디바이스)이고, 약한 제품(점유율 5% 이하)은 9품목(애플리케이션 소프트웨어, 인프라 소프트웨어, 휴대전화기, 모바일 인프라, LAN스위치, 기업용 루터, 데스크탑 PC, 프로세서, PC용 액정 디바이스)에 달했다.

한편 표에는 표기하지 않았으나, 같은 기간 중에 시장규모가 확대된 품목은 휴대전화(43%), 스토리지 (25%), 액정 TV(25%) 등이고 반면에 축소된 품목은 DVD레코더(-58%), 프린터(-38%), 모바일 인프라(-23%), 데스크탑 PC(-18%) 등이었다.

수출경쟁력의 경우 20품목 가운데 강한 제품(점유율 10% 이상)은 2품목(디지털카메라, 디스크리트 반도체)에 불과하고, 반대로 약한 제품 (점유율 5% 이하)은 15품목(휴대전화, 모바일인프라, TV, 방송통신기 등)에 달했다. 특히 단말·기기의 대부분이 약한 제품에 속했다. 마찬가지로 2009~13년간 세계 수출액 규모가 확대된 품목은 노트북 PC(60%), 휴대전화(42%), 복사기(37%)가 있고, 축소된 품목은 방송송신기(-64%), 모바일 인프라(-57%), 비디오(-35%)가 있다.

이상으로부터 ICT 산업 내에서 일본이 경쟁력을 가지고 있는 분야는 단말·기기에서 복사기·프린터·액정 TV·디지털 카메라·DVD이나, 복사기·프린터·DVD의 경우 시장규모가 축소되고 있고, 디지털 카메라와 액정TV는 경향적으로 경쟁력이 약화되고 있다는 것을 알 수 있다. 즉 성장하고 있는 분야에서는 경쟁력이 약화되고 있고, 축소되고 있는 분야에서는 경쟁력을 유지하고 있다는 점이 전반적으로 일본 ICT산업의 경쟁력을 취약하게 하는 요인이라고 할 수 있다.

〈그림 5〉 단말기 분야의 제품별 비중과 성장성

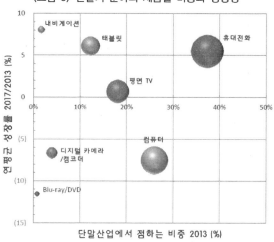

자료: 三菱総合研究所(2014), 37쪽.

단말기 분야는 2013~17년간 세계적으로 연평균 1.1%의 성장이 기대되는데, 2013년 현재 전체 시장의 40%를 차지하는 스마트 폰을 포함한 휴대전화가 연평균 5.5%의 높은 성장을 보일 것으로 예상되고 있다(〈그림 5〉). 그리고 태블릿 시장도 PC시장으로부터의 이동이 더욱 가속화되어 연평균 6.1%의 높은 성장이 기대되고 있다. 그런데 위에서 살펴본 것처럼 이 성장이 기대되는 품목에서 일본기업의 경쟁력은 매우 취약한 상황이다. 이 점이 부품 등 일부 품목에서 강력한 경쟁력을 보유하고 있음에도 불구하고 일본ICT산업의 경쟁력을 취약하게 하는 가장 큰 문제라고 할 수 있다.[9]

3.3. ICT산업의 국제비교

단말기 분야에서 일본기업의 경쟁력이 취약하다는 점을 확인했는데, 그렇다면 ICT 산업의 다른 분야에서는 경쟁력이 어떠하고 국제적으로 볼 때 일본기업의 ICT산업구조는 어떠한 특징을 지니고 있는지에 대해 살펴보자(〈그림 6〉).

〈그림 6〉 ICT산업의 성장성 및 수익성에 관한 국제비교

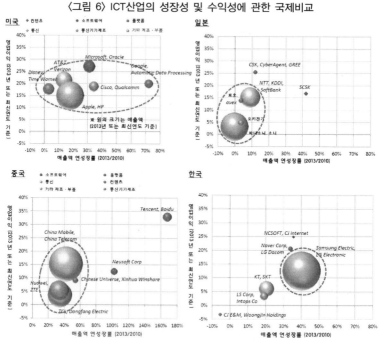

자료: 三菱総合研究所(2014), 15~16쪽.

---

9) 일본에서 휴대전화를 생산하고 있는 기업은, 피처폰의 시대에는 최대 11개 기업이 있었으나, 현재 스마트폰을 공급하고 있는 기업은 소니, 교세라, 후지츠의 3사뿐이다. 일본기업이 휴대전화 분야에서 경쟁력이 취약한 원인을 통신기술 표준화 과정에서의 전략적 오류와 관련하여 설명한 것으로는 정진성 외(2012) 제13장을 참조.

먼저 미국은 구글과 같은 플랫폼 업종에서 높은 성장성을 보이고 있고 마이크로소프트와 같은 소프트웨어 업종에서 높은 수익성을 기록하고 있다. 사실 미국은 거의 전 업종에서 10%를 넘는 높은 수익률을 보이고 매출액 성장률도 2010~13년에 단말기 제조를 포함하여 전 업종이 플러스를 나타냈다. 그리고 업종별로 시장규모의 차이가 상대적으로 작아, 업종간 밸런스를 이루면서 고성장을 이루고 있음을 알 수 있다.

그에 비해 일본은 상위 레이어(플랫폼)를 제외한 전 업종의 영업이익률이 20%를 넘지 못하고, 미국에 비해 통신업과 제조업에 매출이 집중해있는 경향을 보인다. 제조업은 미국과 달리 영업이익률 5% 이하에 머물고 있다.

한편 중국은 차이나 모바일과 차이나 텔레콤으로 대표되는 통신사업과 화웨이 등의 제조업의 존재감이 커서 일본과 구조적으로 비슷하나, 매출액성장률이 전 업종에서 30%를 넘는 등 일본에 비해 시장규모의 확대 양상이 매우 현저하다. 한국은 다른 업종에 비해 삼성전자 등 제조업이 큰 존재감을 가지고 있는 것이 특징적이다.

다음으로는 주요 8개국을 대상으로 1990년대 이후 신규로 설립된 기업이 현재 어떠한 비중을 차지하고 있는가를 비교해보자(〈그림 7〉). 비교의 기준은 기업 수와 매출액 비중이다. 즉 1990년대 이후 설립된 기업수가 전체 기업에서 차지하는 비율과 해당기업의 매출액이 전체 기업의 매출액에서 차지하는 비율이다. 각국 모두 기업수의 비중은 큰 비중을 차지하고 있는데, 특히 중국은 현재 기업의 90%가 1990년대 이후 설립된 기업이다. 그런데 일본은 기업수비율, 매출액비율 모두 가장 낮은 수준에 머물러 있다. 이는 인터넷의 보급이 본격화하면서 글로벌 전체와 비교하면 상위 레이어(컨텐츠, 플랫폼, 통신) 사업자가 점하는 비중이 작은 것과 관련이 있는 것으로 보인다. 이처럼 기업이 장기간 존속할수 있는 사업환경은 기업의 지속성과 안정성을 담보하기는 하지만, 한편으로 향후의 산업구조의 전환과 이노베이션의 촉진 등에 의한 생산성향상이라는 방향에는 걸림돌로 작용할 가능성이 있다.

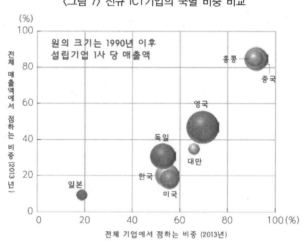

〈그림 7〉 신규 ICT기업의 국별 비중 비교

자료: 総務省(2015), 52쪽.

4. 일본의 국제경쟁력 하락 원인

4.1. 생산성 저하와 '일본적 경영'의 한계

일본경제의 장기침체의 원인을 공급문제에서 찾는 경우 가장 큰 요인으로는 생산성 저하가 우선 지적된다. 1990년대 들어 일본경제가 노동시간의 감소와 총요소생산성(TFP) 증가율 하락으로 장기침체 국면에 접어들었음을 실증한 최초의 연구는 Hayashi and Prescott(2002)였는데, 그 후 경제산업성 산하 경제산업연구소는 Japan Industrial Productivity 데이터베이스를 구축하여 연구를 본격화했다.

경제성장률과 TFP관계를 분석한 연구에 의하면, 1970~1990년에 3.5%였던 일본의 1인당 GDP성장률은 1990~2006년에는 1.3%로 하락했는데, TFP는 같은 기간에 1.6%에서 0.5%로 저하했다. 즉 TFP 증가율 둔화가 성장률 둔화의 절반을 설명한다고 분석했다(深尾, 2011, 58쪽). 또한 이 연구에서는 1995~2005년간 일본의 전체 노동투입량 중 IT관련 산업에 투입된 비율은 연평균 4.7%인데, 유통업은 23.4%, 비IT관련산업은 16.8%에 달해, IT혁명의 효과를 생산성상승으로 연결시키지 못한 것이 제조업의 경쟁력 저하로 연결되었다고 지적하기도 했다(深尾, 2011, 59쪽).

한편 1990년대 이후는 일본에서도 경제의 서비스화가 급속하게 진행된 시기였다. 서비스업의 비중은 부가가치액 기준으로 보면 2000년에 70%에서 2013년 74%로, 취업자수 기준으로는 65%에서 72%로 각각 상승했다(内閣府, 2015, 123쪽). 반면에 제조업의 비중은 2013년에 부가가치 기준으로 19%, 취업자 수 기준으로 15%까지 하락했다.

그런데 생산성증가율의 동향을 업종별로 보면, 1970년 이후 제조업의 TFP가 일관되게 증가하고 있는 데 비해, 비제조업의 그것은 증가율이 완만하여 양자의 괴뢰가 확대되고 있다. 다만, 일본의 TFP상승률은 1990년대의 0.1%에서 2000년대의 0.7%로 0.6%포인트 증가했는데, 대부분은 산업내 요인에 의해 설명되는 것으로 분석됐다. 즉 경제의 서비스화가 경제전체의 생산성에 미친 영향은 한정적이라는 것이다. 이 결과는 일본경제의 생산성 향상을 위해서는 고부가가치 산업으로의 자원배분의 촉진도 중요하지만, 우선은 개별산업의 생산성 향상이 필요하다는 점을 시사한다(內閣府, 2015, 124쪽).

〈표7〉 일본과 미국의 주요 산업별 전요소 생산성 수준 비교 (미국=100)

	2009년 A	피크시점 B	B-A
화학	87.3	100.4 (1998년)	-13.0
금속	81.7	95.4 (1985년)	-13.6
일반기계	116.3	116.3 (2009년)	0.0
전기기계	71.7	138.3 (1982년)	-66.9
수송용기계	96.6	102.4 (1990년)	-0.6
전력·가스·수도	55.2	64.4 (1984년)	-0.9
건설업	90.8	90.8 (2009년)	0.0
도매업	56.4	66.2 (1997년)	-9.9
소매업	61.1	68.1 (1993년)	-7.0
음식·숙박업	51.0	60.2 (1981년)	-9.2
운수·창고업	67.0	77.8 (1982년)	-10.8
금융·보험업	100.8	113.1 (2005년)	-12.3

자료: 『通商白書』, 2013년 판, 13-14쪽. 元橋 (2014), 95쪽에서 재인용

그런데 생산성으로 국제경쟁력을 비교하기 위해서는 생산성 증가율보다도 생산성 수준이 더 중요하다. 이를 염두에 두면서 미국과 일본의 생산성 수준을 비교해보면(〈표 7〉), 전반적으로 제조업에서는 미국에 비해 크게 뒤처지지 않는 반면 금융·보험업을 제외한 서비스업은 전반적으로 낮은 수준에 있다. 그리고 더욱 주목되는 것은, 제조업에서

수송용기계의 수준이 크게 변화하지 않은 데 비해, 전기기계는 대폭 하락했다는 점이다. 앞서 지적한 산업경쟁력의 변화 차이는 이러한 생산성의 변화 차이가 원인이 되었다고도 할 수 있을 것이다.

그런데 산업의 경쟁력 변화를 TFP의 변화로 설명하는 이러한 논리에는 TFP를 규정하는 요인을 특정하기가 쉽지 않다는 단점이 있다. TFP는 일반적으로는 제품 및 공정 단계의 기술혁신에 의한 것으로 이해되나, 제품구성, 산업구조의 변화 등에 의해서도 영향을 받기 때문이다. 그 경우에는 전자산업의 생산성 저하가 전자산업의 경쟁력 약화를 가져온 것이 아니라, 인과관계가 그 반대일 수도 있다는 비판이 가능하다.

다음으로 일본 전자산업의 경쟁력 약화의 원인으로 지적되는 요인으로는 '일본적 경영'의 한계와 관련된 부분이다. 즉 일반적으로 일본기업의 경쟁력은 고품질, 높은 생산효율 등 현장의 오퍼레이션 부문에만 의존하고 있고, 기업전체로서의 '전략의 결여'라는 문제점을 가지고 있는 것으로 지적되었다(Porter · 竹內, 2000). 그리하여, 예를 들어 고도성장기의 관행으로 사업다각화에는 적극적이나 사업부분의 정리가 필요한 1990년대 이후에도 기존사업으로부터 철수를 단행하지 못했다는 비판을 받았다. 특히 일본 전자기업의 생산품목이 매우 다양한 것도 그와 관련이 있고, 제품 사업부간의 비중을 일정하게 유지하려는 경향이 존재하는 것도 그 때문이다. 사업축소 혹은 선택과 집중으로의 전략 전환이 용이하지 않은 것은, 장기고용을 중시하는 일본기업의 고용시스템과 밀접한 관련이 있다고도 할 수 있다.

또한 일본적 경영의 이점으로 지적된 현장주의는 제품의 개발과 생산 과정에서 소비자 니즈에 충실하고 세부에 이르기까지 품질관리에 철저하다는 강점이 있으나, 1990년대 이후 선진국의 저성장 기조 정착과 신흥국 시장의 대두라는 환경의 변화 속에서는, 소비자가 인지하는 못하는 품질 즉 과잉품질에 빠지기 쉽고, 국제적 시장 동향을 무시한 채 결국 일본에서밖에 통용하지 않는 제품을 생산하는 '갈라파고스 현상'[10]에 빠질 위험성이 있는 것으로 지적되었다.

이러한 지적을 가장 많이 받는 분야가 바로 반도체 부문을 포함하는 전자산업이다. 한국 삼성전자와의 메모리 반도체 경쟁에 대처하기 위해 히타치제작소와 NEC의 DRAM부문이 통합하여 1999년에 설립된 엘피다 메모리는 2012년 12월에 도산하여 미국의 메모리 반도체 기업인 마이크론(Micron Technology)에게 인수되었다. 그런데 이 마이크론은 1996년부터 DRAM 제조과정에서의 철저한 비용삭감으로 유명했다. 반도체 제조의 중요한 프로세스 중 하나인 웨이퍼 회로를 굽기 위한 노광공정에서 노광 횟수를 삭감하는데 성공했기 때문이다. 그런데 엘피다는 이 방법을 도입하지 못했다. 개발부문에서는 도입을 주장했지만, 제조부문이 품질저하를 이유로 거부했기 때문이다(元橋, 2014, 110~111쪽). 즉 현장주의, 품질지상주의가 변화된 환경에 적응하지 못하여 실패한 것이다.

---

10) 노무라총합연구소가 2007년에 처음 이 용어를 사용할 때는 일본의 비제조업분야가 상관행이나 제도적 측면에서 글로벌화되지 못한 상황을 표현했다. 그러나 그 후로 휴대전화와 내비게이션으로 대표되는, 국제적인 표준이나 경향과는 동떨어진 제품개발을 의미하게 되었다.

4.2. 산업의 모듈화

일본에서 버블이 붕괴되면서 장기불황으로 돌입하던 시기는 세계 사적으로 볼 때 두 개의 큰 변혁기였다. 그 중 하나는 사회주의권의 붕괴로 문자 그대로 글로벌 경쟁이 전개되기 시작했다는 것이고, 또 하나는 IT 혹은 ICT 기술이 본격화됨에 따라 기존의 비즈니스모델이 크게 변화하게 되었다는 것이다.

후자의 IT기술의 영향으로 종래의 사업환경에 표준화, 디지털화, 수평분업화라는 대전환이 일어났다. 표준화는 1980년대부터 전개되기 시작한 것으로 제품에 대한 규격을 설정함으로써 호환성을 확보하고 제품의 범용성을 높여 제조비용을 절감시키는 것이다. 혹은 지식재산권을 활용하여 후발업체로부터 진입장벽을 설정하는 것이다. 구체적인 제품 별로는 PC에서 시작하여 CD, DVD, 휴대전화 등으로 확대되었다. 디지털화는 아날로그에 비해 지적재산과 제품의 복제가 용이하게 되어 후발자가 선발자를 단기간에 추격할 수 있는 조건을 형성시켰다. 수평분업화는 동종업체간 제휴와 분업의 범위가 확대되었다는 것이다.

그런데 이상의 3가지 트렌드가 가장 전형적으로 나타나고 있는 산업은 당시까지 일본이 가장 큰 경쟁력을 가지고 있던 전자산업이었다. 그런데 일본의 전자 기업들은 표준화, 디지털화에는 적극적으로 대응하려 했으나, 수평분업화에는 소극적이었다. 그에 비해 주요국의 전자기업들은 수평분업화 전략을 광범하게 전개했는데, 특히 미국기업과 대만기업은 EMS(Electronic Manufacturing Service), ODM(Original Design

Manufacturer)이라는 새로운 사업모델을 탄생시켰다. 전자의 대표적인 기업이 대만의 홍하이 정밀공업(Foxconn)으로 개발과 설계를 담당하지 않고 주문대로 제조만을 담당하는 데 비해, 후자는 자사내에서 설계까지 담당하는데 대만의 반도체 기업인 Asustek이 대표적이다.

그런데 이러한 사업모델 변화의 배경에는 모듈화의 진전이라는 요인이 있다. 제품설계의 아키텍처는 기능요소군과 구조요소군이 다대다(多對多) 대응형으로 복잡하게 연결된 상호조정형(스리아와세형, 인티그럴형)과 그것이 일대일로 단순하게 연결된 조합형(모듈러형)으로 구분된다(〈그림 8〉). 인티그럴형 설계에 의한 제품은 설계의 조정을 거치지 않으면 고품질의 성능이 구현되지 않는 조정집약형 제품으로 승용차가 대표적이고, 모듈러형은 기존 업계의 제품을 이용해서 설계해도 제품성능을 발휘할 수 있는 유형의 제품으로 대표적으로는 PC가 있다.

〈그림 8〉 모듈러형 아키텍쳐와 인티그럴형 아키텍쳐의 개념

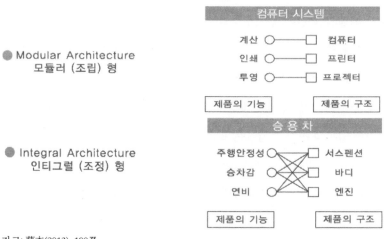

자료: 藤本(2013), 190쪽.

한편 1960년대 고도성장기에 일본의 제조업에서는 '축구형' 현장이 등장했다. 즉 노동력 부족에 대처하기 위해 '다능공 팀워크'에 의한 조정형 혹은 통합형 현장을 구축했다. 그에 비해 미국은 이민노동력을 즉시 활용하기 위해 분업형, '야구형' 현장으로 바뀌어 갔다.(藤本, 2013). 이러한 전통 때문에 일본의 제조업은 조정집약적, 스리아와세형 아키텍처 제품, 예를 들어 고연비형자동차, 정밀 공작기계, 고성능 화학제품, 그리고 TV · VTR 등의 가전제품에서 강력한 경쟁력을 발휘했다. 실제로 제품마다의 인티그럴 정도를 앙케트 조사에 의해 정량화하고, 그것이 일본기업의 수출경쟁력과 정(正)의 관계가 있음을 통계적으로 검증한 연구도 있다(大鹿 · 藤本, 2006).

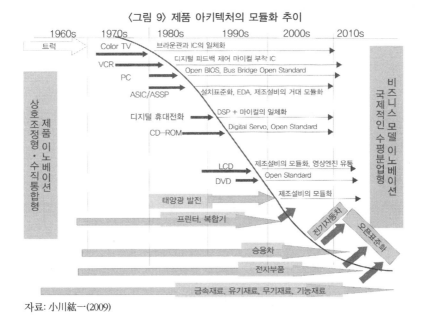

〈그림 9〉 제품 아키텍처의 모듈화 추이

자료: 小川紘一(2009)

그런데 디지털화가 진전되면서 전자산업은 종래의 인티그럴형 제품중심에서 모듈러형 제품중심으로 변화되어갔다〈그림 9〉. 예를 들어 컬러 TV의 경우 브라운관과 IC가 일체화되는 1980년대 초부터 기본적인 설계가 종래의 인티그럴에서 모듈러로 변화했다. 그리고 CD 플레이어와 DVD 플레이어는 각각 1994년과 2001년부터 국제분업이 개시되었다. 전자산업 제품 가운데 아직까지 인티그럴형인 것은 프린터·복합기·디지털 카메라 등에 불과하다. 물론 전자부품은 아직까지 대부분 인티그럴형이다.

그런데 전술한 것처럼, 아키텍처가 모듈러형으로 진전된 정도가 심할수록 일본제품의 경쟁력이 약하다. 그 결과 일본의 가전산업은 급속히 경쟁력을 상실하게 되었다. 물론 경쟁력 상실에는 그러한 변화를 감지하고 대응하지 못한 경영판단의 착오도 있었다(藤本, 2013, 160~161쪽).

예를 들어 일본의 대규모 TV 메이커는 고임금인 국내에서 액정TV 생산을 계속하면서 두 가지 가설을 내세웠다. 첫 번째는 제품차별화에 가장 중요한 것은 액정패널의 성능이고, 두 번째는 액정패널의 제조공정은 인티그럴형이라는 것이다. 이 가설에 따라 샤프와 파나소닉은 일본에서 액정패널을 제조하여 고성능 액정TV에 의한 차별화로 승부한다는 전략을 수립하고 일본 국내에 대규모 액정패널공장을 건설했다. 그러나 실제로는 이 가설이 들어맞지 않았다. 액정패널의 제조가 모듈러형으로 변화한 사실을 인식하지 못했던 것이다. 그에 비해 일본에서 액정 TV 생산기업으로서는 제4위이지만 TV부문에서 성적이 좋은 도시바는 액정패널을 대만기업으로부터 조달하고 있다. 즉 도시바는 화상 칩의 회로설계에 역점을 두어 차별화를 시도하고, 그 외의 액정패널은 모듈러형 제품을 이용하고 있는 것이다. 본래 인티그럴형이던 액정제조공정도 제조장치 기업이 인티그럴 부분을 캡슐화하고 있어 전체적으로는 모듈러형으로 변화한 것인데, 이러한 상황을 감지하고 대처한 도시바의 사례는 예외적이었던 것이다.

반도체집적회로의 경쟁력 상실도 모듈화와 관계가 있다. 1980년대 일본기업의 경쟁력은 반도체 기업이 반도체장치를 미조정하여 단기간에 수율의 향상을 실현하는 노하우에 있었는데, 그 대부분이 공장 등 현장의 노하우이고 반도체장치 기업과의 밀접한 연계 하에 실현되었다. 그러나 집적회로의 미세화가 진전되는 과정에서 장치가 고도화되고 생산현장 수준의 노하우만으로 생산효율을 향상시키기 어렵게 되었다. 동시에 반도체제조 프로세스의 노하우는 장치 기업이 가지게 되어 제조장치 안에 패키지화되게 되었다. 즉 생산기술의 모듈화가 진전되었다. 이러한 상황에서 기업의 성공을 위해서는 개개 모듈화에서 경쟁력을 유지하든지(반도체장치 기업), 제품설계 그 자체의 우위성을 가지든지(PC용 CPU의 인텔) 선택해야 한다.

한편 모듈화의 진전은 제품기획에서부터 고객 서비스에 이르기까지 가치연쇄과정에서 부가가치율에 영향을 미친다. 전통적인 업무인 제품의 생산공정에서는 부품의 조립만을 실시하기 때문에 부가가치율이 저하하는 반면, 상품기획과 중요부품을 제조하는 상류부분과 고객 서비스 등 하류부분의 부가가치율이 높아 전체적으로 '스마일 커브'를 나타낸다(〈그림 10〉). 앞서 살펴보았던 ICT 산업에서 하류(제조업) 레이어 기업의 수익률이 상류(소프트웨어, 플랫폼) 기업의 수익률보다 전반적으로 낮았던 것도 이 커브로 설명이 가능하다.

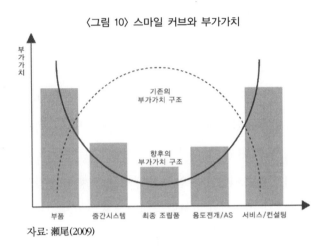

〈그림 10〉 스마일 커브와 부가가치

자료: 瀬尾(2009)

결론적으로 미국과 아시아 기업들이 국제적 수평분업체제를 완성하여 경쟁력을 유지하는 데 비해, 일본기업은 전통적인 사업모델인 폐쇄적인 수직통합형 비즈니스 모델과 폐쇄적인 표준화 전략을 고수하여 실패하였다는 것이다. 대표적인 산업이 메모리 반도체 부문을 포함한 전자산업이다. 그에 비해 자동차산업이 전통적인 사업모델을 유지하면서도 경쟁력을 유지하고 있는 것은 자동차 특히 승용차의 경우 아직도 모듈화가 덜 진전되었기 때문이다. 물론 자동차도 전기자동차가 전면적으로 보급되는 단계에서는 전자제품과 마찬가지로 된다.

5. 일본정부의 국제경쟁력 회복·강화 정책

일본정부는 1990년대 말부터 사태의 심각성을 인식하고 2000년대 들어 다양한 정책을 추진중이다. 우선 산업경쟁력 전략회의가 2002년 5월에 공표한「경쟁력강화를 위한 6대 전략」을 들 수 있다. 여기서는 급변하는 경제환경과 '게임 룰의 변화'에 대응하기 위한 기업전략 및 정부정책의 양면에서 우선순위 확정 및 실행 속도가 불충분하다는 점이 일본 국제경쟁력 저하의 원인으로 지적되었다. 이에 대해 지속적 기술혁신을 성장산업의 창출과 잠재적 수요의 개척 및 산업경쟁력 강화에 연계하고, 기업의 선택과 집중 및 산업재편의 촉진·고비용구조조 개선을 통해 경쟁력 있는 기업을 육성하는 등의 방침을 수립했다. 즉 전자산업의 경쟁력 약화를 한국 등 신흥국의 투자 경쟁에서 뒤쳐졌다는 점에서 찾고, 그를 위해 선택과 집중으로의 기업전략의 전환을 촉구한 것이다.

2005년 11월에는 모노즈쿠리정책간담회의가「모노즈쿠리 국가전략 비전」을 발표했는데, 이는 제목에서 알 수 있는 바와 같이, 일본의 경쟁력 강화를 위해서는 과거의 제조업 중심 패러다임에서 모노즈쿠리 중심 패러다임으로 전환해야 한다는 점을 선언했다. 이는 2004년의「신산업창조전략」과 동일한 전략인데, 구체적으로는 탈 자원발전 국가 지향, 모노즈쿠리 원천인 첨단 부품·소재와 기반산업 강화, 모노즈쿠리 인재의 육성·강화, 안전·안심의 사회시스템 구축, 지식재산중시 경영, 동아시아와 협력 확대, 정책 네크워크의 재구축의 7분야를 선정했다. 즉 전자산업 등 전통적인 조립기계 산업에서의 경쟁력 약화를 부품 및 소

재 등 여전히 경쟁력이 있는 인티그럴형 부분을 중심으로 회복시켜 나
갈 수 있다는 방침을 천명한 것이다.

그 후 「신경제성장전략」(2006년 6월), 「경제성장전략 대강」(2006년
7월)이 발표되었는데, 여기서는 제조업뿐만 아니라 서비스업의 혁신을
강조하고, 이노베이션과 신산업창출을 통한 국제경쟁력 강화가 제시되
었다. 특히 IT와 서비스산업의 혁신을 통한 생산성 향상과 그 생산성 향
상을 위한 제도 인프라 구축에 중점을 두었다.

이상의 2000년대 이후 일본정부 정책의 공통점은 이노베이션을 통
한 제조업 산업기반의 강화이다. 비즈니스 모델의 전환 필요성을 지적
한 부분도 있기는 하지만 중심적인 내용은 아니었다. 그런데 2010년대
들어서는 이 부분에 대한 중요성이 강조되기 시작했다. 그것을 단적으
로 보여주는 것이 「산업구조비전 2010」인데, 이하에서는 그 내용에 대해
구체적으로 살펴보기로 한다.[11]

경제산업성은 2009년 12월에 제시된 「성장전략기본방침」에 따라,
일본산업의 향후 방향을 제시하는 '산업구조비전'을 책정하기 위해 산업
구조심의회에 산업경쟁력부회를 신설했다. 이 부회는 "현재 일본 산업
의 정체와 심각성"을 인식하고, 향후 "일본은 어느 분야에서 수익을 창출
하고 고용해나갈 것인지"에 대해 논의하는 것을 목표로 하였다. 회장은
이토 모토시게(伊藤元重) 도쿄대학 경제학과 교수이나, 실제 논의는 세

---

11) 이에 대한 자세한 내용 소개 및 한국에 대한 영향을 분석한 연구로는 사공목,
「일본 산업구조 비전의 주요 내용과 시사점」, 『KIET산업경제』, 2010년 8월호,
2010이 있다.

노오 겐이치로(妹尾堅一郞) 도쿄대학 특임교수이자 NPO법인 산학연계 추진기구 이사장이 주도한 것으로 보인다.

비전에서는 현재 일본 경제·산업의 정체 원인은 일회적이 아니라 3개의 구조적 요인. 즉 산업구조전체의 문제, 기업의 비즈니스 모델의 문제, 국가차원의 비즈니스 인프라 문제로 보고, 이를 해결하기 위해서는 정부와 민간에서 4개의 전환이 필요하다고 주장했다.

첫째는 산업구조의 전환이다. 이는 2000년대 이후 제기되어 온 서비스화, IT산업화에 대응해야 한다는 주장의 연장선상에 있으나, 그 내용은 훨씬 구체적이었다. 즉 일본의 수익형 산업이 종래와 같이 자동차 산업에만 의존하는 데서 벗어나 다양화해야 한다고 주장했다.[12] '외다리타법'에서 다양한 '팔봉산 구조'로의 전환이다. 다시 말하면 부가가치 획득의 원천을 종래의 고품질·단품 제품에서 시스템판매·문화부가가치형으로, 종래의 성장제약요인이었던 환경·에너지·소자고령화를 문제해결형 산업으로 전환해야 한다는 주장이었다. 그에 맞춰 인프라관련시스템(수자원, 원자력, 철도 등), 환경·에너지문제해결산업(스마트커뮤니티, 차세대자동차 등), 문화산업(패션, 콘텐츠, 음식, 관광 등), 의료산업(의료·개호·건강·보육 서비스), 첨단산업(로봇, 우주) 의 5개 전략분야가 선정되었다.

두 번째는 기업의 비즈니스모델 전환이다. 여기서는 종래 일본 모델은 디지털 기술의 보급과 성장시장의 신흥국 이전에 따라 기술에서는 우

---

12) 2000~2007년간 명목GDP 증가분 13조 엔 가운데 자동차산업의 공헌은 6조 엔으로 절반 정도에 달했다.

위에 있어도 사업에서는 실패하는 패턴에 빠지는 경우가 많았다고 지적하면서, 기술과 사업에서 모두 우위를 점할 수 있는 모델로 전환해야 할 필요성이 주장되었다. 그러기 위해서는 먼저, 종래의 '수직통합, 자력주의, 고도의 스리아와세' 모델을 모듈화 분업 모델로 대응시킬 필요가 있다. 이를 위해 기업은 어떤 기반기술을 블랙박스화하고, 어떤 부분을 공개하여 국제표준화를 지향할 것인가 하는 사업전략을 구축해야 하고, 정부는 기업 측의 사업전략에 맞춰 국제표준화정책을 추진해야 한다. 다음으로, 종래 일본기업의 경쟁력 원천은 다수의 국내기업에 의한 '점진적 개선'이었으나, 향후 '투자규모와 속도'를 중시하는 방향으로 나아가야 한다. 그를 위해, 기업은 글로벌시장을 염두에 두고 선택과 집중을 단행하고, 정부는 산업재편·분업을 지원해야 한다고 주장했다. 이상의 논지는 小川(2008 ; 2009), 妹尾(2009)에서 반복해서 강조되던 것이다.

그 외에 비전에서는 국내에서 부가가치를 창출하고 고용을 유지하기 위해서는 '입지의 국제경쟁력'을 강화하는 수밖에 없고, 그를 위해서는 국제수준에 맞는 법인세 개혁, 물류 인프라 강화가 필요하다는 정부역할의 전환이 강조되었다.

이상에서와 같이, 일본 정부 특히 경제산업성의 경쟁력 강화 정책은 2010년대 들어 크게 변화했다고 할 수 있다. 즉 이전까지는 자동차산업, 전자부품산업, 소재 분야 등 전통적으로 일본의 모노즈쿠리 경쟁력이 유지되고 있는 분야에 대한 신뢰를 바탕으로 경쟁력을 유지·강화하는 데 정책의 중점이 있었다. 그러나 「산업구조 비전」에서는 그러한 부분이 자동차산업이라는 '외다리'에 불과하다는 점, 그리고 모노즈쿠리가 수익성으로 연결되지 않는 한 경쟁력은 유지될 수 없다는 점을 인정하고, 비즈니스 모델의 전환을 촉구하고 그를 위해 산업구조 전환을 정부가 지원해야 필요성을 인정한 것이다.[13] 이 비전에서 한국에서 IMF 이후에 이루어진 대기업 간 빅딜을 소개하고 주요 산업에서 경쟁국의 기업수와 수익률을 비교하고 있는 것도 그와 관련이 있다고 할 수 있다.[14]

그리고 이러한 전환은 그 후의 정책에서도 나타나고 있다. 아베노믹스의 성장전략(3개의 화살)은 「일본재흥전략」으로서 2013년 6월에 각의에서 결정되었는데, 같은 해 12월에 성립된 「산업경쟁력강화법」에는 기업으로부터의 carve out(대기업이 사업의 일부를 분리하여 벤처기업을 창설하는 것)을 포함한 사업재편을 원활하게 하기 위한 일련의 조치가 마련되었다.

---

13) 관련하여, 경제산업성이 발행하는 『모노즈쿠리 백서』도 이제까지 일본 제조업의 강한 경쟁력을 강조했으나 2012판 이후 논조의 변화가 있다고 지적되고 있다.(野口, 2013, 232쪽), 구체적인 분석은 추후 분석과제로 하고 싶다.

14) 일본의 주요 산업에는 다수의 기업이 과당경쟁을 펼치고 있어, 국제경쟁력 강화를 위해서는 기업 간의 합병·제휴를 통한 산업구조의 전환이 필요하다는 주장은 1960년대 무역자유화를 앞두고 활발하게 전개되었다(여인만, 2012). 1960년대의 위기의식이 2010년대 들어 재현했다고도 할 수 있다. 다만, 오해를 피하기 위해 부연하자면, ICT산업에서 위기의식의 대상은 한국을 비롯한 신흥국이 아니라 당시와 마찬가지로 여전히 미국이다.

6. 맺음말

이상에서 일본의 국가경쟁력·산업경쟁력의 약화와 그 원인, 그리고 그 대책에 관한 논의를 살펴보았다. 이하에서는 본문의 검토내용을 정리하고, 향후 전망에 대해 필자의 소견을 제시해보고자 한다.

IMD, WEF 등이 공표하는 국가의 국제경쟁력 순위 추이를 보면 일본의 국가경쟁력은 1990년대 이후 급속히 하락하여 최근에는 한국, 중국 등과 비슷한 수준에 있다. 그러나 순위를 측정하는 평가항목을 세부적으로 보면, 기업의 생산성 향상·경쟁력 유지를 가능하게 하는 입지경쟁력 요인과 무관한 경기변동 요인도 포함되어 있어, 일본의 위상을 정확하게 반영하고 있다고는 할 수 없다.

종합순위는 이러한 한계를 가지고 있으나, 대분류 이하의 세부 항목별에는 일본의 경쟁력을 평가할 수 있는 유의미한 정보가 포함되어 있다. 그러한 의미에서 기초 인프라, 기술 인프라, 과학 인프라, 교육 등의 항목을 포함하는 인프라 순위에서 일본의 순위가 경향적으로 하락하고 있는 것은 주목할 만하다. 내셔널 이노베이션에 관한 지표에서도 일본의 순위는 하락하고 있는데, 특히 ICT산업 부문에서 특히 그러한 것으로 나타나고 있다.

1990년대 이후 일본의 산업경쟁력을 무역특화지수를 통해 살펴보면, 자동차·철강·기계 산업의 경쟁력은 유지되고 있는 반면, 반도체·컴퓨터·가전제품을 포괄하는 전자산업의 경쟁력은 급속히 악화되었다는 것을 알 수 있다.

이상을 제조부문의 전자산업과 서비스부문의 통신을 포괄하는 ICT 산업에 대해 좀 더 구체적으로 살펴보면, 일본은 미국과 달리 수익성과 성장성이 높은 상위 레이어(플랫폼, 소프트웨어)에 주요 기업이 부재하고, 주로 통신과 제조 부문에 대기업이 집중되어 있다. 한국도 일본과 비슷한 구조이기는 하나 제조부문의 수익성이 일본보다 훨씬 크다는 차이가 있다. 제조부문에 대해 제품별로 경쟁력의 현황을 보면, 일본은 복사기·프린터·액정 TV·디지털 카메라·DVD 레코더와 각종 부품에서 경쟁력을 유지하고 있으나 이들 분야는 전반적으로 시장이 축소되고 있다. 반면 가장 시장규모가 크고 성장력도 있는 휴대전화에서는 경쟁력이 극심한 열위에 있다. 이 점이 제조부문, 나아가 ICT산업 전체적으로 일본의 경쟁력 약화의 원인이라고 할 수 있다.

이상과 같은 국가경쟁력·산업경쟁력의 하락 원인으로는 일본경제 전반의 생산성 저하를 생각해볼 수 있다. 일본의 총요소생산성(TFP) 증가율 둔화가 일본경제성장률 둔화의 주요 요인이 되고 있는데, 이는 IT산업의 효과가 전 산업에 충분히 파급되지 못했기 때문이다. 특히 산업별로 미국과의 TFP수준을 비교해보면 자동차산업은 1990년 이후 크게 변화하지 않은 데 비해 전자산업은 대폭적인 우위에서 대폭적인 열위로 크게 변화했다.

이러한 전자산업 혹은 ICT 산업의 경쟁력 약화의 또 다른 원인으로는 산업 아키텍처의 변화 요인을 들 수 있다. 아키텍처상에서 일본의 제조업은 인티그럴형 부문에 경쟁력을 가지고 있고 모듈러형 부문에서는 상대적으로 취약하다. 그런데 1980년대까지 자동차산업과 전자산업 모두 인티그럴형 아키텍처였으나, 1990년대 이후 전자산업이 모듈러형 아키텍처로 변화했다. 그 결과 수평분업형 비즈니스 모델이 국제적으로 전개되어 중국, 한국 등 신흥국이 강력한 경쟁국으로 대두하게 되는 것과 대조적으로 일본의 전자산업은 급속하게 경쟁력을 상실하게 되었다.

이러한 상황에 대처하기 위해 일본 정부는 2000년대 들어 경쟁력 강화를 위한 정책을 잇달아 발표하고 있다. 그런데 2000년대까지는 일본의 모노즈쿠리 즉 인티그럴형 제품의 경쟁력을 유지시키는 데에 중점이 있던 반면 2010년의 「산업구조비전」에서는 비즈니스 모델을 전환함으로써 모듈러형 제품 생산에 대응하고 다수의 기업이 경쟁하고 있는 산업구조를 전환해야 한다는 것으로 정책 중심이 바뀌었다.

이상의 검토내용으로부터, 일본의 국가 경쟁력이 약화된 것은 1990년대 이후 새롭게 대두되어 급속하게 비중을 확대해가고 있는 ICT 산업의 이노베이션을 장려하는 국가차원의 인프라가 부족했고, ICT 산업의 패러다임이 전통적으로 일본이 강점을 가지고 있던 데서 약점 분야로 전환되었기 때문이라고 할 수 있다. 즉 산업·기업의 국제경쟁력과 국가경쟁력이 밀접하게 관련되어 있다는 점을 확인할 수 있다.

즉 일본의 전자(ICT)산업·기업의 국제경쟁력 약화는 이 산업의 모듈화와 밀접하게 관련되어 있다. 그런데 이 산업은 1970년대 후반 이후 일본이 급속하게 경쟁력을 향상시켰던 부문이고, 그 배경에는 당시 진행되고 있던 마이크로 일렉트로닉스화(ME)가 있었다.[15] 이러한 산업의

---

15) 橋本(1992)는 일찍부터 이 점을 강조했다.

변화를 일찍 포착하고 적극적으로 활용할 수 있었던 것은 일본기업이 그때까지 형성해온 기업시스템과 이 산업의 변화가 친화성이 있었기 때문이다. 여기서 일본 기업시스템은 고용시스템·생산시스템·연구개발시스템·하청시스템(기업 간 관계)·기업지배구조 등과 관련이 있다.16) 즉 일본기업이 2차대전 후 자원제약이라는 조건을 극복하기 위한 과정에서 배양해온 기업시스템이 ME 혁명이라는 환경변화에 가장 먼저 적응할 수 있게 되었다. 대표적인 산업이 당시까지도 일정 정도 경쟁력을 가지고 있던 전자산업이었고, 자동차산업도 이를 계기로 비약적으로 경쟁력을 향상시킬 수 있었다.

그런데 가전산업의 경쟁력을 향상시킨 환경이 이제는 모듈화에 의해 반대로 작동하게 되고 있는 것이다. 이에 대해서는 전통적인 일본기업시스템으로 충분히 대응할 있다고 보는 견해(藤本, 2013)17)와 불가역적인 변화이기 때문에 기업시스템을 변혁하여 대응해야 한다고 보는 견해(小川, 2009)가 대립하고 있다. 정부 내에서는 재무성이 1990년대부터 기업지배구조·금융시스템 개혁 등 일본의 기업시스템 변혁을 주장해왔으나(정진성, 2016), 경제산업성은 전자와 같은 입장을 2000년대까지

---

16) 일본의 기업시스템과 관련해서는 伊丹外編의 일련의 연구, 정진성 외(2012), 정진성(2016)을 참조.

17) 도쿄대학교 모노즈쿠리 경영연구소의 후지모토 다카히로(藤本隆宏) 교수가 이러한 입장의 대표적인 논자인데, 그에 의하면 자동차산업뿐만 아니라 전자산업에서도 일본의 경쟁력 약화의 근본적인 원인은 1990년대 초 발생한 '중국발 코스트 쇼크'에 있다. 그런데 2010년대 들어 그 쇼크로부터 회복과정에 있다고 본다. 그리고 1990년대 초에 1/20이었던 일본과 중국과의 임금차는 1/10이하로 줄어들었고 향후 1/5이하로 축소될 것인데, 그 시점에서는 생산성 차이로 극복이 가능하다고 전망한다(藤本 2013, 163쪽).

유지했다. 그런데 경제산업성도 2010년대 들어 입장을 전환한 것으로 보인다. 일본형 경제시스템 혹은 일본적 경영에 대해 비판적인 논자들은 예전부터 비관적인 입장에 가까웠다(野口, 2007). 다만 비관적인 논자들의 경우, 대응전략이 구체적이지 않다는 한계가 있다. 즉 전자산업의 경우, 수평분업형 모델로 전환해야 하고 고부가가치의 서비스·플랫폼 사업으로의 전환을 주장하나 일본 전자기업들의 현재 경영자원을 충분히 고려하지 못한 주장으로 보인다.

향후 일본의 산업경쟁력이 어떠한 방향으로 전개될지는 미국과 일본 간의 산업경쟁력 역사로부터 유추할 수 있다. 즉 미국은 1980년대에 전자·자동차 등에서 일본적 생산시스템 등을 도입함으로써 일본과의 경쟁력 격차를 만회하려 했다. 그러나 실제로 이들 분야에서 격차는 크게 개선되지 않았다. 그런데 1990년대 이후 IT산업의 등장과 함께 미국적 기업시스템이 경쟁력을 발휘할 수 있는 분야가 커지게 되었고, 이들 분야를 중심으로 전반적으로 국가경쟁력이 향상되었다. 일본도 단기적으로는 모듈화에 대처하면서도 부품·소재 등 경쟁력을 유지할 수 있는 분야를 중심으로 구조를 재편하는 방향으로 전개할 것으로 전망된다. 그 경우, 일본기업의 경쟁력 회복의 관건은, 애플의 아웃사이드형 모델 즉 수평분업형 모델보다 인텔의 인사이드형 모델의 확산 여부에 달려 있을 것으로 전망된다.[18]

---

18) 양 모델의 의미와 차이에 대해서는, 妹尾堅一郎, 『技術力で勝る日本がなぜ事業で負けるのか: 画期的な新製品が惨敗する理由』, ダイヤモンド社, 2009를 참조.

일본의 정부 기업 간 관계의 신전개
산업정책의 변화를 중심으로

김용도

1. 머리말

본장의 과제는 산업정책을 중심으로 1980년대 이후 일본의 정부 기업 간 관계를 분석하는 것이다. 특히, 본장에서는 시장성과 조직성, 혹은 시장원리와 조직원리의 동학적 관련에 초점을 맞추어 산업정책을 분석한다. 그리고, 시장성 혹은 시장원리를 경쟁, 가격기구에 의한 수급조정 등 시장기구에 의해 직접적으로 영향을 받는 특성으로, 조직성 혹은 조직원리를 이러한 시장기구를 경제주체가 의식적으로 제어하는 특성으로 각각 정의한다.

이러한 정의에 따르면 전후 일본경제의 중요한 특징으로 주목받아온 현상 예컨대, 통산성을 중심으로 한 산업정책 등 정부 기업 간 관계, 동종기업 간의 협조, 기업 간의 장기계속거래, 메인뱅크시스템, 기업집단, 장기고용 등은 조직성에 집중되었다고 할 수 있다. 그러나 1980년대 들어 진전되기 시작한 정부규제 완화와 민영화 등에서 알 수 있듯이 기존의 정부기업 간 관계는 장기불황기의 전인 1980년대부터 크게 변화되기 시작했다.

일본의 정부 기업 간 관계의 내용은 매우 다양하다. 첫째, 산업정책과 같이 특정산업 및 특정기업을 육성, 지원, 조정하는 정책을 들 수 있다. 둘째, 정부의 재정지출과 세입을 둘러싼 정부 기업 간 관계를 들 수 있으며, 정부재정지출은 산업정책과 직접 관련되는 부분도 있다. 셋째, 금융을 통한 정부 기업 간 관계로 중앙은행에 의한 금융정책은 물론 금융적 수단에 의한 재정활동인 재정투융자도 여기에 포함되는데, 이러한 재정투융자는 산업정책과 관련되는 경우도 많다.[1] 넷째, 법률, 규제 등 기업이 활동하는 제도적 틀과 규칙을 정부가 만들거나, 운영, 수정하는 것을 통한 정부 기업 간 관계이다. 민간기업활동에 의한 시장이 질서를 유지하기 위해서는 최소한의 규칙과 제도가 필요하며 현실에서 그 일부를 정부가 만들고 운영해온 것이 정부 기업 간 관계의 내용에 포함된다.[2] 마지막으로, 정부가 직접 사업주체가 되어 민간기업활동에 영향을

1) 小峰隆夫編・企画・監修内閣府経済社会総合研究所, 『日本経済の記録 金融危機、デフレと 回復過程(1997~2006), バブル / デフレ期の日本経済政策(歴史編2)』, 慶応義塾大学出版会, 2011, 108쪽.
2) 데이빗 흄, 아담 스미스에 의하면, 재화와 서비스의 소유에 대한 규칙(소유권의 보장), 그것이 어떠한 동의와 승인에 의해 이전되는지에 대한 제도(불법행위와 손해배상의 제도), 계약 이행에 관련된 규칙의 세 가지 규칙이, 시장질서를 유지하기 위한 "정의의 규칙"(Rules of Justice)의 기초가 된다고 한다. J.R. 힉스도 "시장경제"가 성립하기 위해서는, "명령경제"와 "관습경제"와 같은 전통사회에서는 정착되지 않았던 "재산권의 보호"와 "계약의 보호"가 확립되지 않으면 안 된다고 한다. 더글러스 노스와 토마스도 시장거래의 확대를 촉진하기 위해서는 국가에 의한 소유권 보호와 계약관행의 강제가 중요한 역할을 한다고 주장한다(宮本, 2010, 538쪽).

미치는 정부 기업 간 관계도 있다. 예를 들면, 공기업과 같이 정부가 직접 특정 사업을 경영하여 동업종 혹은 관련산업의 기업에 영향을 미치거나 공기업의 일부 민영화에 의해 민간기업과 경쟁관계를 형성하는 형태의 정부 기업 간 관계이다.

이처럼 다양한 정부 기업 간 관계 중 본 절에서는 전후 일본의 대표적인 정부 기업 간 관계인 산업정책을 중심으로 1980년대 이후의 변화를 분석한다.

본서가 대상으로 하는 주된 시기가 장기불황기임에도 불구하고 본장이 그 이전인 1980년대를 분석시기에 포함하는 이유를 간단히 언급해 둘 필요가 있다. 버블붕괴 후 불황이 장기화되었다는 것은 경기순환적인 면뿐 아니라 구조적인 면이 있다는 것을 의미한다. 이러한 구조적 변화의 원인이 버블붕괴 후에 갑자기 형성되었다고 보는 것은 근거가 희박하다. 만일 구조적인 변화에 초점을 맞춘다면 장기불황기에 나타나는 여러 가지 특징이 반드시 1990년대부터 시작된 것이 아니라, 그 이전의 호황기부터 이미 시작되었다는 가설도 충분히 성립 가능한 것이다. 후술하는 것처럼 실제 일본의 산업정책에는 1990년대 이후 나타난 변화도 있지만 이미 1980년대부터 나타난 변화도 적지 않았다. 따라서 본장에서는 1980년대까지와 1990년대 이후의 단절성뿐 아니라 양 시기의 연속성도 중시하여 1980년대 이후를 분석시기로 설정한다.

2절에서는 산업정책 등 정부기업 간 관계를 보는 기존의 관점을 정리한 위에서, 시장성과 조직성의 동학적인 결합이라는 새로운 분석 관점을 제시한다. 이러한 분석 관점에 서서, 3절에서는 1980년대 이후 일본의 산업정책이 어떻게 변화했는지를 분석한다. 4절에서는 구체적인 산업정책사례로서 철강업에 대한 산업정책의 변화를 검토한다.

2. 정부 기업 간 관계를 보는 관점

정부 기업 간 관계를 분석하는 경우, 종래에는 그 출발점이 관인가 민간기업인가를 나눈 후 주로 관이 민간에 어떤 영향을 미치는지를 검토해 왔다. 물론 민간이 관에 미치는 영향을 부정하지는 않지만, 분석의 주된 초점은 관에서 민으로의 영향에 맞춰졌다〈그림 1〉.

그러나 관과 민, 즉 정부와 민간에 공통적으로 존재하는 특성도 있을 수 있다. 그렇다면 정부와 민간을 엄밀히 분리, 구분하여 양자의 대체관계만을 전제로 하는 분석에는 문제가 있다고 할 수 있다. 또한 정부의 활동도 민간의 활동도 단순히 한 가지 특성만으로는 설명될 수 없고 복합적인 성격을 가진다고 보는 것이 자연스럽다. 더욱이 정부와 기업 간 관계는 정부가 민간에 일방적으로 영향을 미치는 관계라기보다 지속적이고 반복적인 쌍방향의 영향에 의해 성립되는 관계로 보아야 할 것이다.

〈그림 1〉 정부 기업 간 관계에 대한 기존의 관점(단순화)

이러한 문제의식에 서서 본장에서는 시장성과 조직성 혹은 시장원리와 조직원리에 착목해서 정부 기업 간 관계를 분석한다. 일반적으로 민간의 활동에는 시장성이 강하게 작용하는 것을 부정할 수 없지만, 민간기업의 활동 중에도 조직원리가 강하게 작용하여 정부활동과 유사한 특징이 나타나기도 한다. 즉 민간의 활동 중에는 시장성뿐 아니라 조직성도 작용하고 있는 것이다. 거꾸로 관의 활동에도 조직성뿐 아니라 시장성이 존재한다. 따라서 민간기업의 활동, 정부의 활동 모두에서 조직성과 시장성의 양면이 작용하고 있다고 할 수 있다.

〈그림 2〉 본장에서 정부 기업 간 관계를 보는 관점

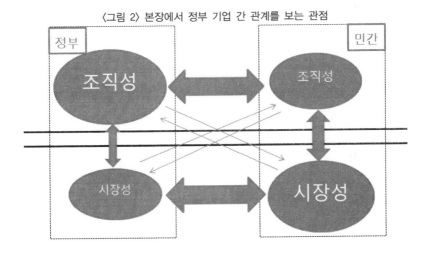

그리고 일반적으로 시장성과 조직성이 서로 영향을 주고받지 않고 완전히 독립적으로 기능한다고는 볼 수 없다. 정부 기업 간 관계가 쌍방향의 지속적이고 반복적인 관계인 이상, 정부 기업 간 관계에 있어서도 조직성과 시장성이 단지 공존하기보다 동학적으로 맞물려 왔을 가능성

이 높다. 특히 자유화와 규제완화가 진전되고 글로벌화가 급속히 진행된 1980년대 이후의 새로운 정부 기업 간 관계, 특히 산업정책을 분석하기 위해서는 시장성과 조직성의 동학적 관련이라는 관점이 더욱 필요하다〈그림 2〉. 이것이 본장의 분석관점이다.3)

　　이러한 본장의 분석관점은 1990년대에 등장한 "비교제도분석론"자들4)의 발상과 공통점을 갖는다. 이들은 경제발전이 불충분해 주류경제학이 전제하는 것과 같은 시장이 존재하지 않는 상황에서는 정부가 제도로서의 시장을 정비해 시장기능을 확장하는 정책을 실행할 필요가 있다고 주장한다.5) 이 때문에 "시장기능확장적견해"(market enhancing view)라고도 불린다. 이러한 "비교제도분석론"자의 "시장기능확장적견해"는 본장의 문제의식과 공통적인 부분이 있다.

　　그런데 시장성과 조직성의 대체적인 관계만을 주목해서는 현실에서의 변화를 적절히 설명하기 어렵다. 시장성과 조직성의 보다 다양한 관련을 분석의 시야에 넣을 필요가 있다. 일본경제사 및 일본경영사의 대표적인 연구자인 다케다 하루히토는 이 점을 강조하고 있다. 다케다는 "시장경쟁에 의한 조정과 조직성의 증대는 양자택일적인 것이 아니

---

3) Kim(2015)은 이러한 분석관점에서, 일본의 철강, IC, 공작기계, 액정소재 등의 산업에서 역사적으로 어떠한 기업 간 관계가 나타났는지를 실증적으로 분석하고 있다.
4) 대표적인 문헌으로서는 Aoki, Murdock andOkuno-Fujiwara(1996) ; 柳良・細谷(1999); 奧野(2002) ; 岡崎(1999) ; 岡崎(2001)을 참조. 리차드 랑글로와도 이들과 유사한 관점에서 정부와 시장의 동학적 관련을 설명하고 있다(Langlois, 2009).
5) 시장기능확장적견해에서는 시장을 보완하는 정부의 기능뿐 아니라 민간의 조정도 중시한다.

다. 시장의 성장과 조직의 성장은 자동차의 양쪽 바퀴와 같이 함께 경제 발전에 공헌해왔으며 시장 메커니즘의 발전이 조직성을 발전시켜왔다"고 한다.[6] 시장성과 조직성이 보완적인 관계를 유지하면서 양자의 발전이 가능했던 점을 강조하고 있는 것이다.

더욱이 다케다에 의하면 "자본주의 경제에 있어 시장경제시스템이 기본원리"라는 점은 틀림없으나 "그 역사적인 변화를 보면 비시장적인 조정의 틀도 같이 발전해왔으며 이 "비시장적인 조정 틀의 발전"은 "기업조직이 성장한 것"과 "비경쟁적 수단에 의한 '시장에서의 조정'의 여지가 확대되어온 것"에 의해 가능했다고 한다.[7] 즉 현대의 경제사회의 순환은 시장기구를 전제로 한 조직 내의 경제활동 증대 및 시장의 조직화의 노력 등 "조직화"라는 이질적인 원리가 그 영향력을 높이면서 시장기구를 보완적으로 수정하고 있기 때문에 지속되는 것이라 주장한다.[8] 본장의 관점은 이러한 다케다의 주장과 공통점이 많다.

시장원리와 조직원리의 상호침투를 강조하는 중간조직론[9]도 본장의 분석관점과 유사한 점이 있다. 중간조직론에 의하면 시장과 조직

---

6) 武田晴人, 「大企業の構造と財閥」, 『日本経営史 3 大企業時代の到来』, 岩波書店, 1995, 「企業間関係から見た企業の将来」, 『「21世紀の日本企業像」研究報告書』, 日本経済新聞社, 1996.
7) 다케다는 비경쟁적 수단에 의한 '시장에서의 조정'의 예로서, 장기계속거래 시스템, 카르텔에 의한 조정 등을 제시한다(武田, 2002). 이러한 관점은 시장거래, 명령, 협력이라는 세 가지 조정방식을 주장하는 리차드슨의 견해와 공통적인 면이 있다(George Richardson, 1972, pp.883-896).
8) 武田晴人, 「重化学工業化と経済政策」, 『日本近現代史 構造と変動3 現代社会への転形』, 岩波書店, 1993.
9) 今井・伊丹(1984) ; 今井・伊丹(1981) ; 今井・金子(1989) 등.

이라는 두 가지 개념은 "장"(場)으로서의 의미와 자원배분의 원리 및 기구로서의 의미를 가지는데, 이 시장과 조직을 나누는 기준은 첫째, 결정원리의 특징, 둘째, 집단의 멤버십 및 참가자 간의 상호관계의 두 가지라고 한다. 이 기준에 따라 시장과 계층조직은 각각의 한계를 보완하기 위해 시장은 조직의 장점을, 조직은 시장의 장점을 흡수하는데, 이것이 시장과 조직의 상호침투라는 것이다.

이 중간조직론은 일본의 중간조직을 시장과 조직의 중간적 혹은 제3의 기구로 보는 견해[10]에 비해 일본의 시스템을 일반이론화하는 데 보다 큰 공헌을 했다고 할 수 있다. 그러나 중간조직론의 관점도 중요한 문제점을 안고 있다. 첫째, 중간조직론의 초점은 어디까지나 일본과 미국의 경제 및 기업시스템의 차이를 분석하는 것에 있다. 따라서 양국의 공통점이 무엇인지 그리고 공통점이 차이점과 어떤 관련성을 갖는지에 대해서는 전혀 설명하지 않고 있다.[11] 둘째, 중간조직론에서 상정하는 시장과 조직의 상호침투는 시장과 조직 각각의 장점만을 염두에 두고 있는 점이다. 현실의 시장과 조직 간에는 서로 간에 문제를 발생시키거나 혹은 양자가 제대로 순기능을 하지 못하는 경우도 자주 발생한다. 따라서 상호침투가 양자의 장점만을 흡수한다고는 볼 수 없다. 아마도 중간조직론이 상호침투를 시장과 조직의 장점만으로 한정한 데는 이 이론의 실천지향성 때문일 것이다. 바람직한, 혹은 보다 나은 상호침투의 제도

---

10) 예를 들면, 伊藤秀史・林田修・湯元祐司,「中間組織と內部組織·效率的取引形態への契約論的アプローチ」,『ビジネスレビュー』, Vol39, No.4, 1992를 참조.
11) 1920~1970년대의 미국 기업시스템과 전후 일본의 기업시스템의 공통점에 대해서는 金(2014)를 참조.

를 만들어야 한다는 강한 실천지향성의 의의는 크지만 그 이전에 시장
원리와 조직원리 간의 다양한 상호침투 내용을 이론에 담지 않으면 안
된다. 셋째, 상호침투는 변화를 전제로 하는 개념임에도 불구하고, 중간
조직론에서는 일본과 미국의 시스템을 유형화해서 그 유형이 변화하는
것에는 그다지 관심을 보이지 않는다.

3. 산업정책의 변화

3.1. 산업정책기조의 변화

(1) 변화의 배경

누구나 인정하는 산업정책의 정의란 존재하지 않고, 그 성과에 대
해서도 공통된 인식이 형성되었다고 보기는 힘들지만[12] 일반적으로 정
부가 기업과 산업의 육성과 조정을 위해 개입해온 정책을 산업정책이라
정의해도 크게 틀리지 않을 것이다. 이러한 산업정책은 전후 일본의 정
부 기업 간 관계의 대표적인 예라 할 수 있다. 그리고 산업정책은 통산성
독자의 입장에서 입안, 실행되었던 것이 아니라 업계의 이해관계에 의
해 제약되어왔다. 따라서 산업정책에서도 민과 관의 쌍방향의 관계가

---

12) 일본의 산업정책에 대한 평가를 둘러싸고도 다양한 의견이 있다. 효과가 전혀
없었다는 의견부터 정책 효과를 인정하는 경우에도, 긍정적인 효과를 강조하는
의견에서부터 부정적 효과를 강조하는 의견까지, 또한 효과의 정도에 대해서도
의견이 엇갈린다.(岡崎編, 2011).

작용했으며[13] 또한 업계의 이해관계를 중심으로 한 시장성이 정부의 정책활동이라는 조직성과 상호작용했다고 할 수 있다.

그러나 불황이 시작되기 전인 1980년대부터 이러한 산업정책을 둘러싼 사회경제환경에 큰 변화가 있었으며 1990년대부터 이러한 변화가 보다 현저해졌다. 1980년대 이후 일본의 산업정책 기조변화에 직접적으로 영향을 미친 요인으로 해외로부터의 변화압력을 들 수 있다. 즉, 그간의 일본 정부 및 기업의 정책과 행동이 미국과 유럽 선진국들의 비판대상이 되어 무역마찰 및 경제마찰이 빈발하였고 이러한 마찰은 기존의 산업정책의 변화를 요구받는 중요한 원인이 되었다.

1990년대에는 세계적 규모의 경제 국제화(이른바 글로벌화)의 급진전, 시장 중시 움직임의 강화, 재정 재건 노력, 지구환경 유지보전을 위한 국제여론의 고양, 전후 최초의 장기불황과 산업공동화 등이 산업정책의 변화를 촉진하는 요인으로 작용하였다.[14] 이에 더해 버블붕괴로

---

13) 일본과 한국의 산업정책에 대해서는 그 외견적인 유사성이 강조되는 경우가 많으나, 역사적으로 보면 중요한 차이점이 많다. 예를 들면 일본은 이미 2차대전 이전에도 산업이 상당한 발전 수준에 달했고, 중화학중심의 산업구조가 형성되어, 전후 점령기를 지난 후 그리 길지 않은 기간에 전전의 생산능력을 회복하는 등, 기본적으로 민간기업의 역량이 강했다. 정부의 역할은 어디까지나 민간을 측면에서 지원하는 정도로 제한되어 있었다. 이처럼 민간능력 중심이라는 일본의 기업과 정부관계의 특성은 기본적으로 전후 산업정책에 있어 일관된 것이었다. 이에 반해 한국의 경우, 해방 후 1980년대까지 기업과 정부의 역학관계는 정부가 압도적인 우위에 있어, 산업정책에 있어서도 "약한" 민간을 "강한" 정부가 견인하는 형태였다. 이는 일본과 대조적이었다. 이런 점에서 1960년대와 1970년대의 한국의 산업정책을 일본과 비교한다면, 19세기 후반부터 20세기 초인 메이지시대의 정부와 기업 간 관계를 비교하는 것이 적절할 것이다.
14) 尾高煌之助, 『通商産業政策史 1980~2000, 第1巻(総論)』, 経済産業調査会, 2011.

기업 간 거래와 상관습에 변화의 움직임이 강해지고 경제의 고비용 구조가 심각해진 것도 변화요인이었다.

　이러한 변화 속에서 1980년대 후반부터 산업정책의 중요한 추진주체인 통산성 내에서는 전후 계속되어온, 한 시대가 끝났다는 인식이 팽배해져 기존의 산업정책전반을 재검토해야 한다는 분위기가 강해졌다고 한다.

　(2) 산업정책기조의 변화 방향

　1990년대 들어 일부의 심의회 답신 및 보고서에서 산업정책 기조의 변화가 시사되고 있었다. 예컨대 1990년 7월 산업구조심의회가 발표한 "1990년대의 통산정책 비전", 그리고 산업구조심의회 종합부회 산하의 기본문제 소위원회(1992년10월 설치)가 1994년 9월에 발표한 "21세기의 산업구조"에서 산업정책의 전체적인 변화 방향성이 시사되고 있다. 이들 심의회 답신과 보고서의 문제의식에 입각하여 정부는 독점금지법, 기업법제(회사법 등), 기업회계, 중소기업, 사회보장, 기업연금, 교육, 노동법제, 직업소개, 노동이동, 여성노동, 고령자고용 등 광범한 제도개혁을 검토하기 시작했다. 먼저 산업정책에 초점을 맞추어 그 기조의 변화 방향을 살펴보자.

　① 시장성의 강화

　종래 일본의 산업정책에서는 성장지향성이 강했으며 이를 위한 산업 비전 설정이 중시되어왔다. 그러나 1980년대 이후 시장기능을 중시하는 정책사상이 강해져 정부의 산업정책의 역할도 시장기능의 유효성을 보강하는 데 한정하는 입장으로 변화했다.[15) 구체적으로 외부불경제의 내부화에 의해 시장의 실패를 막는다든지 민간부문에서는 충분히 부담할 수 없는 리스크의 일부를 정부가 대신 부담해서 시장 기능을 배후에서 지원하는 등 새로운 유형의 정책개입이 모색되었다. 또한 2001년의 정부조직 개편 이후 경제산업성에서는 시장원리를 기준으로 시책의 성과를 평가하는 움직임이 강해졌다. 이는 관의 정책에 있어서의 시장성 강화를 나타내는 것이다. 따라서 1980년대부터 관민의 대체관계가 아니라 관민의 보완관계가 중시되었고 그 중시의 방향은 시장성 강화에 있었다고 할 수 있다.

② 법령과 규칙에 대한 의존도 상승

외국으로부터의 압력 등으로 정부는 법령에 근거하지 않은 행정절차, 행정지도를 실시하기가 곤란하게 되었다. 그 결과 1980년대 이후 산업정책 수단으로 행정지도보다는 법령과 규칙을 보다 중시하는 경향이 나타났다. 앞서 서술한 정책에 있어서의 시장성의 강화 움직임은 다른 한편으로는 법령과 규칙 등의 제도기반에 입각한 정책의 강조라는 조직성의 변화와 새롭게 결합되었다고 할 수 있다. 산업정책을 둘러싼 사회경제환경의 변화 속에서 산업정책의 시장성과 조직성의 결합방식이 변화했던 것이다.[16)

---

15) 이 시기 규제개혁의 주장이 강해진 것도 같은 맥락에서 이해할 수 있다.
16) 경쟁적 시장기능을 보다 강조하면서 기업활동과 관련된 제도적 환경을 새롭게

③ 정책과제 및 정책 추진체계의 변화

산업정책에 요구되는 정책과제도 크게 변화했다. 예컨대 첨단기술 및 첨단기업의 발견과 육성, 혁신적인 신기술개발 등을 위한 정책의 중요도가 더욱 높아지고 에너지 이용 절감, 폐기물재이용 등 넓은 의미에서 환경의 보호와 개선과 관련되는 정책과제도 분출하였다. 이처럼 1980년대 이후 정책과제가 변화됨에 따라, 전후 오랫동안 유지되었던 "原局 행정"은 퇴조하였다.

전후 오랫동안 일본의 산업정책은 주로 특정업종을 단위로 하여 실시되어왔으며, 그 때문에 특정업종 혹은 업종단체와 정부의 특정 부국이 링크되어 실행되는 "原局행정"이 산업정책의 기본적인 추진방식이었다. 그러나 1980년대 이후의 정책과제 변화로 기존의 성청 간, 부국 간 분업의 행정영역에 얽매이지 않고 조직횡단적으로 유연하게 정책을 집행할 필요성이 높아졌다. 실제 이러한 방향으로 정책실행방식이 변화해왔다. 정책과제의 변화와 정책실행 방식의 변화가 상호작용했던 것이다.[17]

정비하는 예는 광범위하게 나타났다. 예를 들면 기업가정신의 발휘를 촉진하기 위해 규제완화와 경쟁제한적 상관행 개선을 도모하는 한편, 지적재산권을 보호, 강화하는 제도를 정비하여 기업의 독창적 개발을 촉진할 것이 강조되었다. 또한 고용 유동화를 촉진하는 노동시장의 개혁이 추진되었으며 상법 개정을 통해 분사와 합병 절차를 간소화하는 등, 기업조직의 개혁을 촉진하는 제도 변화가 추진되었다.

17) 산업정책은 현재의 제2차 아베정권의 '성장전략'에 일부 계승되고 있다.

3.2. 산업조직정책의 변화

산업정책 중, 산업조직정책을 보면 통산성은 1980년대까지 기업 간 경쟁을 제한하여 동종기업 간의 상호협력을 측면 지원하는 경우가 적지 않았다. 이 과정에서 독점금지법의 운영을 둘러싸고 공정거래위원회와 의견을 달리하기도 했다. 물론 통산성도 경쟁정책 강화를 의식할 수밖에 없었으나, 여전히 시장주의적인 정책을 지지하는 것을 주저했다.

그러나 통산성은 1990년대 이후, 기업 간 경쟁을 촉진하는 제도를 정비하고 이러한 제도에 입각해 시장기능을 중시하고 경제자원이동을 활성화하는 정책을 추진하였다. 산업조직정책에 있어 시장성이 보다 강하게 작용하게 된 것이다.[18]

예를 들면, 경쟁을 촉진하는 방향으로 독점금지법적용이 강화되었다. 종전까지 다수 존재했던 독점금지법 적용제외제도가 1997년에 폐지되었다. 독점금지법 위반에 대한 과징금 산정률도 인상되어 누범가중이 1.5배, 과징금 산정률 1.67배, 악질적 사업자의 경우에는 2.5배가 되었으며 동법을 위반한 대기업에 누범가중이 적용될 경우 과징금은 6%에서 15%로 높아졌다. 이러한 과징금 산정률 인상으로 경쟁정책의 집행경비를 과징금 징수액으로 충당해도 될 정도가 되었다.[19] 공정거래위원회의

---

18) 경쟁 촉진 중시로의 산업조직정책 변화는 시장성을 강화하는 방향으로의 조직성의 재편이라는 점에서 규제완화와도 일맥상통한다고 할 수 있다.
19) 寺西重郎編・企画・監修内閣府経済社会総合研究所,『構造問題と規制緩和, バブル / デ フレ期の日本経済政策』第7巻, 慶応義塾大学出版会, 2010, 318-333쪽. 한편 2006년 독점금지법 개정으로 리니엔시(leniency) 제도가 도입되었다. 리니엔시제도란 담합, 카르텔 등 부정에 관련된 기업이라 하더라도 공정거래위원회의 조사가 개시되기 전(경우에 따라서는 개시되고 난 후), 그 부정행위에 대해

인원도 확충되어 동 조직의 직원수는 2001년도 말 571명에서, 2007년도 말 765명으로 6년간 194명이 증가했다.[20]

또한 1997년 이후, 수평적 기업합병을 촉진해 간접적으로 기업 간 경쟁을 촉진하는 제도도 정비되어왔다. 종래 기업합병과 기업합동에 대해 정부가 사전에 직접 개입하는 경우가 많았던 것과 대조적으로 경쟁정책의 규정 자체를 마련해서 실행하는 "규칙지향형" 정책으로의 전환이 이루어진 것이다. 예를 들면, 1997년의 독점금지법 개정에서는 기업합병기준을 명확히 하는 한편 합병절차가 간소화되었고 1999년의 상법 개정에서는 주식교환과 주식이전제도가 도입되었다. 이러한 제도정비는 합병 및 사업통합의 심사 단축화 등을 통해 합병과 사업통합을 용이하게 했으며 실제 1998년 이후 철강, 제지, 시멘트 산업 등에서 대형합병이 이루어진 중요한 기반이 되었다. 이러한 산업조직정책의 변화는 시장성을 강화하는 방향으로 조직성도 재편되었다는 의미에서, 시장성과 조직성의 보완관계를 보여준다.

기업합병을 용이하게 하고 경쟁을 촉진하는 방향으로 산업조직정책이 변화해온 것은 일본에 국한된 움직임이 아니다. 미국에서는 1980년대부터, 유럽에서는 1990년대부터 기존의 독과점 규제, 합병규제를 중시하는 정책에서, 효율성을 보다 중시하는 방향으로 정책을 전환하였다. 미국에서는 1970년대 중반까지의 반 트러스트 정책의 경험으로부터

자진신고를 하면 과징금을 감면받거나 형사고발을 면제받는 제도로 미국에서 시작되었다.
20) 寺西編, 2010, 317쪽.

과점시장에서는 경쟁이 제한된다는 가정 하에 정부가 적극적으로 시장에 개입한 결과 오히려 시장경쟁의 활성화와 효율성이 저해되었다는 반성이 강해졌다. 이에 따라 1980년대부터 독점규제 및 합병규제를 완화해 기업의 효율성을 높이는 방향으로 정책기조를 바꾸었다.[21] 유럽도 1990년 이후 합병규칙을 제정하는 등 미국과 같은 방향의 정책전환을 도모했다.[22]

따라서 조직성과 시장성의 보완관계가 나타나는 가운데 시장성을 강화한다는 산업조직정책의 변화는 일본의 특수한 현상이 아니라 선진국 전반의 정책변화 흐름과 같은 방향이었음을 알 수 있다.

3.3. 산업구조조정정책의 신전개

(1) 산업구조의 변화

1990년대 이후, 일본의 산업구조 변화의 중요한 특징은 3차산업 비중의 상승이었다. 이른바 "서비스 경제화"의 진전이다. 사실 3차산업 비중 상승은 이미 1970년대부터 나타났던 현상이다. 예를 들면, 3차산업의 비중은 1970년의 45%에서 1980년에는 52.7%, 1990년에는 57.4%로 계속 상승했다.[23] 1990년대에도 2차산업에서 3차산업으로의 구성비 이동에 박차가 가해졌다. 2차산업의 부가가치구성비는 1990년의 35.7%에서 2000년에는 28.4%로 저하한 반면, 3차산업의 구성비는 1990년의 61.8%

---

21) 上杉, 2007, 203쪽.
22) 上杉・山田, 2008 ; 寺西編, 2010, 326쪽.
23) 橋本寿朗・長谷川信・宮島英昭, 『現代日本経済(新版)』, 有斐閣, 2006, 272쪽.

에서 2000년의 70.2%로 상승하였다. 2000년대 들어서도 "서비스 경제화"는 계속 진전되고 있다.[24] 3차산업 중에서, 1990년대에 생산활동지수가 높았던 것은 도소매업이었으나 1998년 이후 동업종의 지수는 저하경향에 있다. 통신업과 정보 서비스업의 지수가 2003년까지 높은 증가율을 기록하였다.[25] 최근 IT산업 및 그 관련 서비스업이 특히 빠른 속도로 성장하고 있는 것이다.

(2) 산업구조조정정책의 신전개

이러한 산업구조변화에 대응하여 산업구조조정정책에도 새로운 움직임이 나타났다. 첫째, 주된 정책의 초점이 개별기업에 맞추어지고 있는 점이다. 예를 들면, 1995년 3월부터 발효된 "특정사업자의 사업혁신 원활화에 관한 임시 조치법"(="사업혁신법")이 그 예에 해당된다. 동법은 개별기업의 혁신사업을 지원하는 법률이다.[26] 동법 구상의 출발점은 1994년 10월 통산성 산업정책국의 구조조정 제안이었다. 이 제안에서는 아시아 각국 경제의 급성장으로 국제시장의 확대와 국제 경쟁의 격화가 현저해진 가운데 종래 국제경쟁력이 있던 일본의 가공조립기업조차도 해외 이전을 추진하고 있는 현실을 중시해, 개별기업의 신사업추진을 지원하는 구조조정정책을 강조하고 있다. 이 법의 대상업종은 1980

---

24) 本寿朗・長谷川信・宮島英昭・斉藤直, 『現代日本経済(第3版)』, 有斐閣, 2011, 247쪽. 취업자 수의 비율에서도 마찬가지 경향이 나타나, 제조업의 비중이 하락한 반면, 3차산업의 비중이 상승했다.
25) 橋本寿朗・長谷川信・宮島英昭, 『現代日本経済(新版)』, 2006, 356쪽.
26) 通商産業省産業構造課編, 1995.

년대의 "원활화법"(="특정신규사업실시 원활화 조치법")과 마찬가지로 국내외 경제환경의 변화에 의해 생산 및 고용이 감소했거나 감소할 우려가 있는 광공업, 혹은 그러한 산업과 관련이 있는 도소매업이었는데, 동법의 주된 지원 대상은 사업혁신계획을 실행하는 개별기업이었다. 구체적으로 개별기업을 대상으로 법인세 감액 등, 기업입지 조건의 개선조치, 신기술의 개발과 연구자 간 교류촉진 등에 대한 지원이 이루어졌다.

1999년 3월에 발효된 "산업활력재생특별조치법"에 의한 정책도 개별기업이 정책대상이었다. 동법의 목적은 일본에 존재하는 경영자원의 효율적 활용을 통해 생산성을 높이고 사업 재구축을 원활히 실행할 수 있도록 지원하는 한편, 창업자 및 중소사업자의 신규사업 개척과 연구활동 활성화를 지원, 촉진하는 것이었다. 동법의 정책대상도 개별 기업이었으며 동법에 의해 인정을 받은 개별기업은 재생계획에 대해 상법상의 특례, 금융 및 세제상의 혜택을 받을 수 있게 되었다.

산업구조의 변화와 장기 불황 속에서 경영위기에 처한 기업의 재생지원정책도 개별기업을 대상으로 한 것이었다. 당초 "산업재생법"의 취지는 기업이 자주적으로 과잉고용과 과잉채무를 처리하는 것을 지원하는 데 있었으나, 2001년 고이즈미 정권 성립 후 산업재편과 사업의 조기재생을 추진하는 쪽으로 기본 취지가 전환되었다. 그 후 2003년 만기가된 산업재생법의 개정과 함께 산업재생기구법이 성립된 데 따라 산업재생기구가 신설되어, 이 산업재생기구가 채권 매수 등 개별기업에 대한 재생지원을 추진했다.

둘째, 이 시기의 산업구조조정정책은 시장의 영향, 민간기업의 판단을 보다 중시했다는 점이다. 예컨대 일본 정부가 1994년 10월에 발표한 "신규시장 창조 프로그램"을 보면 "시장메커니즘 하에서 경제주체가 실행하는 주체적 판단을 존중"하는 점이 우선적으로 강조되고 있다. 시장메커니즘과 이를 전제로 활동하는 기업의 주체적 판단을 존중한다는 방침은 시장성을 중시하는 입장을 나타낸다 하겠다.

정부와 시장 간의 보완관계, 정부와 민간 간의 보완관계를 중시하는 인식도 나타났다. 예를 들면, 앞서의 "신규시장 창조 프로그램"에서는 정부가 지원하는 유망사업으로 "사회적 요구 대응형 시장" 8분야를 들고 있는데, 그 예로 신규 및 성장분야 중 내수가 확대될 가능성은 있으나 아직 자립적 발전경로에 있다고는 보기 어려운 분야, 그리고 외부 불경제와 공공성 등 시장메커니즘의 불완전성이 존재하는 분야를 들고 있다. 그리고 시장메커니즘만으로는 유망사업을 현실화시키기 어려운 분야에서 정부 정책의 역할이 필요함을 강조한 점에서 조직성과 시장성의 보완관계를 강조한 것으로 볼 수 있다. 이러한 인식은 앞서 서술한 "시장기능확장적 견해"와 유사한 발상이다.

셋째, 조직횡단적, 산업횡단적인 정책을 지향했다는 점이다. 예를 들면, 전술한 "신규시장 창조 프로그램"에서 개별사업체의 노력만으로는 극복하기 힘든 문제에 대해서 정부 각 부처가 횡단적인 정책대응을 도모한다는 점이 명시되었다. 그 후, 산업구조심의회 "기본문제 소위원회" 보고서에서는 설정된 유망분야가 8개였던 데 반해 "신규시장 창조 프로그램"에서는 12개로 늘었으며 또한 이 유망분야의 창조를 산업횡단적인 과제로 위치 짓고 있다. 이미 지적한 것처럼 1990년대 이후 산업정책 전반에 있어 조직횡단적으로 정책이 추진되는 현상이 나타났는데, 산업구조조정정책에서도 그러한 변화가 나타났던 것이다.

3.4. 산업기술정책의 변화

산업기술정책에도 1990년대 이후 큰 변화가 나타났다. 그 배경에는 종래 일본의 산업기술정책에 대해 국내외로부터의 비판이 높아진 사실이 있다. 국내에서는 구미에 대한 캐치업을 목표로 하는 종래의 연구개발모델의 필요성이 저하했다는 인식이 강해지고, 이러한 인식에 입각한 비판이 빈번히 나타났다. 일본 정부 내에서도 일본이 기술의 캐치업단계에서 세계의 프론트런너로서의 입장으로 바뀌었다는 인식이 강해졌다. 선진국으로서 세계를 선도하는 새로운 산업기술력 향상의 돌파구를 찾아야 한다는 위기의식이 대두되던 것도 첨단기술 및 첨단기업의 발견과 육성, 그리고 혁신적인 신기술개발이야말로 신시대 정부의 역할이라는 정책인식을 강화시켰다.

이에 더해, 해외로부터도 지금까지의 산업기술의 지원정책수법이 특정산업에 대한 부당한 보조금 지원에 해당되는 불공정한 제도였다는 비판이 계속해서 제기되었다.

이러한 환경변화에 대응한 산업기술정책의 변화는 시장성을 강화하는 방향으로 나타났으며, 또한 이러한 시장성 강화와 함께 조직성의 내용도 변화하였다. 이하에서는 산업기술정책에서 시장성을 강화하는 어떠한 움직임이 있었는지와 그에 연동하여 조직성의 측면에서 어떠한 변화가 있었는지를 살펴본다.

(1) 산업기술정책에 있어서의 시장성 강화

① 연구의 실용화 중시

1980년대의 산업기술정책에서는 기초연구가 강조되었었다. 그러나 이러한 철저한 "기초 시프트"는 결과적으로 정부 지원에 의한 연구개발과 기업이 요구하는 실용면의 성과의 괴리를 확대하였으며 공업기술과 원국(原局)행정의 괴리라는 문제점도 현저하게 노출시켰다.[27] 더욱이, 1990년대에는 불황이 지속되는 가운데 신규산업의 창출, 국내기술의 이전 등이 중요해져[28] 일본의 산업기술정책의 중점은 기초연구 중시에서 실용화 중시로 이동했다.

예컨대 1992년 통산성이 공표한 보고서 "산업과학기술의 동향과 과제"에서는 과학의 진보가 산업기술 발전을 촉진하고 신기술이 과학연구를 자극한다는 쌍방향의 관련이 강조되고 기초연구의 응용 방책 제시가 산업기술정책과제로서 보다 중시되었다. 1990년대 전반 공업기술원 산하의 국책 기술연구소 개편[29]도, 다양해지는 사회적 요구에 보다 적합

---

27) 1990년대 이후, 원국(原局) 간의 장벽에 구애받지 않는 정책 필요성이 대두되었다는 점에서, 기술정책의 변화와 전술한 산업정책 기조변화와는 같은 방향으로 변화했다고 할 수 있다.

28) 沢井実編, 『通商産業政策史 1980~2000 第9巻(産業技術政策)』, 経済産業調査会, 2011.

29) 1993년 1월 화학기술연구소, 미생물공업기술연구소, 섬유고분자재료연구소, 제품과학연구소인 4개의 연구소가 물질공학공업기술연구소와 생명공학공업기술연구소, 2개의 연구소로 가 재편 통합되었으며 전자, 기계, 바이오 등의 분야를 융합할 목적으로 산업기술융합영역연구소가 설립되었다. 그 후, 동 연구소들은 독립행정법인화되었다. 즉 하시모토내각 하, 1997년 12월 행정개혁회의 최종보고에서 공업기술원 산하의 15개 연구소와 과학기술청 산하의 5개 연구소를 독립행정법인화하는 계획이 제시된 후, 1998년 7월 "산업기술연구심의회"를 설치

한 대응을 위한 것으로 연구의 실용화 중시를 나타내는 예이다.

1995년 11월에 제정된 과학기술기본법의 실행에 있어서도 공적인 연구개발활동에 대한 산업계의 높은 기대가 반영되어[30] 실용성 중시가 선명히 나타났다. 1996년 7월에 각의결정된 과학기술기본계획에서도 기초연구와 함께 사회적, 경제적 필요성이 강한 "응용산업기술" 분야의 연구개발을 적극적으로 추진할 것이 강조되었다.

1990년대 후반 산업기술심의회의 논의에서도 1980년대의 "기초 시프트"에 대한 반성으로 연구 실용화에 대한 정부의 역할을 강조하는 발언이 많아졌다. 예를 들면 1996년 7월 산업기술 심의회의 제31회 종합부회에서는 "통산성은 최근 10년간 미국의 비판 때문에 응용기술개발에 관여하는 것을 피해왔으며 따라서 기초기술개발이 필요하다는 이유로 연구주제 선정이 기초기술에 편중되어온" 문제점이 있었다는 발언이 나왔다. 1997년 8월의 제34회 종합부회에서는 "기초연구중심으로 이동했던 연구의 중점을 지금부터는 산업 쪽으로 되돌려야 한다"는 발언까지 나왔다.

1997년 7월에 설치된 "이노베이션 연구회"가 이듬해 6월에 작성한 중간보고서에서는 지속적으로 이노베이션이 창출되는 사회를 실현하기 위한 산업기술정책을 제언하고 있는데, 그중 사회의 요구의 반영이 중시되어 "기술의 보급", "사회로부터의 정보의 적확한 피드백"을 보다

해, 동 심의회 산하에 7개의 작업부회를 설치해 검토를 계속한 결과, 2001년 4월 구 공업기술원 산하 15개 연구소와 계량교습소 등, 합계 16개 기관을 독립행정법인 산업기술총합연구소로 재편했다.
30) 대학과 국립연구소의 연구환경의 정비 그리고 연구비의 증액을 요구하는 연구자의 요망도 반영된 것이었다.

중시하는 정책체계 전개의 필요성이 강조되고 있다. 이는 이 시기 산업기술정책의 중심이 응용연구, 실용화로 변화하고 있었음을 나타낸다.

산업기술정책의 중점이 실용화로 이동함에 따라 대학의 연구성과를 신산업 창조에 연결시키려는 정책노력도 강화되었다. 예컨대, 신규산업창조형 제안공모사업이 이에 해당된다.[31]

이러한 연구의 실용화 지향 정책은 정부의 조직성에 시장성이 보다 강력하게 침투하고 있었다는 것을 시사한다. 시장성이 강화되는 방향으로 시장성과 조직성의 결합방식이 변화했던 것이다.

② 경쟁의 도입과 연구성과의 사업화 촉진

앞서 지적한 것처럼 1980년대 중반 이후, 연구개발보조금제도에 대한 국내외로부터의 비판이 거세어졌다. 더욱이 1990년대에 불황이 장기화되자 국립시험연구기관에 대한 회의적인 시선이 강해졌다. 또한 신산업 창출 및 고용문제에 대한 대응도 절실했다. 그 결과 국내외에서 보조금 제도의 개편을 요구하는 목소리가 높아졌으며 국립시험연구기관의 활동에 대한 재검토 요구도 강해졌다.[32]

이러한 상황변화에 따라 정부도 국책연구소의 연구개발체제에 민간의 참여와 경쟁을 도입하고 연구테마 선정을 엄격화하였다. 예를 들

---

31) 沢井実編, 『通商産業政策史 1980-2000 第9巻(産業技術政策)』, 経済産業調査会, 2011.
32) 연구개발에 대한 정부의 예산제약도 강했다. 한편 2010년도의 선진 5개국(미국, 일본, 독일, 영국, 프랑스)을 비교하면 일본은 연구비의 정부부담비율에서는 최하위이다.

면 1990년대 전반 공업기술원을 중심으로 하는 "대형공업기술연구개발
제도"(이하 "대프로")가 개편되었을 때, 종래와 같은 프로젝트별이 아니
라 분야별로 연구개발관을 배치하는 방식이 채용되었는데, 이는 분야별
우선순위를 명확히 해 중요성이 낮아진 연구프로젝트를 축소하기 쉽게
하려는 것이었다. 또한 1997년에 산업기술의 "경쟁적 연구개발제도"(경
쟁특연)를 창설하여 국립연구기관의 연구자로부터 연구테마를 모집해
외부의 학식경험자에 의한 심사를 거쳐 가장 유효한 연구안건에 대해
연구개발자금을 중점적으로 배분하였다. 더욱이 1999년도에는 "산학관
연계형 경쟁특연제도"를 창설해 연구개발자원을 보다 효율적으로 활용
하기 위한 방책을 모색했다.

정부, 대학 등의 연구성과를 사업화하기 위한 정책적 노력도 새롭
게 나타났다. 대표적인 움직임이 TLO(대학 등의 기술과 연구성과를 민
간기업에 이전하는 기술이전 기관)의 설립과 활용이었다. 1998년 5월
"대학의 기술 연구성과의 민간사업자로의 이전촉진에 관한 법률"(TLO
법)이 제정되어 8월부터 시행되었다. TLO에 대한 지원조치로 산업기반
정비기금을 활용해 대학기술이전사업에 대한 채무보증과 조성금 교부,
그리고 TLO에 대한 정보제공을 담당하게 하였다.

또한, 대학 등의 연구성과를 활용하기 위해 벤처 및 중소기업을 대
상으로 한 중소기업투자육성주식회사에 의한 출자 특례조치도 활용되
었다.

더욱이 공업기술원은 1997년도부터 "지역 컨소시엄 연구개발제도"
를 실행했다. 이 제도는 국립연구소, 대학 등의 기존기술 시즈를 이용해

사업화를 향한 연구개발을 추진하는 것으로 이들 기관과 민간기업이 지역 컨소시엄을 구성해 컨소시엄을 보조대상으로 하였다. NEDO(신에너지 종합개발기구)가 사업주체가 되어 외부심사위원회를 설치해 유식자에 의한 평가를 실시했다.

이처럼 종래 채산성에 대한 의식이 매우 약했던 연구의 영역에서 사업화의 의식과 활동경험을 주입하고 경쟁을 강화하려는 정책적인 노력이 이루어진 것은 조직성에 시장성의 요소가 적극적으로 침투했다는 것을 나타낸다 하겠다.

(2) 조직성에 있어서의 변화

한편 1990년대 이후, 산업기술정책의 조직성의 측면에서도 종전과는 다른 변화가 관찰된다. 산업기술정책의 조직성에 어떤 변화가 있었는지를 살펴보자.

① 산관학연계의 강화

1990년대 종래의 성청별 및 부국별의 분단된 행정에 대한 반성에서 산업기술정책에 있어서도 성청 간 연계의 문제가 인식되는 한편, 대학, 기업 등 민간과의 연계 강화도 과제로서 대두되었다.[33] 이러한 문제의

---

33) 沢井実編,『通商産業政策史 1980-2000 第9巻(産業技術政策)』, 経済産業調査会, 2011; 平本厚編,『日本におけるイノベーション・システムとしての共同研究開発はいかに生まれたか—組織間連携の歴史分析—』, ミネルヴァ書房, 2014. 등은 20세기 전체를 통해 일본의 산학관 공동연구개발이 어떻게 전개되었는지를 분석하고 있다.

식에서 국가 이노베이션시스템이라는 보다 큰 틀에서 산업기술정책을
변화시키려는 정책적 움직임이 대두되었는데, 그 한 축을 이루는 것이
산학연계였다.

구체적으로 1993년 7월에는 "대프로", 차세대 기술, 의료복지기기 기
술개발제도의 세 개 제도가 통합되어 "산업과학기술 연구개발제도"("산
기제도")가 신설되었으며[34] 1998년에는 이 "산기제도"에 "응용 산기"와
"대학 연계"의 두 제도를 합친 "신규산업창출형 산업과학기술개발제도"
가 구상되었다. "응용 산기"는 신규산업 창출효과가 기대되지만 기술개
발 리스크가 크고 필요 자금규모가 큰 등의 이유로 민간만으로는 추진
하기 어려운 응용연구단계의 기술개발을 지원하는 제도이다. "대학 연
계"는 산업화의 시즈가 될 수 있는 知見을 발굴해 산업화에 연결시키는
것을 의도한 제도로 정부, 대학, 민간 간의 연계를 강화하기 위한 제도정
비라 하겠다.

또한 2000년 4월에 발표된 "국가산업기술전략"[35]에서도 국제경쟁
력을 갖는, 프런티어 창조형 기술혁신 시스템을 구축하기 위한 방안의
하나로서 "기술혁신을 촉진하는 올바른 산학관 연계의 강화"가 강조되

---

34) 1961년 5월부터 "광공업기술연구조합법"에 입각해 설립되기 시작한 연구조합은
1990년대 이후 저조한 설립실적을 보여 폐지되었다. 종전의 산업기술정책이 산
기제도 혹은 뉴 선샤인 계획 등으로 재편되는 중에, 통산성의 연구조합을 수단
으로 한 산업기술정책도 대폭적인 개편이 불가피해졌다.
35) "국가산업기술전략"은 산업기술심의회가 1999년부터 검토한 논점을 공표한 산
업기술심의회보고서 "산업기술전략"("산업기술정책의 앞으로의 방향", 2000년 4
월)을 반영한 것으로, 동 "전략"은 그 후 제2차 과학기술기본계획(2001년~2005
년)에 계승되었다.

고 있다.

②환경관련 연구개발의 지원강화

1990년대 들어 환경관련 연구개발에 대한 정책 지원이 강화된 것도 기술개발의 조직성에 있어서의 변화였다. 1992년에 통산성이 공표한 보고서 "산업과학기술의 동향과 과제"는 인간과 환경을 배려하는 기술체계의 구축을 강조하고 있는데, 그보다 앞선 1989년부터 공업기술원 산하의 각 국책연구소에서 이산화탄소 문제를 다루는 "지구환경연구개발"이 개시되었다.

공업기술원은 1992년 5월 "에너지 기술개발 및 환경기술개발, 특히 CO_2대책기술은 밀접한 상호관계가 있으므로 지금까지 독립적으로 실시해온 신에너지 기술개발(선샤인 계획), 에너지 절감(문 라이트 계획) 및 지구환경기술개발 프로젝트를 통합해서 기초 분야에서 응용연구에 이르는 종합적인 연구개발 프로그램을 추진"할 필요가 있다는 점을 발표하였다. 이를 계기로 같은 해 12월 산업기술심의회 신에너지 기술개발부회, 에너지절감 기술개발부회, 지구환경 기술부회의 합동기획위원회가 종래의 에너지기술개발을 통합한 "뉴 선샤인 행동 계획"(1993년도부터 개시)을 발표하였다. 이 계획은 첫째, 국제개방하 "지구온난화 방지 행동 계획"의 실현을 목표로 하는 혁신적 에너지 기술 및 환경기술 개발 프로젝트의 중점가속추진(혁신기술개발), 둘째, "지구재생계획" 실행을 목표로 하는 국제대형공동연구프로그램의 추진(국제대형공동연구), 셋째, 근린 개발도상국의 에너지 및 환경제약의 완화 지원을 목표로 하는

에너지 환경적정기술 공동연구촉진 프로그램의 추진(적정 기술 공동연구) 등에 의해 구성되었다.[36)

③ 국제 협조의 강화: 테크노 글로벌리즘

일본 내의 관민의 기술연계를 넘어서 연구의 국제 협조를 추진한 것도 이 시기의 조직성의 새로운 변화였다. 산업구조심의회의 답신인 "1990년대의 통산정책 비전"에서는 앞으로 지향해야 할 산업기술정책의 이념으로서, 기술보호주의 경향의 고양에 대항하는 테크노 글로벌리즘이 제창되었으며 국제공헌의 방향성이 보다 강조되었다. 그 후, 산업기술심의회 연구협력부회가 1994년 6월에 발표한 "신기술입국을 위한 포괄적, 전략적 국제산업연구협력의 추진"에 관한 보고서는 연구교류거점의 정비, 공동연구의 전략적 활용, 자유로운 기술거래와 기술정보 제공, 산업기술이전의 촉진, 지구적인 과제에 대한 대응, 선진국과 개발도상국의 연구협력추진방법 등을 담고 있었으며, 이 보고서는 그 후 국제연구협력의 기점이 되었다. 지역적인 범위를 확대하는 방향으로 산업기술정책의 조직성이 변화해 가고 있었던 것이다.

---

36) 이 국가 프로젝트에는 1993년에서 2000년까지 3,547억 엔이 투입되었는데, 1997년도에는 연구개발기간을 원칙 5년 이내로 하고, 경쟁적 및 효율적 연구수행체제를 정비해 엄격한 평가체제를 구축하는 등의 제도개혁이 실행되었다. 환경관련 연구의 추진에 있어서도 시장성이 보다 강해져왔던 것이다.

4. 철강정책의 사례: 시장성과 조직성의 새로운 결합[37)

이 절에서는 전후일본의 산업정책의 전통적인 대상이며 기초적인 소재산업인 철강업을 사례로 1980년대 이후의 산업정책에 있어 어떠한 변화가 나타났는지를 분석한다.

양적, 질적인 면 모두에서 세계최정상의 지위에 있던 일본의 철강업은 현재도 여전히 자동차, 조선에 이용되는 고급강재에서 강한 국제경쟁력을 유지하고 있다. 그러나 1990년대 이후 중국을 중심으로 한 후발 철강생산국의 공급확대가 현저하여, 특히 양적인 면에서의 지위를 잃어왔다.

〈그림 3〉 주요철강생산국의 조강생산(단위: 천 톤)

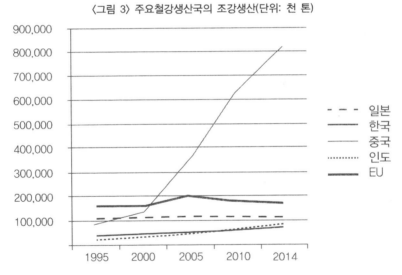

자료:『鉄鋼統計要覧』日本鉄鋼連盟.

37) 이 절에서의 서술은 金(2011), 金(2012), 金(2013)에 의거한다.

〈그림 3〉에 의하면, 일본과 유럽제국의 철강생산 증가 속도가 둔화되어 2000년대 중반을 정점으로 생산량이 감소하고 있는 반면 같은 시기 중국, 한국, 인도 등은 급속히 생산량을 늘려왔다. 특히 중국의 철강생산량은 2014년 일본과 EU전체 생산량의 약 7.5배와 5배에 달하고 있어 압도적인 차이로 세계 1위의 자리를 차지하고 있다. 수출량을 기준으로 보아도, 한국 등 후발국이 급격한 증가세를 보이고 있는 데 반해 일본과 독일 등 기존의 주요 철강수출국들의 수출 증가세는 완만하다〈그림4〉. 세계 상위 10위까지의 철강기업의 면면을 보아도 1994년에는 일본기업 4사, 유럽기업 4사로 양 지역이 상위기업의 대부분을 차지하였으나 2004년에는 중국기업인 상해보강집단이 10위 이내에 진입한 데 이어, 2014년에는 상위 10사 중 무려 6사가 중국기업이다〈표 1〉. 1990년대부터 일본의 철강업, 철강기업들이 전체적으로 매우 힘든 상황에 있었던 것을 알 수 있다.

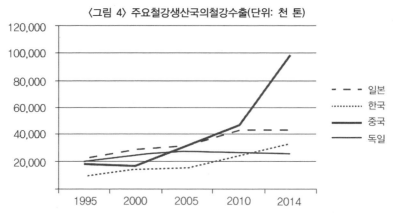

〈그림 4〉 주요철강생산국의철강수출(단위: 천 톤)

자료: 『鉄鋼統計要覧』日本鉄鋼連盟.

저성장시대의 일본경제: 장기불황 진입과 현황

이처럼 일본 철강업이 고전하는 가운데 이미 1980년대부터 철강업에 대한 산업정책에 있어 그 목표, 실효, 방향성 등을 둘러싼 불확실성이 강해졌다. 정부 기업 간 관계로서의 산업정책에 있어 관인가 민인가라는 관점만으로는 파악할 수 없는 많은 변화가 발생했다. 따라서 본절에서는 시장성과 조직성에 초점을 맞추어 1980년대 이후의 철강업에 대한 정책을 분석한다. 구체적으로 1980년대 이후의 수급조정정책, 기술개발정책 및 설비도입 지원정책, 구조조정정책, 친환경정책 등에서 어떠한 시장성과 조직성이 나타났는지, 양자의 동학적인 관련은 어떻게 나타났는지를 살펴본다.

〈표 1〉 세계철강기업의 생산량 순위(1위~10위)와 생산량(조강기준)(단위: 백만 톤)

순위	1994년			2004년			2014년		
	기업명	국명	생산량	기업명	국명	생산량	기업명	국명	생산량
1	신일본제철	일본	25.5	알세롤 미탈	룩셈부르크	46.9	알세롤 미탈	룩셈부르크	98.1
2	포스코	한국	22.1	LMN그룹	네덜란드	42.8	신일본제철	일본	49.3
3	Usnior Sacilor	프랑스	18.5	신일본제철	일본	31.4	하북강철집단	중국	47.1
4	브리티쉬스틸	영국	12.9	JFE스틸	일본	31.1	보강집단	중국	43.4
5	NKK	일본	10.9	포스코	한국	31.1	포스코	한국	41.4
6	팃센	독일	10.7	상해보강집단	중국	21.4	강소사강집단	중국	35.3
7	US스틸	미국	10.6	US스틸	미국	20.8	안강집단	중국	34.4
8	스미토모금속	일본	10.1	코러스 그룹	영국	19.9	무한 강철 (집단)	중국	33.1
9	Ilva 그룹	이탈리아	10.0	뉴 코아	미국	17.9	JFE 스틸	일본	31.4
10	카와사키제철	일본	10.0	팃센 크루프	독일	17.6	수강 집단	중국	30.8

자료: 『鉄鋼統計要覧』日本鉄鋼連盟.

4.1. 수급조정정책

철강업과 같은 장치산업의 경우 탄력적인 공급조정이 쉽지 않다. 따라서 수급불균형이 발생하기 쉬우며 전후 일본의 정부와 철강기업은 수급조정정책과 카르텔활동 등 의식적인 수급조정노력을 실행하였는데, 이는 조직성을 나타내는 활동이라 하겠다. 그런데 이러한 수급정책 정책에 나타나는 조직성은 1990년대 들어 크게 약화되었다. 이는 1990년대 이후, 철강업에 대한 산업정책에 있어 시장성이 강화되는 변화가 있었음을 시사한다. 철강업에 있어서의 수급조정정책이 1980년대까지와 그 이후 어떻게 변화했는지를 살펴보자.

(1) 수급조정정책과 조직성
① 전후 고도성장기의 철강 수급조정정책
철강의 단기시황변동에 따른 수급불균형을 완화하기 위한 정책은 이미 1950년대부터 실시되어왔다. 즉, 수급조정에 있어서의 관의 조직성이 전후의 이른 시기부터 작용했던 것이다. 대표적인 예가 공개판매 제도이다.[38] 이 제도는 불황시의 수요부족과 그에 따른 공급과잉 문제에 대응하기 위해 1958년 6월에 시작된 것으로, 당초 보통강제조업체 33사와 철강상사 191사가 참가하였다. 구체적인 활동으로 통제도하, 통산성이 지시생산량을 제시하고 이를 기준으로 철강각사가 생산량과 판매

---

38) 金容度, 「長期相対取引と市場取引の関係についての考察－高度成長期前半における鉄鋼の取引」, 『経営志林』 第42巻 第4号, 2006은 철강의 공개판매제의 내용과 성과를 시장성과 조직성의 관련이라는 관점에서 분석하고 있다.

량을 통산성에 제출하였다. 동제도의 개시 당초 참가한 철강각사는 6품종의 강재에 대해 2개월 후의 매출 예정량과 예정판매가격을 일제히 발표했는데 이 가격은 각사가 독자적으로 통산성에 제출한 가격이었다. 그러나 1960년에 기초산업국장이 주재하는 위원회인 "시황대책위원회"가 설치되고 나서는 사전에 이 위원회에서 품종별 가격에 대한 협의가 이루어진 후 고로, 평로, 전기로 등 업태별로 격차를 둔 가격이 발표되었다.39) 이 시황대책위원회는 철강수급동향에 관한 정보의 수집과 공유를 목적으로 철강기업 대표와 철강상사 대표, 통산성 철강업무과 그리고 철강수요기업 대표 등으로 구성되었다. 동위원회의 회의는 매월 1회 정기적으로 개최되어 국내 및 해외 시장의 동향에 대한 정보가 공유되고 의견교환이 이루어졌다. 관을 중심으로 민이 참가하는 형태로 조직성이 작용했다 할 수 있다.

1966년부터는 통산성이 철강생산량의 가이드라인으로서 분기별 "수급전망"을 공표, 제시하였다. 1966년 8월 29일 당시 미키 통산장관의 담화에 의하면 "수급전망"의 구체적 실시내용으로 첫째, 통산성이 분기별로 보통강 강재의 "수급전망"을 공표하고 둘째, 철강 각사는 이 수급전망을 참고로 생산계획을 작성하여 통산성에 제출하며 셋째, 통산성은 이 생산계획을 조사, 집계, 공표함과 동시에 수급의 혼란을 초래할 우려가 있는 경우에는 필요한 지도를 실시하는 것이었다.40) 1970년대까지도

---

39) 이는 통산성이 행정지도를 실시하는 것을 조건으로 공정거래위원회가 묵인한 것이었다.

40) 産業研究所, 『減速経済下における市場調整機能の限界について』, 1981, 52-53쪽.

이러한 정부의 단기 "수급전망"의 제시는 감산에 의한 수급균형 개선을 지향하고 철강각사가 철강수급의 균형을 도모하기 위한 판단재료로서 중요한 역할을 했다.[41]

　　② 1980년대의 관민 협조의 조직성

　　또한, 철강업의 단기적인 수급불균형이 극심해진 경우 수급조정을 위해 정책당국이 적극적으로 관여하기도 했다. 1980년대의 예를 들면, 1987년 철강 등 자재가격이 상승하자 통산성은 H형강과 소형봉강의 증산을 지도하고 알선창구를 설치하는 등 공급부족 대책을 신속히 실행했다. 또한 같은 1987년 건설용 강재의 가격이 폭등하자 일본은행은 통산성에 대해 철강업체들이 철강 공급량을 확대하도록 지도할 것을 요구했으며[42] 이 요구를 받아들여 통산성은 그해 9월에 11품목의 강재를 대상으로 하는 "공공사업관련 물자수급대책 위원회"를 설치해 강재 단체와 연계해 강재의 원활한 공급을 추진했다. 특히, 동 위원회는 같은 해 10~12월의 수급전망에 입각해 일본철강연맹 등 5단체에 대해 10월부터 소형봉강과 H형강 등의 증산을 실시할 것을 요청했다.[43]

---

41) 1974년 12월부터, 일본의 철강업체 단체인 철강연맹도 일년에 두 차례 연도별 수요전망을 발표하였다. 구체적으로 12월에는 다음해의 전망(제1차안)을 작성해 발표하였고, 그 후 정부예산, 철강수요업계의 생산전망이 확정되는 시점인 4월에 전술한 제1차안을 수정해 발표하였다. 그러나 1983년 이후, 철강연맹은 수요전망을 공개하지 않았으며, 1986년부터는 매년 한 차례 12월 시점의 전망치만을 발표하였다(日本鉄鋼連盟, 1988, 123쪽).
42) 「新日鉄、通産省要請でH形鋼緊急増産」, 『日本経済新聞』, 1987년 9월 15일.
43) 「10月から鋼材増産」, 『朝日新聞』, 1987년 9월 17일 ; 「通産省、高騰の小型棒・H形鋼の増産を徹底へ」, 『朝日新聞』, 1987년 9월 18일.

나아가, 공급부족을 완화하기 위해 통산성은 알선창구 설치를 통한 수급조정시책도 추진하였다. 즉, 철강 수요기업이 소형봉강과 H형강을 원활히 입수할 수 있도록, 철강업체와 철강상사에 대해 자재조달 알선기관을 개설하도록 행정지도하였다. 구체적으로, 소형 봉강에 대해서는 기존의 공동판매회사 6사(홋카이도, 토에츠, 간토, 츄부, 간사이, 규슈)가 1987년 9월 30일부터 알선창구를 개설했고, H형강에 대해서는 같은 해 10월 8일부터 동경의 강재 클럽과 지방의 여섯 지역 (삿포로, 센다이, 나고야, 히로시마, 후쿠오카 및 시코쿠) 통상산업국에서 알선창구를 개설했으며, 실제의 알선 실시에 있어서는 각 지방통상산업국의 상담창구가 활용되었다.[44]

이러한 정부의 움직임에 호응하여 철강각사도 철강제품의 감산과 원료 공급확대에 협력하였다. 예를 들면, 전기로업체들은 소형봉강을 1987년 10월부터 10~15% 증산한다는 방침을 표명하였으며, 같은 달 철강기업들은 H형강의 생산량을 전월보다 20% 늘렸다.[45] 1987년 10월 말에는 통산성이 고로업체에게 소형봉강의 원료인 철 스크랩 10만 톤을 긴급 방출할 것을 요구했으며 대형 고로각사들도 이를 받아들여 철 스크랩 12만 톤을 긴급 방출했다. 그리고 소형봉강의 입수난과 가격폭등에 대응해 같은 해 11월 19일 통산성이 고로각사에 대해 강재 재료인 피렛(강편)을 긴급 방출할 것을 요청하자 철강각사는 이를 받아들여 소형봉

---

44) 「鋼材の斡旋体制の整備について」, 『通産省公報』, 1987년 10월 7일 ; 「需要家による
入手円滑化－H形鋼に係る斡旋窓口の開設」, 『通産省公報』, 1987년 10월 16일.
45) 「10月から鋼材増産」, 『朝日新聞』, 1987년 9월 17일.

강용으로 피렛을 공급했다.[46] 관의 요구에 복수의 민간기업이 협력하는 형태로 수급조정상의 조직성이 기능했던 것이다.

(2) 1990년대 이후의 조직성 약화 = 시장성의 강화

그러나 1990년대 이후 철강 수급정책의 조직성은 크게 약화되었다.

먼저 국내의 철강수급상의 구조적 변화가 수급의 정책적 조정이라는 조직성을 약화시키는 요인으로 작용하였다. 〈그림 5〉에서 알 수 있는 것처럼 1980년대까지는 철강의 내수(국내소비)가 지속적으로 증가해왔으나 1990년대의 불황 속에서 내수가 정체되거나 급격히 감소했으며 2000년대에도 내수 감소가 현저하였다. 그 결과 국내의 철강 공급과잉이 구조화되었으며, 국내시장에서의 이러한 공급과잉기조는 인위적 수급조정 정책의 의의를 크게 제약하였다.

이에 더해, 대외적으로는 1980년대부터 제기된 일본의 기업 간 거래의 특수한 관행 그리고 기업 간 협조의 특성에 대한 외국으로부터의 비판이 점점 강해졌다. 외국으로부터의 비판에 직면해 국내에서는 독점금지법을 엄격히 적용하려는 움직임이 강해졌고 이것도 수급조정정책 실시를 어렵게 하는 요인이 되었다.

이에 따라, 정책당국자들도 인위적인 공급조정이 한층 어려워졌다는 것을 강하게 인식하게 되었다. 인터뷰에 의하면 철강기업 간의 인위

---

46) 「新日鉄など高炉5社、ビレットを緊急放出」, 『日本経済新聞』, 1987년 11월 10일; 「ビレット緊急放出要請、通産省、小棒市況の冷却に」, 『日本経済新聞』, 1987년 11월 9일.

적인 수급조정 및 그러한 수급조정을 지원하는 정책개입은 "허용되지" 않게 되었다는 인식이 정책담당자들 간에 팽배해졌다고 한다.

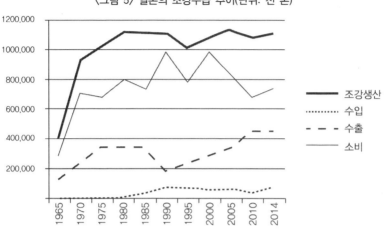

〈그림 5〉 일본의 조강수급 추이(단위: 천 톤)

주: 수입과 수출은 조강환산.
자료:『鉄鋼統計要覧』日本鉄鋼連盟.

그 결과 철강정책담당자와 철강기업 간의 협조방식에 변화가 나타났다. 예컨대 1980년대에는 정책담당자가 개별 철강기업의 담당자를 불러 개별적인 접촉을 실시하는 경우가 많았으며 이러한 기회에 수급과 관련된 정보를 수집하고 의견을 교환하였다. 그러나 1990년대 들어 정책담당자들은 개별기업과의 접촉을 될 수 있는 대로 피하고, 수급조정에 대한 개입을 시사하는 행동을 억제하였다.

더욱이 정책실행을 위한 제도면의 변화도 있었다. 앞서 언급했던 "공개판매제"가 1991년에 폐지되었다. 미국으로부터의 비판에 더해, 국내에서도 공정거래위원회가 독점금지법의 운영 강화를 위해 공개판매

제 폐지를 재삼 요구하고 있었기 때문이다. 공개판매제의 폐지에 따라, 이 제도와 연계되어 활동해왔던 시황대책위원회도 같은 해 6월에 폐지되었다. 그 결과 통산성이 사전에 철강업계로부터 개별기업의 생산계획 등을 수집하기가 어렵게 되었다.

또한, 1990년대 들어 통산성은 철강의 공급량과 수출량의 전망치를 발표하지 않기로 하고 출하와 시장의 균형을 고려해 수요량만을 공표했다. 구체적으로 보통강 및 특수강의 수요량(국내소비와 수출의 합계), 수요량의 재고, 반제품의 상황을 고려한 조강 수요량 등만을 공표했다.[47] 철강연맹이 매년 발표해왔던 단기수급전망치도, 1997년부터는 공개하지 않게 되었으며 그 대신 수요 전망치만을 공표하는 방식으로 전환하였다.

이러한 인위적인 수급조정과 관련된 제도 및 시책의 폐지 혹은 후퇴는 일본의 철강시장에서 조직성에 비해 시장성이 강화된 것을 나타낸다 하겠다.

(3) 조직성과 시장성의 새로운 결합: 신제품 시장 개혁의 지원

한편 앞서 서술한 것처럼 1990년대 이후 장기불황으로 일본국내의 철강시장전체가 구조적인 공급과잉에 빠졌다. 따라서 정책적인 단기 수급조정의 한계가 커져 새로운 대응이 요구되었다.

이러한 과제에 대한 대책으로 일본의 철강업체들은 새로운 제품 개

---

47) 日本鉄鋼連盟, 『鉄鋼十年史 - 昭和63年~平成9年』, 1999, 141쪽.

발과 시장의 개척에 주력하였는데 이러한 노력을 지원하는 정부의 활동이 존재했다. 의식적으로 신시장을 개척하려 했던 점에서는 조직성을 나타내지만, 다른 한편으로는 새로운 수요확대에 의해 시장원리에 입각한 새로운 균형을 만들려 한 점에서는 시장성이 반영되었다고 볼 수 있다. 조직성과 시장성이 새롭게 결합되었던 것이다.

대표적인 예로 스틸 하우스의 개발과 판로 확대 노력의 사례를 들 수 있다. 스틸 하우스는 목조골조구조법(통칭 "2 X 4 하우스")으로 지어진 주택의 구조재료를 목재에서 경량 형강으로 바꾼 주택으로, 이에 사용되는 경량 형강은 두께 1밀리미터 전후의 표면처리 강판(아연 처리 강판)을 냉간 성형한 것이다. 이러한 스틸 하우스 제품은 여러 가지 장점이 있었다. 첫째, 내구성, 내진성, 단열성이 뛰어나고, 스틸 내부는 재생활용이 가능하다. 둘째, 스틸 하우스 제품은 품질 및 가격이 안정되어 있다. 셋째, 시공성이 뛰어나고 공기단축이 가능하다.

이러한 장점 때문에 해외에서는 미국을 중심으로 일찍부터 스틸 하우스가 실용화되어 보급이 진행되고 있었는데, 일본에서도 표면처리강판이 주택의 건축구조자재로 정착되면서 스틸하우스의 수요확대가 기대되었다.

이에 따라, 통산성의 지도하에 1993년 8월 스틸 하우스의 건설용 판로 확대를 위해 고로 6사가 "주택건재 작업부회"를 만들어 연구회와 위원회를 계속 개최하면서 스틸 하우스의 내구성과 강도 향상 방법을 검토하였다. 또한 1994년 11월 통산성 기초산업국 제철과에서는, 건설용 및 토목용으로서의 스틸 하우스 수요 개척 가능성 검토를 위해 "어번 스틸 연구회"의 설립을 지원했다.[48] 1997년 8월에는 건설시공업체, 재료업체 등을 회원으로 하는 "스틸 하우스 보급회"도 설립되어 활동하였다. 그리고 정부의 지원으로 스틸 하우스의 모델공장이 일본강관(NKK의 전신)의 오오기시마 제철소에 설립되어 실용화를 위한 개발도 추진되었다.

정부의 지원은 철강기업 간의 협력을 촉진하는 방향으로도 작용했다. 예컨대 전술한 "주택건재 작업부회"에서는 경쟁업체들인 가와사키제철, 고베제강, 신일본제철, 스미토모금속공업, NKK, 일신제강 등이 함께 참가하여 공동작업을 했다. 그리고 정부의 지원에 촉발되어 1996년 1월 일본강재클럽 산하에 "스틸 하우스 위원회"가 설치되었는데, 이 위원회에도 앞서의 경쟁철강업체 6사가 참가하여 공동사양의 주택설계법의 일반인정(건설성소관의 "건축기준법"에 의한 시스템 인정)을 취득했다. 신제품의 시장개척을 위한 관과 민 양쪽의 조직성이 시장성과 새롭게 결합되었던 것이다.

국내수요부진하의 신제품시장 개척 노력의 또 한 예로, 메가 플로트의 연구개발 사례를 들 수 있다. 메가 플로트는 철제 복스형 유닛을 복수용접 접합하여 만들어지는 대형 유체식 철강구조물로, 여러 장점을 가지고 있어 공항, 항만, 폐기물처리장, 이동식 산업시설 등으로의 활용이 기대되었다.[49] 이 때문에 정부는 기업들의 메가 플로트 개발과 시장

---

48) 日本鉄鋼連盟, 1999, 142쪽; 『通商産業省年報』, 1992 · 1993 · 1994년.
49) 첫째, 해면상승 및 간만의 차가 큰 해역에도 충분히 대응할 수 있고, 수심과 관계없이 해역에서 이용할 수 있다. 둘째, 해양환경면의 피해도 적다. 셋째, 공기를 크게 단축할 수 있다. 넷째, 시설의 확장 및 축소가 용이하며 이동 설치도

개척을 적극적으로 지원하였다. 구체적으로 1995년 4월 운수성 조선과와 일본선박진흥회가 지원하여 철강 및 조선의 17개 업체가 메가 플로트 기술연구조합을 설립해 2001년 3월말 목표를 달성해 해산하기까지 메가플로트의 연구개발 및 실용화활동을 계속했다.[50]

이처럼 일본정부가 철강기업들의 새로운 제품시장 개척을 지원한 것은 국내시장성장의 둔화라는 환경변화에 대응하여 시장성과 조직성이 새로운 결합 방식을 나타낸 것 이라고 할 수 있다.

4.2. 기술개발과 설비투자에 대한 정책

정부는 1980년대 이후 철강업체들의 연구개발을 측면에서 지원하는 정책, 설비도입을 촉진하는 정책을 실시했는데 이러한 정책들은 1970년대까지와 연속되는 면이 강했다. 그러나 앞서 본 것처럼 일본 철강업을 둘러싼 환경에 많은 변화가 있었던 만큼 그에 대응한 정책적 노력에도 변화가 요구되었다.

일본 철강업의 기술경쟁력은 이미 1970년대 세계 최고 수준에 달해 주력 철강업체들은 일반적인 기술개발에 대한 정부의 지원을 그다지 필요로 하지 않았다. 예를 들어 1980년대 이후 철강정책의 입안과 실행을 담당했던 통산성 OB에 대한 인터뷰에 의하면, 1980년대 이후 일본의 대형 철강업체들은 에너지 절감이나 기반기술을 제외한 다른 기술개발과 설비도입에 있어서는, 정부에 대해 정책지원을 요구하기보다는 기업자

가능하다. 다섯째, 지진의 영향도 적다.
50) 그 후, 메가 플로트 기술은 일본조선기술센터에 의해 계승되었다.

신의 "자활적"인 노력에 의존하는 경향이 강해졌다고 한다. 이러한 경향은 철강의 기술개발 및 설비도입을 둘러싼 철강기업과 정부의 관계에 있어 정부가 정책적으로 개입할 수 있는 영역이 그 이전 시기보다 확연히 좁아졌다는 것을 시사한다. 이러한 정책적인 지원의 실행이 조직성을 반영한다고 보면 1990년대 이후, 철강의 기술개발과 설비투자에 있어 관에 의한 조직성의 한계가 보다 강해졌다고 할 수 있다.

그러나 다른 한편으로는 일부의 기반기술, 기초기술의 연구개발에 대해 철강기업들은 정부의 적극적인 지원을 요구하였으며, 설비투자에 대해서도 1980년대와 1990년대를 통해 적극적인 정책지원을 요구하였다. 조직성이 발현되는 형태에 변화가 나타났던 것이다.

이하에서는 정부에 의한 조직성과 그 변화과정에 초점을 맞추어 1980년대 이후, 기술개발과 설비투자에 대해 어떠한 정책이 전개되었는지를 살펴본다.

(1) 기술개발과 설비도입 촉진을 위한 정책: 관에 의한 조직성
① 기술개발에 대한 정책
1980년대에 철강의 기초연구에 대해서는 정부의 지원정책이 활발히 실행되었다. 먼저 통산성은 1982년도 정책목표로 제시한 "공통기반형 석유대체 에너지 개발"을 위해, 그 기초연구에 대한 대기업의 활동을 지원하는 정책의 일환으로 1982년에 "제련 신기반 기술연구조합"설립을 지원하였다. 이 연구조합에서는 철강기업, 비철금속기업 및 페로 알로이 각사가 참가하여 제련의 기초기술 공동연구를 추진하였다. 통산성은

복수의 민간철강업체에 의한 "반 응고 가공기술"[51]의 개발 프로젝트도 지원하였다. 또한 1988년 통산성은 혁신적인 기초기술개발 과제로 전로 연쇄법을 대체하는 차세대 제강법인 "용융환원 제철법"을 선정해 국가 프로젝트로서 그 개발을 지원했다.[52] 구체적으로 통산성이 설립한 기반 기술연구촉진센터가 출자해 철강업체, 비철금속업체, 중기계업체 등, 18사가 참가한 연구개발회사 레오텍을 1988년 3월에 설립했다.

이처럼 기초기술, 기반기술의 연구개발에 대한 직접적인 정책지원 뿐만 아니라 통산성은 간접적으로도 기업의 기술개발을 지원했다. 예를 들면, 통산성은 연구회나 간담회 등의 형태로 민간기업과 의견교환을 계속하면서 철강기술의 개발 방향을 제시하였다. 실제 앞서 언급한 "반 응고 기술"의 개발이 정책지원대상이 된 것은 통산장관의 자문기관인 기초소재산업간담회가 1987년에 발표한 보고내용에 입각한 것이었다.

1990년대에도 철강의 기초기술개발에 대한 정책지원은 계속되었다. 특히 장기불황으로 일본의 철강업체들이 사업재편과 감량경영에 치중한 결과 기초기술 개발에 투하할 경영자원이 부족해졌고 그 때문에 철강업체들은 기술개발에 대한 정부 지원을 요청하는 움직임이 있었다. 이러한 움직임에 대응해 통산성은 산관학 공동의 철강 기초기술 연구개발을 지원했다. 전술한 바와 같이 산업기술정책에 있어 1990년대 이후 산관학 공동연구가 강조되었는데, 철강업에 대한 정책에서도 이 점이

---

51) 반응고가공기술이란, 전로로 생산된 철강을 온도제어하면서 샤벨트형상, 혹은 카유형상으로 변형시킨 후, 직접 최종가공철강제품을 생산할 수 있는 기술이다.
52) 「先端製鉄技術で日独協力、高級鋼生産へ開発」, 『日本経済新聞』, 1988년 4월 7일.

확인된다. 정부와 민간의 협력이 보다 강조되는 형태로 기술개발상의 조직성이 변화되고 있었다고 하겠다.

1990년대 대표적인 공동개발의 사례로는, 1995년부터 시작된 슈퍼 스틸 공동개발 국가 프로젝트를 들 수 있다. 이 공동개발에서는 통산성의 외곽단체인 금속재료연구센터(The Japan Research and Development Center for Metals, JRCM)가 조정주체가 되고 최초 2년간은 국내 대형 철강업체, 국립연구기관, 대학이 함께 개발의 주체가 되어 유망한 기초기술의 발굴과 실용화 전단계의 선도연구를 추진했다. 그 후 기초기술의 실용화 연구를 10개년 계획으로 추진해 해외의 기업, 연구기관, 대학의 참가를 유도하는 한편 연구테마별로 담당하는 기업 및 연구기관을 지정하는 방식으로 프로젝트를 추진하였다. 이 공동개발에서 통산성은 보조금 교부와 정부계 금융기관을 통한 저리융자 등의 측면지원을 실시했다.[53]

신 코크스 제조법 개발을 위한 "SCOPE21"(Super Coke Oven for Productivity and Environmental Enhancement toward the 21st Century)도 이 시기의 대표적인 공동연구였다. 이 공동연구 프로젝트는 석탄 이용 종합센터 및 일본철강연맹에 의한 공동연구개발사업이었는데, 1994년 부터 요소기술의 개발을 시작해, 그 후 경제산업성, 자원에너지청이 10개년 국가 프로젝트로서 약 82억 엔의 자금을 투자해 개발을 지원했다.[54]

이러한 기초연구는 그 실용화에 의한 파급효과가 "숨겨진 형태"로

---

53) 「JRCMと鉄鋼大手5社, 熱処理・加圧を制御」, 『日本経済新聞』, 1998년 6월 8일.
54) 이 개발사업의 실험과 연구는, 신일본제철 나고야제철소와 스미토모금속의 카시마제철소에서 실시되었다(「鉄鋼業における資源・エネルギー問題の克服に向けた取組み」, 『経済産業省公報』, 2008년 6월 2일, 6쪽).

존재하는 경우가 많아 종합적인 성과의 측정이 곤란하다는 문제점이 있다. 인터뷰에 의하면 1990년대 전반 정책적인 지원을 받아 실행된 기초기술연구개발 중 미세립 철강 결정을 소형화하는 국가 프로젝트, 용융환원정련법 프로젝트 등은 예기하지 못한 성과를 매우 많이 낳았다고 한다.

또한 1990년대에 정부는 연구회 및 간담회를 통해 민간기업과 정보교환을 지속하면서 기술개발의 방향성을 제시하기 위한 노력을 기울였다. 예컨대 1990년 11월 복수의 철강기업이 공동으로 참여하는 "철강생산 정보기반기술연구회"가 설립되어 조업도를 유연하게 변경할 수 있고 다품종생산에 대응할 수 있는 제어 시스템의 개발을 추진하였는데 이는 통산성이 지원한 조직이었다.[55] 그리고 1990년대 전반 통산성 기초산업국장과 철강기업 수뇌 간의 간담회도 미래의 기술개발 과제를 찾아내는데 일정한 공헌을 했다. 예를 들면 "철강업의 장기적인 기술전략을 생각하는 간담회"에서는 철강기업 수뇌들과 통산성 기초산업국장이 기술의 중요성을 재확인하는 한편, 미래의 기술개발 발견을 위한 의견교환을 계속했다.

일반적인 기술개발에 대해서는 "자활적"인 자세를 강조하던 철강기업들도 기초기술의 개발, 기술의 전반적인 발전방향 제시 등에 대해서는 정부의 지원을 요구했으며 이에 정부가 대응하는 형태로 관의 조직성이 기능했던 것이다.

---

55) 「通産・鉄鋼業界、次世代製鉄技術開発へ」, 『日本経済新聞』, 1990년 11월 8일.

② 설비도입에 대한 정책

철강업체들이 설비투자에 대한 정부 지원을 요구하는 경우도 있었다. 특히 1980년대에는 에너지 절감형 설비의 도입을 둘러싸고 그러한 요구가 많았다. 예를 들면 1981년 11월 철강업체의 수뇌부들이 통산성 수뇌부와 간담회를 가졌을 때 "일본의 설비내구연수는 15년으로 5년의 미국, 약 10년의 독일, 프랑스, 그리고 1년 안에라도 상각할 수 있는 영국 등과 비교해 너무 길다"는 점을 강조하면서 감가상각촉진을 위한 세법상 설비내구연수 단축을 요구했다.56) 또한 1981년에서 1982년에 걸쳐 철강기업들은 투자감세57)를 정부에게 강하게 요청했으며 1984년 6월 통산장관과 철강기업 사장들의 간담회에서도 철강기업들은 설비투자를 촉진하기 위한 설비내용연수 단축, 투자감세 실시를 다시 요청했다. 그 해 9월 17일에는 철강연맹도 투자감세에 의해 철강기업의 설비투자

---

56) 「斎藤鉄鋼連会長ら業界首脳、通産省首脳に税法上の設備耐用年数短縮など要望」, 『日経産業新聞』, 1981년 11월 17일.

57) 설비투자촉진을 위한 세액공제조치, 즉 "투자감세"는 1978년도부터 실시되어왔다. 같은 해 "에너지절감 설비의 특별상각제도"도 만들어져, 2년마다 새로운 한시법을 만들어 기존 한시법을 폐기하는 형태로 정책에 활용되었다(資源エネルギー庁省エネルギー石油代替エネルギー対策課, 1986, 2-3쪽; 深沢亘, 1981, 22쪽; 佐藤政則, 1991, 476-477쪽; 荻野喜弘, 1991, 181쪽). 최근에도 설비투자에 대한 상각 및 투자감세는 정책 내용을 일부 변경하면서 계속 시행되고 있다. 예컨대 2013년 세제개정에서 국내에서 생산설비투자를 일정액 이상 늘린 경우 그 설비를 구성하는 기계장치 취득액의 30%를 특별상각으로 인정하거나, 혹은 3%의 세액공제대상으로 하는 제도가 개시되었으며, 2014년에는 새롭게 "생산성향상설비투자촉진세제"가 창설되어 생산성향상에 공헌하는 첨단설비 및 생산라인 개선에 공헌하는 설비투자에 대해 즉시 상각, 혹은 5%의 세액공제를 가능하게 했다(通商産業省編, 『産業税制ハンドブック』; 『図説日本の財政』平成25년도판, 313쪽; 同, 平成26년도판, 332쪽).

를 촉진하도록 통산성에 제언하였다.[58] 이처럼 설비의 도입에 관해서도 철강업체들이 관에 의한 조직성을 강하게 필요로 했던 것이다.

이러한 기업 측의 요구에 대응해 정부가 활용한 정책수단은 융자와 세제였다. 전자에 있어서는 일본개발은행(일본정책투자은행의 전신) 융자가 활용되었으며 이는 재정투융자의 일환이었다.

후자에 있어서는 에너지 기반 고도화설비촉진세제 및 특별상각제 도가 활용되었다.[59] 구체적으로 1981년도 세제 개정시, 과도한 석유의 존에서 탈피하는 것을 목적으로 하는 "에너지 대책 촉진세"가 3년 한 시법으로 제정되었다. 이 법률은 통산성이 강력히 추진하고 있던 "종합 에너지 대책 투자촉진세" 도입에 대해 관계 각 방면의 논의를 거친 결과 제정되었으며,[60] 이에 따라 철강기업들은 에너지 절약 설비를 취득한 지 1년 이내에 그 설비를 사업에 이용하는 경우 소득세액 혹은 법인세액 중 해당설비 취득액의 7% 상당액의 세액공제을 받을 수 있었으며, 또한 보통의 상각 외에 대상설비의 기준취득가액의 30% 상당액을 상각비로 서 필요경비 혹은 손실에 산입할 수 있는 특별상각도 선택할 수 있게 되 었다.[61] 1984년도에 2년 한시법인 "에너지 대책 촉진세제"가 폐지됨에

---

58) 「鉄鋼業界、通産相に投資減税を要望」,『日本経済新聞』, 1984년 6월 6일; 「鉄鋼連盟が要望書、企業課 税強化反対を前面に」,『日本経済新聞』, 1984년 9월 18일.
59) 荻野喜弘,「第二次オイルショック下の省エネルギー政策」, 通商産業省編,『通商産業政策史』第13巻(第IV期, 多様化の時代(2)), 1991, 176-177쪽.
60) 資源エネルギー庁企画調査課、資源エネルギー庁省エネルギー石油代替エネルギー対策課, 1988, 3쪽.
61) 深沢亘,「エネルギー対策促進税制の創設」,『通産ジャーナル』第13巻 第12号, 1981, 22쪽.

따라 동 년도부터 2년간 다시 한시법으로 "에너지 이용 효율화 등 투자촉진세제"가 제정되었으며, 그 후로도 2년 한시입법이 만료될 때마다 새로운 2년 한시법이 제정되어 정책에 활용되었다.[62] 세제와 정부투융자라는 제도를 통해 철강업에 대한 조직성이 작용해왔던 것이다.

4.3. 구조조정 정책

1970년대 말부터 1980년대에 걸쳐 철강업의 구조조정정책 대상에는 전기로업, 페로 실리콘업, 철강 2차제품제조업 등 중소기업이 집중된 사업영역이 많았다. 즉 철강업의 구조조정에 있어 중소기업분야를 중심으로 관에 의한 조직성, 그에 의해 촉발되는 민간의 조직성이 작용했을 가능성이 높다. 더욱이 1990년대 이후에는 철강의 국내시장에서 구조적 공급과잉이 나타나 대기업까지 구조조정정책의 대상이 되었다. 한편 이 시기 정부의 구조조정정책이 실시되는 가운데 민간기업의 활동에서 시장성과 조직성이 서로 영향을 미치며 작용한 사례도 관찰된다.

이하에서는 1970년대 말부터 1980년대 정부의 구조조정정책이 어떻게 전개되었는지를 검토한 후, 그 과정에서 시장성과 조직성이 서로 영향을 미치며 작용한 사례를 살펴본다.

---

62) 資源エネルギー庁省エネルギー石油代替エネルギー対策室, 1984, 2쪽; 資源エネルギー庁省エネルギー石油代替エネルギー対策課, 1986, 2쪽; 資源エネルギー庁企画調査課・省エネルギー石油代替エネルギー対策課, 1988, 2쪽; 資源エネルギー庁企画調査課・省エネルギー対策課, 1994, 3쪽; 同, 2001, 4쪽.

(1) 1980년대의 구조조정정책과 조직성

보통강전기로업은 영세기업이 대부분을 차지하고 있었고, 그 주력

제품인 소형봉강, 중소형강은 비교적 부가가치가 낮은 제품이었다. 영

세기업이 많고 부가가치가 낮은 만큼 주력 설비가 노후화된 문제가 있

었다. 특히, 전기로업은 동력원으로 전기를 이용하기 때문에 비용에서

차지하는 전기료 비중이 높아 석유위기 이후 급속한 비용상승 문제에

부심하고 있었다. 더욱이 석유위기 이후 전로업에서는 공급과잉이 만성

화되었다. 예를 들면 전기로의 주력강재제품인 소형봉강의 경우 큰 규

모의 공급과잉이 계속되어[63] 낮은 가동률에 의한 설비문제가 심각해지

고 고정비부담 증대로 전로업체의 채산이 악화되면서 적자기업이 속출

하였다.

이 때문에 보통강전로공업회는 1980년 2월부터 전기로업의 바람직

한 미래를 구상하는 회합을 가지고 통산성도 같은 해 4월부터 다음해 3

월까지, 4차례에 걸쳐 산업구조심의회 철강부회 평전로설비소위원회를

개최하였다. 이 소위원회에서는 1981년 3월초 보통강전로공업회의 검

토결과를 토대로 한 안을 정리 발표했고, 철강부회에서도 동안을 승인

했다. 그 중요한 내용으로서는 1981년도 이후의 "종합적인 구조개선책"

을 제시하는 한편, "특별불황산업안정임시조치법"("특안법", 1978년 제

정)에 입각한 전기로업계의 "안정기본계획"을 1983년 6월까지 연장하는

것이었다.[64] 이 "안정기본계획"에 의해 내용연수가 지난 전기로 설비부

---

63) 吉田文毅, 「動き出す基礎素材産業の構造改善」, 『通産ジャーナル』 第16巻 第6
号, 1983, 109쪽.

터 폐기되어 1978년도 말까지 272만 톤, 1983년도 말까지 286만 톤이 폐기 처리되어 계획이 달성되었다. 그 후 1983년 4월에 성립되어 5월에 공포 시행된 "특정산업구조개선임시조치업"("산구법")에서도 보통강전기로업은 "특안법"의 계속산업으로 지정되었다.[65] 이러한 법률에 입각해 통산성은 1983년 6월 앞서 언급한 평전로 설비소위원회를 개최해 "산구법"에 의한 전기로업계의 제2차구조개선 기본계획 작성을 개시했으며[66] 다음 달인 7월에 동소위원회가 작성한 계획을 산업구조심의회 철강부회가 승인하였다. 그 내용은 1988년 6월말까지 설비처리, 업무제휴, 활성화투자 등을 실시해 개방경제체제하의 경제합리화에 의해 존립가능한 생산비용 실현을 통한 안정적 경영기반을 확립하는 것이었다.[67]

전기로업의 과잉설비처리를 지원하는 정부 외곽단체로서 1977년 12월에는 전기로업 구조개선촉진협회[68]가 설립되었다. 동 협회는 보통

---

64) 奈倉文二,「平電炉業」, 通商産業省編,『通商産業政策史』第14巻(第Ⅳ期, 多樣化 時代(3)), 1991, 72-75쪽.

65) 吉田文毅,「動き出す基礎素材産業の構造改善」,『通産ジャーナル』第16巻 第6 号, 1983, 104쪽.

66)「普通鋼電炉工業会, 産構法適用を通産省に要請」,『日経産業新聞』, 1983년 5월 11일;「通産省、産構審平電炉小委を開催」,『日経産業新聞』, 1983년 6월 7일.

67) 1988년 6월 말 "산구법"의 시한이 도래하자 전기로업계는, 당초 1987년 4월에 시행되는 "산업구조전환 원활화 임시 조치법"("원활화법") 지정을 받아들일 것을 검토했다. 그러나 1987년 여름 이후, 건설용을 중심으로 전기로 강재의 수요가 급속히 회복되자 전기로업 설비는 원활화법의 대상에서 제외되었고, 역으로 전기로각사의 설비투자 갱신의 움직임이 높아졌다. 이러한 분위기 속에서 전기로 각사는 "산구법"과 같은 법적 규제의 연장이 설비대책으로서 더 이상 필요 없다는 결론을 내려 각사의 재량에 맡기는 방향으로 업계의 행동방침을 정했다(米 倉, 1993, 212쪽;「電炉業界、「産構法後」の設備対策は各社の自由裁量」,『日本 経済新聞』, 1988년 3월 4일).

68) 설립당초의 명칭은 사단법인 평전기로구조개선촉진협회였다. 2000년대 중반,

강 전기로업의 구조개선과 관련되는 사업에 대한 채무보증 실시를 목적으로 통산성의 지도하에 평전기로업체 28사가 설립한 단체로, 동 협회가 활용하는 기금은 국고보조금 및 민간출자금이 각각 절반이었다. 동 협회는 2009년 3월까지 합계 50건, 158억 7,000만 엔의 채무보증을 실시하였는데 협회의 설립직후인 1978년을 제외하면 특히, 1987년에서 1989년이라는 특정시기에 채무보증이 집중적으로 실시되었다〈표 2〉. 자금용도별로 보면 고용조정과 설비폐기가 대부분이었는데〈표 3〉, 그 대부분의 경우 동 협회의 보증에 의해 원활한 자금차입이 가능해 구조조정의 진행에 공헌하였다.

〈표 2〉전기로업 구조개선촉진협회의
채무보증실적(1978년~2009년 3월) (단위: 건, 억 엔)

	1978년	1979년	1984년	1987년	1988년	1989년	1995년	1998년	2003년
건수	14	1	2	10	10	10	1	1	1
금액	15	1	15	36.6	39.6	18.2	2	2	0.93

〈표 3〉채무보증의 자금용도별 건수(단위: 건)

	1978년도	1987년도	1988년도	1989년도
고용조정	6	8	7	8
설비폐기	0	2	2	2
고용조정과 설비폐기	6	0	1	0
기타	2	0	0	0

페로실리콘 제조업도 전기로업과 마찬가지로 석유위기 이후 매우

국내 경기가 비교적 호조를 보이고 새로운 보증 실시의 수요가 별로 없어진 데다, 행정개혁 논의가 활발해진 가운데, 동 협회는 2008년도에 채무보증의 신규 모집을 정지해 2009년 4월 30일 해산하였다.

힘든 상황이 지속되어 "특안법"과 "산구법"의 대상이 되어, 1978년에서 1979년에 걸쳐 생산능력의 20%인 10만 톤분의 설비를 폐기하고 사업전환, 판매체제 합리화 등을 추진하였다. 또한 동 제조업은 1985년 1월 고탄소 페로크롬제조업, 페로니켈제조업과 함께 "산구법"상의 특정산업에 지정되어 1988년 6월까지 설비처리를 중심으로 한, 구조조정을 실시했다. 또한 1988년 6월 "산구법"의 시한이 만료 된 후인 해 9월부터는 "원활화법"상의 특정설비업종에 지정되어 설비처리 및 사업전환을 계속했다.[69]

영세기업이 많은 철강2차제조업도 1970년대 말 이후, 생산과 수출모두 부진에 빠졌고 호경기의 1980년대 후반 생산은 회복되었으나 수출은 여전히 부진하였다. 전반적으로 철강2차제조업체들의 경영상황은매우 불안정하여 구조조정정책이 추진되었다. 먼저 철선에 대해서는 "중소기업단체 조직에 관한 법률"에 입각해 생산수량제한 대신 생산설비제한을 통한 구조조정시책이 1979년 7월 12일부터 1983년 6월 30일까지 실시되었다. 또한 "중소기업근대화자금 등 조성법"에 입각해 철선뿐아니라 철사, 못 등의 과잉생산설비를 폐기하기 위해 전국선재제품 공업조합연합회가 준비금의 적립 및 설비폐기를 주된 내용으로 하는 구조조정사업을 추진하였다. 1986년도와 1987년도에는 마봉강(磨棒鋼) 18리터 캔 제조업도 동법의 지정대상이 되었는데, 그 중 18리터 캔 제조업은 1978년도 말부터 "중소기업근대화 촉진법"에 의한 구조개선사업으로 지정되어 생산기술의 개발, 생산의 집약화, 생산방법의 적정화를

---

69) 『通商産業省年報』, 1992 · 1993 · 1994.

실시했다.[70]

또한 "중소기업신용보험법"(1950年12月14日 성립)에 입각해 양철 및 못 제조업은 1978년도부터 동법상의 불황업종으로 지정되었으며, 용접봉제조업도 1986년 4월 1일부터 반년간 불황업종에 지정되었다. 1986년 2월에는 "특정중소기업자 사업전환대책 임시조치법"이 제정되어, 압연 선재업 및 금속선 제품 제조업이 동법의 대상이 되었으며, 마봉강 제조업 등도 동법에 입각해 오사카, 교토, 효고, 나라, 히로시마 등의 지역 지정 대상산업이 되었다.[71]

이처럼 전기로업, 페로실리콘업, 철강2차제품업에서는 만성적인 공급과잉으로 경영불안에 빠진 중소영세기업을 지원하기 위해 설비처리 및 사업전환을 중심으로 한, 관 주도의 조직성이 작용하고 있었다.

(2) 1990년대의 변화와 조직성

1990년대 들어서는 불황으로 내수가 현저히 둔화되면서 앞서 언급한 것처럼 철강의 국내시장에서 구조적 공급과잉이 나타났다. 이는 1980년대에 중소기업을 중심으로 한 일부 업종이 부진에 빠진 것과는 다른 현상이었다. 이에 따라, 1980년대와 비교해 1990년대 이후 구조조정정책의 대상이 대기업으로까지 확대되어, 정부정책에 의한 보다 포괄적인 조직성의 기능이 기대되었다.

---

70) 『通商産業省年報』, 1982 · 1986 · 1987. 1984년에는 철강2차제품의 생산설비 조사를 실시해 업종별의 생산설비대수 및 생산능력을 체계적으로 파악했다(『通商産業省年報』, 1984 · 1985).
71) 『通商産業省年報』, 1980 · 1986 · 1987.

실제, 정책당국도 이러한 점을 인식하고 있었다. 예컨대 통산성 기초산업국장의 자문기관인 "소재산업 구조문제 연구회"가 1999년 6월에 발표한 보고서를 보면 설비과잉에 대한 대응을 중요한 정책과제로 제시하고 있다. 구체적으로 철강업의 구조문제로서 설비문제, 과잉자산 및 과잉부채 문제, 업계재편 등을 지적하고, 고로업체들이 개별 제철소 단위로도 최적생산구조를 구축할 것, 효율성이 높은 고로에 생산을 집중하고 비효율적인 설비를 삭감할 것 등을 강조했다.

또한 구조적 문제가 보다 심각해진 데 따라 특정한 부국이 중심이 되어 정책을 실행하는 것, 즉 "각론적" 정책대응만으로는 그 효과를 나타내기가 어려워져 "총론적" 정책이 표방되었다. 철강정책 담당자들에 대한 인터뷰에 의하면 1980년대까지의 철강산업의 정책은 "각론"적, "개별대응"적인 것이었던 데 반해 1990년대 이후에는 "총론"적, "제도대응"의 성격으로 변화하였다고 한다. 조직횡단적 정책의 중요성이 높아지는 산업정책 전체의 기조변화가 개별산업에 대한 정책에도 나타났던 것이다. 이처럼 특정산업에 대한 정책에 있어서도 총론적인 정책이 중요해졌다는 것은, 1990년대 이후 특정산업에 대한 정책에 있어서의 조직성에 일정한 변화가 나타난 것을 의미한다.

한편, 1990년대 이후 구조조정의 대상이 확대되었다는 것은 정책실시의 어려움이 가중되었다는 것을 의미한다. 문제를 완화하기에는 그 문제의 깊이와 외연 상 정부의 능력을 넘어선 부분, 즉 민간기업의 자구적인 노력에 맡길 수밖에 없는 부분이 보다 확대되었던 것이다. 따라서, 이 점에서는 1990년대 이후 정부에 의한 조직성의 한계가 보다 선명히 노정되었다고도 할 수 있다. 이처럼 1980년대와 비교하면 1990년대에는 철강업의 구조조정정책의 조직성에 복합적인 변화가 나타났던 것이다.

(3) 시장성과 조직성의 동학적 관련

한편, 철강업에 대한 구조조정정책이 정부가 사전에 의도한 대로의 결과를 낳았다고는 보기 어렵다. 의도된 조직성이 작용하지 않은 예는 적지 않다. 예를 들면, 1982년도 말 전기로업의 설비능력은 2년 전보다 290만 톤 늘어 약 300만 톤의 설비과잉이 존재했다.[72] 구조조정정책에 의한 전기로의 폐기에도 불구하고 전기로업체의 합리화 노력, 철강기술 개발, 설비 갱신 등으로 결과적으로 전기로업의 생산능력이 확대되었다.

더욱이 구조조정정책의 조직성이 철강기업 간의 경쟁을 촉진하는 등 의도하지 않은 결과로서 시장성을 강화한 경우도 있었다. 1980년대 이후, 전기로업에서 동경제철이 약진한 것이 그 대표적인 사례이다. 좀 더 상세히 살펴보자.

앞서 서술한 바와 같이, 1970년대 후반 이후 전기로업은 구조조정 정책의 대상이 되었고, 이에 따라 동업종의 불황카르텔도 인정되어 카르텔에 가입한 전기로업체의 설비 신설은 10년간 동결되었다. 그러나 그 사이, 동경제철, 야마토공업 등 일부의 중하위 전기로업체들은 불황카르텔에 참여하지 않고 카르텔의 아웃사이더로서 적극적인 신규설비 투자를 실시했다. 그 결과 동경제철은 동업타사에 앞서 당시의 최첨단

---

72) 橋本寿朗, 『日本経済論』, ミネルヴァ書房, 1991, 117쪽; 「電炉設備、技術革新で
能力急増」, 『日経産業新聞』, 1983년 6월 8일.

설비를 도입, 가동하여 전기로제품시장에서의 시장점유율을 급속히 높였다.[73] 이러한 동경제철의 약진은 "안전기본계획"에 입각한 구조조정 정책이 실시되었기 때문에 가능했던 것이다.[74]

그리고 동경제철의 약진은 치열한 기업 간 경쟁의 결과이기도 했다. 실제 전기로제품의 하나인 H형강시장에서 동경제철과 신일본제철 간의 치열한 경쟁은 "H형강전쟁"이라고까지 불리고 있었다. 1970년대까지만 해도 전기로제품시장에서 신일본제철 등 고로업체들과 후발인 전기로업체들 간에는 일종의 분업이 형성되어 서로 간의 직접적인 경쟁을 피하는 경향이 있었으나, 1980년대부터 동경제철 등 일부 신흥 전기로업체들이 이러한 관행을 무시하고 고로업체들이 시장을 장악하고 있던 H형강 등의 대형형강시장에 신규진입해 기존 고로업체들과 치열한 경쟁을 벌였다. 이러한 격렬한 경쟁의 결과, 1975년 H형강을 포함한 대형형강제품시장에서 5%의 시장점유율에 불과했던 동경제철과 야마토공업은 1986년에 30%가 넘는 시장점유율을 기록했으며, 1990년대에는 점유율을 더욱 높였고, 이 시장에서 수위기업이 되었다. 이처럼 1980년대에서 1990년대에 걸쳐 구조개선정책이라는 조직성이 강한 활동이 결과적으로 치열한 기업 간 경쟁이라는 시장성이 강한 현상을 발생시켰던

---

73) 동경제철은 국내시장뿐 아니라 수출시장에서도 시장점유율을 높였다. 1980년대 후반의 내수급증기에는 수출을 별로 늘리지 않았으나, 1990년대의 국내경기침체로 다시 적극적인 수출공세에 나섰다.

74) 米倉誠一郎, 「不況カルテルとアウトサイダー─東京製鉄の事業展開を中心に─」, 1993, 203-4쪽, 212쪽; 川端望, 『東アジア鉄鋼業の構造とダイナミズム』, 2005, 108쪽; 伊丹敬之・伊丹研究室, 『日本の鉄鋼業なぜ、いまも世界一なのか』, 1997, 247쪽.

것이다. 조직성과 시장성의 동학적인 관련이 선명히 나타난 사례라 하겠다.

4.4. 친환경정책의 전개

1980년대 이후 철강업은 특히 환경문제에 대한 책임을 사회적으로 요구받게 되었고, 따라서 공해방지대책 등에 대한 철강업체의 대응이 강하게 요구되었다. 정부도 지구환경 대책, 석유대체 에너지 대책, 폐기물처리 및 재자원화 대책 등 철강업과도 관련된 친환경정책에 관여하게 되었다. 1990년대 철강정책을 담당한 정책당국자와의 인터뷰에 의하면 당시 정책당국자들은 환경문제에 대한 대응이 철강업의 사회적 존재의의와 관련될 만큼 중요하다는 인식을 공유하고 있었다고 한다.

이러한 친환경 대책은 문제의 대상이 한 영역에 국한되지 않으므로 총론적인 정책이 필요해져, 특정 부국만이 담당하던 종전형의 정책추진체계의 한계도 명확해졌고, 각 부국 간의 협조도 보다 중요해졌다. 철강업 정책의 주담당부서인 통산성 기초산업국의 정책 시행에 있어서도 타 부국과의 협조에 의해 정책을 추진하는 경우가 많아졌다. 예컨대, 철강업과 관련되는 환경정책은 통산성 환경입지국이 환경정책입안의 창구가 되어 환경입지국과 기초산업국이 협력하면서 실시되었다. 환경문제에 대한 대응이라는 포괄적인 정책과제가 대두됨에 따라 정책대응의 조직성에 있어서도 변화가 나타났던 것이다.

철강업과 관련되는 환경정책은 정부에 의한 규제에 입각해서, 혹은 정부의 지원에 입각해서 실시되었다. 따라서 이 두 가지 형태의 정책을 나누어 살펴보도록 하자.

(1) 규제에 의한 관의 조직성

1980년대 이후 철강업과 관련되는 정부의 환경규제는 주로 수질오염물질과 질소산화물(Nitrogen Oxide, NOx)에 대한 규제에 집중되었다. 제철소에서 배출되는 수질오염물질은 고로와 전로가스의 세정수에 포함되는 부유물질과, 코크스로 암모니아수 속의 COD(Chemical Oxygen Demand)과 페놀 그리고 압연공정의 유분과 부유물질, 표면처리공정의 폐액 등이었다. 정부는 화학적산소요구량(COD), 부유물질량, 광유류포함량, 페놀 포함량 등을 오염배출기준으로 설정해, 기업에 대해 각 공정별로 배수처리설비를 설치할 것, 침전제거 및 중화처리를 실시할 것 등을 요구하였다. 또한 질소산화물에 대해 정부는 수차례에 걸쳐 농도규제를 실시하는 한편 총량규제도 도입했다.

1990년대에는 다이옥신의 유해성이 새롭게 사회문제화되었는데 철강업도 그 배출원으로 지목되고 있었다. 예컨대 철 스크랩을 원료로 하는 제강용 전기로업의 경우 스크랩 속에 염소화합물이 포함되어 있어, 이것이 다이옥신 발생의 원인이 되어 국내의 다이옥신 발생량의 약 4%를 배출하고 있었다. 이러한 문제에 대응해 통산성은 1997년 6월 제강용 전기로를 가동하고 있는 기업에 대해 자주적인 배출관리계획 작성을 요구하였으며, 통산성 환경입지국에서는 "환경문제연락회 다이옥신 대책 검토회"를 열어 산업활동에 의한 다이옥신 배출의 규제를 검토하였다.[75] 또한 철강업은 아연회수업과 알루미 합금제조업과 함께 다이옥신 류의 배출량이 많은 업종으로 지정되어 배출농도목표가 설정되었다.[76] 철강업과 관련되는 환경문제에 대응하여 정부에 의한 규제라는 형태로 조직성이 작용했던 것이다.

(2) 정부지원에 의한 관민의 조직성

한편, 철강업과 관련되는 환경정책은 기업활동에 대한 지원이라는 형태로도 실시되었으며, 실제 규제로부터 기업에 대한 지원으로 그 중점이 변화되어갔다. 주로 관에 의한 조직성이 기능했던 시기에서 점차 관민의 협조를 통한 조직성이 강하게 작용하기 시작했다고 할 수 있다.

정부에 의한 주된 지원 내용은 기술개발 지원과 리사이클 지원이었다. 먼저 기술개발지원과 관련해서 철의 스크랩, 더스트, 슬러그에 대한 재생자원화기술이 중요과제로 설정되어 이러한 기술 개발을 실시하는 기업에 대해 정부계금융기관에 의한 저리융자, 법인세 6% 공제 등의 혜택을 주었다. 또, 통산성 제철과의 자문기관인 "신제강기술연구회"에서는 철 스크랩 리사이클에 대해 검토를 계속한 결과 철강업계전체가 리사이클기술 개발에 참여할 필요성을 주장했다. 이러한 주장에 영향 받아 1990년 가을 통산성과 철강기업들이 함께 철자원 리사이클 기술의 공

---

75) 「通産省、ダイオキシン、排出抑制技術開発へ」, 『日経産業新聞』, 1997년 8월 26일; 「鉄鋼電気炉も規制へ ダイオキシン排出で通産省」, 『朝日新聞』, 1997년 6월 28일; 「ダイオキシンの排出管理を要請 鉄鋼用電気炉使う企業に通産省方針」, 『朝日新聞』, 1997년 8월 26일.
76) 「鉄鋼業など、3業種の排出濃度目標決める−ダイオキシン対策で通産省」, 『毎日新聞』, 1998년 11월 11일.

동개발검토 위원회를 출범시켰으며, 다음해인 1991년에는 NEDO와 JRCM(금속계 재료연구개발센터)이 주관해 철강업체 12사가 참가한 "신제강프로세스" 공동연구를 개시하였다.[77]

다이옥신관련의 기술개발지원도 실시되었다. 예를 들면 1997년 8월 통산성은 일본철강연맹에 대한 위탁사업으로 동 연맹 내에 전기로 배출가스연구위원회를 설치해 다이옥신 배출 억제를 위한 기술개발에 착수했다.[78] 그 후 종전의 소각처리에 의한 다이옥신 배출문제에 대한 대책이 필요하다는 점을 중시해, 철강업체들도 고로에 이용되는 제철기술을 이용한 용융처리에 의한 폐기물자원화와 순환형 개념의 기술개발을 실시했다. CO_2 배출삭감 효과가 큰 새로운 코크스법의 개발을 위해 실시된 "SCOPE21" 프로젝트도 친환경기술개발 지원정책의 일환이었다.[79]

리사이클 활동에 대해서도 정부 지원이 실시되었다. 철강업체들은 철강 생산공정에서 발생하는 슬러그, 집폐기 먼지 등 때문에 일찍부터 슬러그의 자원화를 실시해왔는데, 정부가 이를 촉진하기 위해 정책적인 지원을 실시했다. 1993년 3월 "에너지 등 사용의 합리화 및 재생자원 이용 사업활동 촉진에 관한 임시조치법"이 만들어져 슬러그를 입자크기에 따라 분쇄하는 설비, 혹은 전기로 폐열을 이용해 철 스크랩의 불순물을 제거하는 설비를 설치하거나 개선하는 경우에 정부계금융기관을 통한

---

77) 「高級鉄くずの再利用図る通産と鉄鋼業界が今秋にも委員会」, 『朝日新聞』, 1990년 6월 14일; 日本鉄鋼連盟環境エネルギー部, 1998, 14쪽.
78) 「ダイオキシンの排出管理を要請　鉄鋼用電気炉使う企業に通産省方針」, 『朝日新聞』, 1997년 8월 26일.
79) 「鉄鋼業における資源・エネルギー問題の克服に向けた取組み」, 『経済産業省公報』, 2008년 6월 2일, 6쪽.

저리융자를 실시했다. 또한, 철 스크랩의 분리회수 혹은 재생자원이용 제품의 시장개척을 위한 자금에 대해서도 정부계금융기관을 통한 저리 융자를 실시했다.[80]

철제 캔의 리사이클에 관련해서 1980년대부터 철강업체들은 에너지 절감, 자원이용절감 효과가 큰, 빈 캔 재활용에 주력해왔는데 통산성도 재자원화율(＝리사이클율)의 가이드라인을 제시하는 등의 방법으로 기업들의 활동을 지원하였다. 예를 들면, 1990년 12월 산업구조심의회 폐기물처리 및 재자원화부회에서는 "금후의 폐기물처리 및 재자원화 대책"이라는 보고서를 작성해 당시 50%대에 불과했던 철제 캔 재자원화율을 높이기 위한 가이드라인을 제시했다. 그 성과로 자원화율은 지속적으로 높아져 1994년에는 약70%에 달했으며, 동 심의회는 2000년의 자원화율 가이드라인을 75%로 높였다.[81]

4.5. 소결

철강업에 대한 산업정책에 있어 이미 1980년대부터, 그 목표, 실효, 방향성 등을 둘러싼 불확실성이 강해졌으며, 더욱이 1990년대 이후의 내수부진으로 일본철강업이 고전하는 가운데 정책실행에 나타나는 조직성과 시장성의 결합방식에 변화가 보였다.

먼저, 1990년대에는 인위적인 철강수급조정과 관련된 제도 및 시책이 폐지되어, 수급정책정책에 나타나는 조직성은 크게 약화되고, 시장

---

80) 『通商産業省年報』, 1992・93・94.
81) 佐藤亮, 「スチール缶のリサイクル」, 『鉄鋼界』第46巻 第7・8号, 1996, 14쪽.

성이 강화되었다. 시장성 강화를 촉진한 수급면의 요인은 구조적 공급 과잉에 있었는데, 이러한 공급과잉에 대응해 철강업체들은 새로운 제품 개발과 시장의 개척에 주력하였으며 이러한 노력을 정부가 지원하였다. 스틸 하우스의 개발과 판로 확대 노력, 메가 플로트의 연구개발 등이 대표적인 사례이다. 이러한 행동은 의식적으로 신시장을 개척하려 했던 점에서는 조직성을 나타내지만, 다른 한편으로는 새로운 수요확대에 의해 시장원리에 입각한 새로운 균형을 만들려한 점에서는 시장성을 나타낸다. 국내시장성장의 둔화라는 환경변화에 대응한 시장성과 조직성이 새로운 결합 방식을 나타낸다고 할 수 있다.

기술정책과 관련해서 1980년대 이후 일본의 대형 철강업체들은 에너지 절감이나 기반기술을 제외한 다른 기술의 개발과 설비도입에 있어서는, 정부에 대해 정책지원을 요구하기보다 기업자신의 "자활적"인 노력에 의존하는 경향이 강해졌다. 정책적인 지원이 조직성을 반영한다고 보면, 1990년대 이후 철강의 기술개발과 설비투자에 있어 관에 의한 조직성의 한계가 보다 강해졌다고 할 수 있다. 그러나 다른 한편으로는 일부의 기반기술, 기초기술의 연구개발에 대해 철강기업들은 정부의 적극적인 지원을 요구하였으며 설비투자에 대해서도 1980년대와 1990년대를 통해 적극적인 정책지원이 요구되었다. 조직성이 발현되는 형태에 변화가 나타났던 것이다.

구조조정정책은 1970년대 말부터 1980년대에 걸쳐 전기로업, 페로실리콘업, 철강2차제품제조업 등, 중소기업이 집중된 사업영역이 주된 대상이었다. 그러나 1990년대 이후 구조조정정책의 대상이 대기업으로까지 확대되어 정부정책에 의한 보다 포괄적인 조직성의 기능이 기대되었다. 조직성이 작용할 영역이 확대된 것이다. 그러나 이처럼 구조조정 대상이 확대되었다는 것은 정책 실시의 어려움이 가중되어 민간기업의 자구적인 노력에 맡길 수밖에 없는 부분이 보다 확대되었던 것을 의미하기도 한다. 이 점에서는 1990년대 이후 정부에 의한 조직성의 한계가 보다 선명히 노정되었다고 할 수 있다. 또한 구조적 문제가 보다 심각해진 데 따라 특정 부국이 중심이 되어 정책을 실행하는 것, 즉 "각론적" 정책대응만으로는 그 효과를 나타내기가 어려워져 조직횡단적, "총론적" 정책이 표방되었다. 이처럼 1990년대에는 철강업의 구조조정정책의 조직성에 복합적인 변화가 나타났던 것이다.

한편 전기로업에서의 동경제철의 약진과 같이 1980년대에서 1990년대에 걸쳐, 구조조정정책이라는 조직성이 강한 정부의 활동이 결과적으로 치열한 기업 간 경쟁이라는 시장성이 강한 민간의 활동을 발생시킨 사례도 있다. 조직성의 강화가 시장성을 강화시킨 것이다.

환경과 관련된 정책에서는 1980년대 이후 공해방지대책 등에 대한 철강업체의 대응이 강하게 요구되었고, 철강업과 관련되는 환경정책은 정부에 의한 규제에 입각해서 혹은 정부의 지원에 입각해서 실시되었다. 친환경 대책은 문제의 대상이 한 영역에 국한되지 않으므로 총론적인 정책이 필요해져 특정 부국만이 담당하던 종전형의 정책추진 체계의 한계도 명확해졌고, 각 부국 간의 협조가 보다 중요해졌다. 환경문제에 대한 대응이라는 포괄적인 정책과제가 대두됨에 따라 정책대응의 조직성에 있어서도 변화가 나타났던 것이다.

5. 맺음말

장기불황이 시작되기 전인 1980년대부터 산업정책에 큰 변화가 나타났다. 예컨대, 산업정책에 있어 정부의 역할이 시장기능의 충실화와 개선에 한정되는 등 시장성이 강화되었다. 더욱이 통산성은 1990년대 이후, 기업 간 경쟁을 촉진하는 제도를 정비하고 이러한 제도에 입각해 시장기능을 중시하며 경제자원이동을 활성화하는 정책을 추진하였다. 또한 1997년 이후 수평적 기업합병을 촉진해, 간접적으로 기업 간 경쟁을 촉진하는 제도도 강화되었다. 산업구조조정정책에서도 시장의 영향, 민간기업의 판단이 보다 중시된 데다, 인위적인 시장수급조정이 한층 어려워져, 정부는 수급조정을 위한 시장개입을 억제하는 행동을 취했다. 산업기술정책에 있어서도 국책연구의 실용화가 중시되고 연구성과의 사업화가 시도되었으며, 연구의 경쟁 촉진책도 강화되는 등 시장성이 강화되는 변화가 관찰된다.

이러한 시장성의 강화는 조직성의 변화에 영향을 미쳤다. 예컨대 1990년대 이후의 정책과제가 변화하는 가운데 기존의 성청 간, 부국 간 분업의 행정영역에 얽매이지 않고 조직횡단적으로 정책이 추진되는 경향이 강해졌다. 산업구조조정정책, 그리고 산업기술정책에 있어서도 이러한 경향이 관찰된다. 시장성이 강화되면서 조직성에 변화가 나타나는 가운데 조직성과 시장성 간의 보완적인 관계도 나타났다.

철강업에 대한 산업정책의 사례에서도 1980년대 이후, 시장성과 조직성의 관련에 큰 변화가 있었음을 관찰할 수 있다. 철강업에 대한 정책의 경우 이미 1980년대부터 그 목표, 실효, 방향성 등을 둘러싼 불확실성이 강해졌으며, 더욱이 1990년대 이후의 내수부진으로 일본철강업이 고전하는 가운데 정책실행에 있어 조직성과 시장성의 결합방식에 변화가 보였다.

먼저 1990년대에는 인위적인 철강수급조정과 관련된 제도 및 시책이 폐지되어 수급정책정책에 나타나는 조직성은 크게 약화되고 시장성이 강화되었다. 이 시장성 강화를 촉진한 수급요인인 구조적 공급과잉에 대응해 철강업체들은 새로운 제품 개발과 시장의 개척에 주력하였으며, 이러한 노력을 정부가 지원하였다. 이러한 행동은 의식적으로 신시장을 개척하려 했던 점에서는 조직성을 나타내지만 다른 한편으로는 새로운 수요확대에 의해 시장원리에 입각한 새로운 균형을 만들려 했다는 점에서는 시장성을 나타낸다. 국내시장성장의 둔화라는 환경변화에 대응해 시장성과 조직성이 새롭게 결합되었던 것이다.

철강의 기술정책과 관련해서 1980년대 이후, 일본의 대형 철강업체들은 기업자신의 "자활적"인 노력에 의존하는 경향이 강해졌으나, 다른 한편으로 일부의 기반기술, 기초기술의 연구개발, 신설비 도입에 대해서는 정부의 적극적인 지원을 요구하였다. 조직성이 발현되는 형태에 변화가 나타났다고 할 수 있다.

구조조정정책은 1970년대 말부터 1980년대에 걸쳐 중소기업이 많은 사업영역에 집중되었으나 1990년대 이후 대기업으로까지 확대되어 정부정책에 의한 보다 포괄적인 조직성의 기능이 기대되었다. 그러나 구조조정 대상이 확대되었다는 것은 정책 실시의 어려움이 가중되어 민간기업의 자구적인 노력에 맡길 수밖에 없는 부분이 확대되었다는 것을 의미했다. 정부에 의한 조직성의 한계가 보다 선명히 노정되었던 것이다. 또한 구조적 문제가 보다 심각해진 데 따라 조직횡단적, "총론적" 정책이 표방되는 등 1990년대에는 철강업의 구조조정정책의 조직성에 복합적인 변화가 나타났다.

한편, 전기로업에서의 동경제철의 약진과 같이 구조조정정책이라는 조직성이 강한 정부의 활동이, 결과적으로 치열한 기업 간 경쟁이라는 시장성이 강한 민간의 활동을 발생시켰다. 조직성과 시장성이 상호 촉진적인 관계에 있었던 사례이다.

또한 1980년대 이후 공해방지대책 등에 대한 철강업체의 대응이 강하게 요구되어 정부는 규제와 지원을 통한 환경정책을 실시했다. 이러한 친환경 대책은 문제의 대상이 한 영역에 국한되지 않으므로, 특정 부국만이 담당하던 종전형의 정책추진 체계의 한계도 명확해졌고, 각 부국 간의 협조가 보다 중요해졌다. 환경문제에 대한 대응이라는 포괄적인 정책과제가 대두됨에 따라 정책대응의 조직성에 있어서도 큰 변화가 나타났던 것이다.

일본 항공업의 규제개혁과 경쟁구조의 전환*
성과와 한계

임채성

1. 머리말

본고는 항공시장의 규제개혁을 통해 경쟁체제가 도입되었음에도 불구하고 제도적 관성으로 인해 정부 개입이 완전히 청산되지 못함에 따라 발생한 시장왜곡과 이로 인한 문제점을 논하고자 한다.

대처수상과 레이건 대통령 하의 영·미 양국을 중심으로 추진된 규제개혁의 세계적 흐름은 1980년대 일본에도 영향을 미치기 시작하였다. 나카소네 수상 하에서 설치된 임시행정조사회(1981)는 공기업 민영화(JR, JT, NTT)를 추진하게 되었고, 그 효과가 긍정적인 것으로 평가되면서 이를 계기로 일본에서도 규제완화정책이 광범위하게 도입되었다(住友生命総合研究所編, 1999, 1-5쪽; 山本哲三, 2006). 이 움직임은 임시행

---

* 이 글은 『韓日経商論集』제71권 (2016년7월 한일경상학회)에 게재된 논문을 가필 수정한 것임.

정개혁추진심의회의 답신에 근거해 각의결정된 '규제완화추진요강'(1988)으로 구체화되었다. 특히, 미·일 간의 무역불균형에 있어서 일본 시장의 폐쇄성이 논란의 대상이 되자, 일본의 규제개혁은 국제적으로도 추진동력을 갖게 되었다. 결정적으로 버블 경제 붕괴 후 장기 불황이 이어지는 상황 속에서 1990년대 중반 이후 일본 정부는 새로운 성장동력으로 규제개혁의 가능성에 주목하게 되었다.

특히, 행정개혁위원회가 1995년에 규제완화추진계획을 책정한 이후에는 행정개혁위원회에 준하는 기구가 설치되어 3개년 계획을 작성하고 매년 내용수정을 거듭하면서 규제개혁을 추진하고 있다.[1] 본 계획에서는 주택·토지, 정보·통신, 유통, 운수, 기준·규격·인증·수입, 금융·증권·보험, 에너지, 고용·노동, 공해·폐기물·환경보전, 위험물·방재·보험, 기타 등 11개 분야 1,091개 항목에 걸쳐 규제완화가 추진되었는데, 1997년 개정 때에는 교육 항목이 새롭게 추가되어 항목총수는 최종적으로 2,823개에 달하였다. 이들 개혁의 목표는 각 계획에 따라 강조점의 차이는 있으나 근본적인 구조개혁의 실현, 자기책임과 시장원리의 확립, 사후관리형 행정의 정착을 강조하고 있다.[2] 규제개혁의

---

1) 규제 완화개혁에 관련된 기구는 다음과 같다. 제2차 임시행정조사회(1981.3-1983.3), 제1차 임시행정개혁추진심의회(1983.7-1986.6), 제2차 임시행정개혁추진심의회(1987.4-1990.4), 제3차 임시행정개혁추진심의회(1990.7-1993.10), 행정개혁위원회(1994.12-1997.12), 규제완화위원회(1998. 1-1999.4), 규제개혁위원회(1999.4-2001.3), 총합규제개혁회의(2001.4-2004.3), 규제개혁·민간개방추진회의(2004.4-2007.1), 규제개혁회의(2007.1-2010.3), 행정쇄신회의규제·제도개혁위원회(2010. 3-2012.12), 규제개혁회의(2013.1-현재).
2) 구조개혁을 중시한다는 점에서 '규제완화'라는 표현은 '규제개혁'으로 바뀌게 되어, 2001년 3월에는 규제개혁추진 3개년 계획이 책정되었다.

범위 또한 확장되어 법무, 사회복지·육아, 도시재개발, 투자 촉진, 지역 활성화 등의 분야가 추가되었다. 2015년 현재에도 규제개혁실시계획은 추진 중이다.

관련 연구에 주목해 보면, 대부분의 연구들이 장기 불황으로부터의 탈출방안으로 규제완화와 개혁을 상정하고 그 경제적 효과를 중시하고 있음을 알 수 있다. 住友生命総合研究所編(1999)은 1997년에 발표된 정부의 규제완화 효과에 대해 의문을 제기하면서, 수요 면에서 1990년에서 1997년에 걸쳐 연평균 0.38% 정도의 GDP 성장률을 끌어올리는 역할을 했다고 계측하고, 이를 정보통신, 유통, 토지주택, 운수, 에너지, 금융, 노동고용, 의료복지별로 세부 고찰하였다. 寺西重郎編(2010)은 규제개혁을 경제학적 문맥에서만 파악하는 것이 아니라 경제사상, 정치, 외교, 법·제도적 측면에서도 그 중요성을 지적하여 규제개혁의 정치성을 제시함과 동시에 노동, 민영화, 경쟁정책, 항공산업 등에 관해서도 고찰하였다. 정책추진기관 측에서 소비자 잉여의 관점에서 규제개혁의 경제효과를 논한 것은 内閣府政策統括官(2010)으로, 전기통신, 운수, 에너지, 금융, 식료품, 재판지정상품, 복지보육, 의약품외품 등에서 이용자의 편익이 2005년 19조 7,200억 엔에서 2008년 25조 1,620억 엔으로 5조 4,420억 엔이 증가하였다고 보았다. 한편 内橋克人(2002)은 규제개혁이 시장주의에 입각한 '도태의 시대'를 가져올 뿐이라고 '규제완화 만능론'을 비판함으로써 '정부의 실패'를 여과 없이 '시장의 실패'로 환원하는 것에 우려를 표명하였다.

이와 같이 규제개혁을 둘러싼 논의는 거시경제적 차원뿐만 아니라 개별 산업 차원에서도 자세하게 이루어졌다. 하지만 이들 논의에는 규제개혁의 성공적 결과가 과도하게 조명되는 경향이 있음을 알 수 있다. 본고가 고찰하고자 하는 항공업계에서도 國土交通省(2005), 福山潤三(2009), 山内弘隆(2010) 등은 규제개혁을 통해 신규 진입, 운임경쟁, 네트워크 변화가 이루어져 신규업자의 등장, 운임하락, 여객증가, 생산성 향상이 이루어지는 등 경쟁촉진적인 환경정비가 이루어졌다고 평가하였다. 이는 정부규제로 인해 독점화된 시장에 새로운 경쟁요인을 도입하였다는 점에서는 주목할 만한 것이지만, 규제개혁이라는 제도적 변화가 항공업에 어떠한 영향을 미쳤고 그것이 기업경영 내지 기업의 행동양식에 무엇을 가져왔는지는 보고 있지 못하다. 시장규율(market discipline)이라는 것은 최종적으로 개별 주체에 각인되었을 때 비로소 정책당국이 의도한 효과를 볼 수 있기 때문이다.

이러한 점에서 본고는 항공업을 대상으로 규제개혁이 항공업계에 미친 영향과 이를 배경으로 한 개별 항공사의 경영전략과 그 결과로서의 경영 성적에 주목하고자 한다. 선행연구에서 井上裕行(2000)은 항공업 규제완화의 세계적 추세에 따라 일본에도 '일본형' 규제완화가 도입되었지만, 여전히 항공사의 운임결정에 동일한 패턴이 나타나고 신규 진입이 억제되고 있다고 보았으며 항공사의 경영효율성에도 개선의 여지가 있다고 보았다. 또한 秋吉貴雄(2010)은 항공규제개혁에 관한 정책결정 과정을 검토함으로써 초기에는 '자유경쟁'과는 다른 '관리된 경쟁'이 도입되었다고 보았다. 수상 직속 개혁기관, 심의회, 공정거래위원회의 압력이 운수성에 가해지고, 이를 통해 '자유경쟁'이 실현될 수 있었지만, 시간의 경과와 더불어 경쟁체제가 강화 혹은 실현되지 못하고, 여전히 일본적 특징이 그 안에 강하게 존재하고 있음을 보여 주고 있다.

이에 본고는 항공업계에서의 규제개혁이 가져온 경쟁체제가 결코 자유경쟁체제는 아니었으며 항공시장에 대한 정부 개입의 관성이 여전히 강하게 남은 경쟁이 제한된 체제였다는 점에 주목하여, 이러한 규제 개혁이 개별 기업경영에 미친 영향을 동태적으로 인식해 보고자 한다. 이는 결과적으로 항공규제개혁을 경제효과 계측을 통해 단편적으로 인식하고자 했던 기존 연구에 관한 비판이 될 것으로 생각된다. 이하 본고는 다음과 같은 구성을 갖는다. 제2절에서 규제개혁으로 성립한 경쟁체제가 과연 어떠한 모습이었는가를 검토한 다음, 제3절에서 시장에서 지배적인 위치를 점하고자 추진된 빅딜이 왜 경영파탄을 가져올 수밖에 없었는가를 고찰한다. 제4절에서는 JAL 경영의 재건과정을 통해 규제개혁이 어떤 의미를 갖는 것인지, 또한 진정한 규제개혁의 실현 조건이 무엇인지를 고찰하는 기회를 갖기로 한다. 마지막 제5절에서는 이상의 고찰을 통해 밝혀진 분석의 의미를 살펴보고자 한다.

2. 규제개혁과 경쟁체제의 성립

전후 일본의 항공정책은 노선과 운임을 정부가 조정해 경쟁을 억제함으로써 각 항공회사를 보호·육성하는 것이었다. 이의 제도적 기반이 되었던 것이 1970년 각의요해와 1972년 운수대신 시달이었다. 이러한 항공독점체제 방침은 수립된 해의 쇼와연호에 따라 '45·47체제'로 불렸고, 1985년 각의에서 폐지되기까지 일본의 '항공헌법'으로 기능하였다.[3] 이는 기본적으로 노선별 면허제에 의한 수급조정규제로서 국내 정기 항공운송업자의 진입을 금지하는 것이었다. 이 가운데 JAL은 국제선과 국내간선(札幌, 東京, 大阪, 福岡, 那覇), ANA는 국내간선과 국내지선, JAS는 국내지선을 담당하여 항공노선의 분할 공존을 꾀하였다.

당연히 수량배분뿐만 아니라 가격책정에 대해서도 총괄원가주의에 의거한 운임인가제가 실시되었다. '효율적' 경영 하에서 적정 이윤을 포함한 총비용과 총수입이 균형을 이루도록 설정되었다고는 하나, 1980년대 세계적 자유화 흐름 가운데 일본에서도 비교적 비싼 국내선 운임에 대한 비판이 고조되었다. 미국에서는 1978년 항공기업 규제완화가 실시되었고 1980년에는 국제항공경쟁법이 성립되어 자유화 정책에 따른 항공협정의 체결과 자국 기업의 강화가 추진되었다(記念出版事務局, 2010, 31-34쪽). 미국의 규제완화정책으로 다수의 기업이 일본에 진출하는 가운데 '45·47체제'는 더 이상 의미를 갖기 힘들었다. 이로 인해 일본의 항공정책은 노선독점정책에서 경쟁촉진정책으로 전환하게 되었다.

일본 정부는 1985년부터 '45·47체제'의 재검토에 들어갔고, 1986년 운수정책심의회의 최종답신에 따라 항공회사 간의 경쟁촉진을 꾀하여 이용자 편의의 향상을 도모하고자 하였다. 이후 단계적으로 규제완화가 추진되었다. 우선 1986년에는 '45·47체제'가 폐지되어, 국내선에서 동

---

3) 1970, 1972년은 각각 쇼와45, 쇼와47년에 해당한다.

일 노선에 대한 2사(연간 수요 70만 명 이상) 내지 3사(100만 명 이상)의 상호 진입정책(double- and triple-trackings)을 추진하게 되었다(運輸省, 각 연도 판). 진입기준 또한 연간 수요 40만 명, 70만 명 식으로 몇 차례에 걸쳐 완화되었는데, 1997년에 이르러서는 동일 노선 2-3개 항공사 운항 기준, 즉 수급조정규제의 기준 자체가 철폐되었다. 특수법인이었던 JAL에 대해서도 1987년 11월에 일본 항공주식회사법을 철폐하여 완전 민영화를 단행하였다(衆議院, 1987). 이에 따라 사기업화된 JAL이 국내선에 진출하고 역으로 ANA가 국제선에 진입하여, 노선에 대한 복수 사업자의 등장으로 경쟁이 촉진되었음은 물론이다.

운임규제에 있어서도 1990년에 종래의 총괄원가주의[4]가, 노선별 원가를 사업자의 운항실적에서 산출해 낸 표준원가를 기준으로 상하 10% 변동 폭 내에서 운임을 결정하는 표준원가주의[5]로 바뀌었다. 1994년에는 운임조정이 일부 신고제로 전환되어, 최대 50% 이내의 영업정책적 할인운임이 신고만으로 설정할 수 있게 되었다. 1995년 12월에는 운수성이 폭운임제도(幅運賃制度)[6]를 도입하여, 적정 이윤을 예상하고 설

---

4) 총괄원가주의는 사업이 효율적으로 운영되는 것을 전제로 이를 위한 총비용에 적정 사업이윤을 더한 총괄원가가 총수입과 일치하도록 요금을 설정하는 공공 요금의 전형적인 설정방식이다.
5) 항공 서비스를 제공하기 전에 설정한 표준원가를 가지고 원가계산을 하는 방식으로, 여기서 표준원가는 실제원가와는 다르다. 사후적으로 표준원가와 실제원가를 비교함으로써 원가절감을 통한 경영의 효율성을 증진시킬 수 있다.
6) 표준적인 원가를 상한으로 하여 다른 회사의 경쟁, 계절, 시간대, 노선의 특성 등을 고려하여 항공회사가 일정한 범위 안에서 자주적으로 운임을 설정하도록 한 것이다. 이는 기존의 표준원가주의에 비해 더 많은 권한을 항공사에게 부여한 것을 의미한다.

정한 표준원가를 상한으로 삼고, 하한을 25% 이내로 하여, 자유롭게 국내 항공의 보통운임을 설정하도록 하였다(運輸省, 1996). 항공사 간의 경쟁은 노선 및 운임에 머무르지 않고 기종 경쟁으로도 이어져 국내선에서도 제트기의 취항이 늘어나고, 특히 대형기의 도입이 이루어져 연비 효율 향상이 추구되었다. 이러한 경쟁촉진정책으로 인해 〈그림 1〉에서 볼 수 있듯이 국내선 및 국제선의 여객 수가 증가하였다.

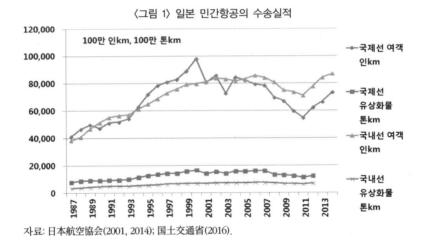

〈그림 1〉 일본 민간항공의 수송실적

자료: 日本航空協会(2001, 2014); 国土交通省(2016).

또한 1997년 하네다공항에 새로운 활주로가 완성되자, 발착 편수(発着枠)가 신규 항공회사에도 배분되면서 항공규제개혁은 새로운 단계에 접어들게 되었다. 35년 만의 신규 진입이 이루어진 것이다. 즉, 1998년 9월에는 스카이 마크 에어라인즈가 대형 3사의 평균 운임인 27,400엔의 반액인 13,700엔이라는 운임으로 東京·福岡線에 취항하고, 1998년 12월에는 홋카이도국제항공(Air Do)이 기존 항공 3사에 비해 36% 낮은 요금으로 東京 · 札幌線에 진입하게 되었다(宮沢俊郎, 1999). 이들 신규 항공사는 기체를 리스해서 조달하거나 기체정비 업무와 카운터 업무의 일부를 타사에 위탁하였다. 또한 기내 서비스를 간소화하고 전화예약을 실시하여 티켓리스(Ticketless)를 실현하고 좌석 간격의 단축 등을 통해 수용능력을 향상시켰다. 뿐만 아니라 기체 광고를 통해 새로운 수입원 창출을 꾀하였다. 이러한 방법에 의해 저운임요금을 책정할 수 있었던 것이다.

그 영향으로 기존 항공 3사의 1998년 9월 탑승률은 전년 대비 10% 전후로 저하되었다. 이에 대한 대항조치로 대형 3사는 스카이 마크 편의 시간대에 30% 정도의 할인을 개시하였다. 1999년 3월에는 스카이 마크와 같은 가격의 항공권을 판매하기도 하였다. 또한 1998년 12월 20일 홋카이도 국제항공(Air Do)이 진입하자, 일본 항공은 1999년 3월부터 Air Do의 운임에 가까운 32% 낮은 운임의 항공권을 판매하였고, 6월부터는 대형 3사가 Air Do와 같은 가격으로 운임을 인하하였다. 또한 신규 2사에 대한 기체 위탁정비를 중단함으로써 대항하고자 하였다. 그 밖에도 시간대 할인, 사전구입 할인, 생일 할인 등 저운임 서비스를 확대하고 마일리지 서비스를 실시하였다.

결국 일본의 항공업계에서도 격렬한 경쟁이 시작된 셈이다. 그러나 신규 2사가 당초 수준의 저운임을 계속 유지하는 것은 어려웠다. 즉, 기체정비 위탁계약의 철회로 인해 자사 정비체제를 구축할 필요가 생겼으며, 대형 3사의 대항적인 운임인하로 인해 신규 2사의 탑승률이 떨어졌기 때문이다. 결국 스카이마크는 1999년 7월부터 羽田 · 福岡線 운임을

13,700엔에서 16,000엔으로 인상할 수밖에 없었다. 치열한 가격경쟁은 경쟁자 모두에게 과도한 출혈을 요구하였기 때문에 가격경쟁의 진정화가 어느 정도 이루어지게 된 것이다.

드디어 2000년에 이르러 일본 정부는 1952년 이후 실시 중인 항공법을 근본적으로 개정하게 되었다. 수급조정규제를 폐지하고, 사업별 허가제를 도입하였던 것이다. 즉, 노선별 수급조정을 전제로 한 면허제에서 안전 심사를 중심으로 한 사업별 허가제로 이행한 것이다. 항공기 운항시간표에서도 사전신고제를 취하여, 노선 설정과 증감편을 항공사의 판단에 위임하였다. 다만, 혼잡한 비행장에 대해서는 사고의 위험성 등을 고려하여 허가제를 부분적으로 실시하였다. 운임제도에서도 사전신고제를 실시하여, 모든 운임·요금에 관해서 원칙적으로 항공사의 경영 판단에 위임하였다. 물론 부당한 운임·요금에 관해서는 국토교통대신이 변경, 명령할 수 있도록 되어 있었다. 이러한 신 항공법의 제정은 1980년대부터 추진되었던 규제개혁의 결정판이었다.

이와 같은 경쟁체제의 도입으로 운임이 인하되고 편수가 증가하고 신 기종이 도입되는 등 전체적으로 소비자의 편익이 도모되었음은 물론이다. 또한 간사이국제공항의 개항과 도쿄국제공항, 즉 하네다공항의 활주로 증설 등 공항시설도 확충되었다. 이에 따라 2001년 9·11 테러가 발생하기 전까지 국제선, 국내선 모두 이용객이 크게 늘어났다.

⟨표 1⟩ 경쟁체제 성립 시의 기존 대형 3사의 경영성과(1998)

	JAL	ANA	JAS	아메리칸 항공	영국항공	루프트 한자항공
운행승무원 인건비	3.0	3.3	6.6	5	2.7	3.2
항공기재 관련 비용	6.6	7.1	9.9	3.7	3.7	4.9
연료비	7.8	8.4	16.1	5	5.4	5.4
공항시설 이용비	4.8	7	13.3	1	4.9	5.4
항공 서비스비	6.6	11.8	13	7.3	10.6	7.7
판매비	9.2	9.8	13	5.2	7.7	6.2
기타	14.9	14.2	27.9	14.9	18.5	16.9
1유효톤 km당 비용(센트)	52.9	61.1	99.8	42.1	53.5	49.7
1유상톤 km당 비용(센트)	80	133.3	253.1	77.4	77.6	69.3
좌석이용률(%)	68	63.7	61.2	66.2	73.5	69.9
매상액(백만 달러)	10,901	8,503	3,134	19,205	14,798	13,513
영업이익(백만 달러)	234	-124	7	2,338	733	1,212
매상액 영업이익률(%)	2.1	-1.5	0.2	12.2	5.0	9.0

주: 1유효톤 km는 허용탑재중량 1톤을 1km 운송하는 경우. 1유상톤 km는 유상탑재물(여객,
화물, 우편) 1톤을 운송하는 경우. 이들 산정기준 결산기는 일본 1998년 3월, 타국 1997년
12월. 좌석이용률은 1998년 실적치. 매상액, 영업이익, 매상액 영업이용률의 산정기준 결
산기는 일본 1999년 3월, 타국 1998년 12월.
자료: 教育出版(2002).

이러한 상황에서 기존의 대형 3사의 경영은 어떠하였을까? ⟨표 1⟩
에서 볼 수 있듯이 1998년도 일본의 대형사 가운데 JAL과 JAS는 낮은 수
준의 이익률을 기록하였으나 흑자경영이었다. 그러나 ANA의 경우 적자
경영이 불가피하였다. 바로 이 시기가 앞에서 언급한 스카이 마크와 Air
Do가 진입한 시기이다. 기존 요금에 비해 반액 요금으로 진출한 신규 항
공회사에 대항하기 위해 기존 항공사는 특별 할인요금을 설정하지 않을
수 없었으며 이로 인한 출혈이 심하였던 것이다.

이 가운데서도 ANA가 적자를 기록한 것은 적극적 사업 확장을 도

모했음에도 불구하고 이것이 예상 수익을 확보하지 못했기 때문이다. 즉, 국제노선의 후발자인 ANA는 JAL에 대한 경쟁력을 확보하기 위해 1990년대에는 장기 계획을 통해 국제선의 비중을 30%(후에는 50%)까지 높인다는 전망을 세우고 간사이를 중심으로 17개에 달하는 신노선을 설정하였다. 또한 호텔 등 다각화를 추진하여 관련 수입원을 확충하고자 하였다. 그러나 이러한 사업확충은 가격경쟁과 더불어 비용증가를 가져왔고 일시적이기는 하지만 적자를 가져오게 되었다(杉浦一機, 2005, 44-47쪽).

JAS의 경우에도 흑자경영이라고 하지만 매상액을 기준으로 한 영업이익률은 0.2%에 지나지 않았고, 각종 비용지표에서 알 수 있듯이 오히려 다른 항공사에 비해서 경영효율성이 대단히 낮은 편이었다. 그럼에도 흑자를 유지할 수 있었던 것은 로컬노선을 중심으로 한 독점성이 아직까지는 계속될 수 있었기 때문이었다. 이와 같이 국내 경쟁이 치열해지는 가운데 JAL은 상대적으로 국제노선을 많이 갖고 있어 양호한 성적을 기록하였다. 그러나 JAL조차 해외의 아메리칸항공, 영국항공, 루프트한자항공 등 당시의 세계적인 항공사에 비해서는 경영성적이 결코 좋다고 평가하기는 힘들었다.

이상과 같이 1998년을 기점으로 한 신규 항공의 진입은 대형 3사의 기업경영에 있어서 불리한 조건이 되었고, 이러한 환경변화에 어떻게 대응하느냐는 대형 3사에게 남겨진 과제였다.

3. JAL·JAS 통합과 경영파탄

이 가운데 국내선 분야에서 간선망을 제압하고 있던 ANA 측이 '전국 어디라도 1만 엔'이라는 저운임정책을 내걸며 적극적인 공세를 펼쳤다. 특히, 경영악화가 계속되던 JAS의 인수를 추진함으로써 시장지배력을 확보하고자 하였다(池田博, 2010). 이에 대해 JAL과 JAS는 전략적 제휴의 방안으로 컴퓨터 시스템 통합을 모색하게 되었다. 이러한 상황에서 발생한 2001년 9·11 동시다발 테러는 자유화 속에서 격렬한 경쟁을 전개하고 있던 세계 항공사에 수요 격감이라는 타격을 가하였다. 스위스 항공, 벨기에 국영인 Sabena 항공이 10월에 연달아 경영파탄에 직면하였다. 일본 항공업계 또한 예외가 아니었다. 특히 국제노선을 다수 가지고 있었던 JAL의 충격이 컸다. 따라서 이를 극복하고 안정적인 경영기반으로 국내노선을 확대하기 위해 가네코 이사오(兼子勲) 사장 주도 하에 JAS 통합에 나섰다. 양측 경영진은 2001년 11월 12일에 2002년 9월 중으로 지주회사 방식으로의 경영통합을 발표하였다. 이에 대해 JAL 내부에서는 적자기업의 인수에 대한 불만이 있었음은 물론이다(杉浦一機, 2005, 25-26쪽).

당시 JAL은 9·11 이후 흑자노선인 태평양노선에서 큰 타격을 입어, 2002년 3월 기 연결결산의 업적 전망에서는 매출액의 감소로 인해 전기의 250억 엔 흑자에서 400억 엔 적자로 전락할 것이 예상되었다. JAS도 채산성이 낮은 국내노선이 많았기 때문에, 3,000억 엔을 넘는 유이자 부채를 떠안고 있었으며, 누적적자가 2001년 3월 129억 엔을 기록하였다(杉

浦一機, 2005, 25쪽). ANA에 대한 대항책뿐만 아니라 경영악화에 대한 돌파구 마련을 위해 이제 양사의 경영통합은 절실한 문제가 되었다. 이에 관해 ANA는 당연히 시장독점이라는 관점에서 반대 입장을 표명하였으나, 양사의 통합안은 공정거래위원회와 국토교통성의 승인을 얻어 2002년 6월 JAL 주주총회에서 통과되었다.[7] 그 결과 일본 항공업계는 JAL과 ANA로 크게 양분되었다. JAL · JAS 합병이 항공시장을 보다 경쟁제한적 환경으로 만들었음은 물론이며, 특정 노선에 있어서는 항공운임의 상승을 가져왔다고 평가된다(石岡佑太 · 岡森康倫 · 深山剛, 2007).

〈그림 2〉 주요 항공사의 국내·국제노선수입 비교

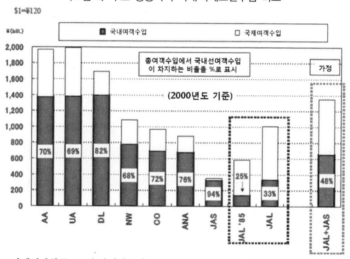

주: AA 아메리칸항공, UA 유나이티드항공, DL 델타항공, NW 노스웨스트항공, CO 콘티넨털항공.
자료: 浜田達夫(2006).

---

7) JAL은 국내운임 10% 인하와 3년간 운임 불인상을 통해 합병효과의 이용자 환원을 약속하여 공정거래위원회의 이해를 얻어낼 수 있었다(杉浦一機, 2005, 18-19쪽).

〈표 2〉 JAL과 JAS의 통합경영 목표 (단위: 억 엔, %, 년)

JAL · JAS 연결단순합산	2000년도 (실적)	2001년도 (예상)		JAL 그룹 연결	2005년도 (상정)
영업수익	21,222	20,097		영업수익	23,020
영업손익	963	-115		영업손익	1,510
경상손익	608	-442		경상손익	1,060
당기손익	432	-393		당기손익	650
영업이익률	4.5%	-0.6%		영업이익률	6.6%
ROE	15.4%	-15.3%		ROE	17.1%
상환연수	8.7년	18.2년		상환연수	7.0년

자료: 日本航空 · 日本エアシステム(2002).

경영통합을 통하여, 첫째, 규모확대에 따른 효율화의 추진으로 사업기반의 확충 · 안정화를 꾀하여 세계 톱 클래스의 일본 항공기업 그룹을 창출하고, 둘째, 기업력을 강화하여 국제선에 비해 경쟁력이 낮은 국내선에서도 네트워크 · 가격 · 서비스 면에서 더 나은 소비자 편익을 제고할 수 있다고 보았다. 국내 항공업계에서 점하게 될 JAL의 비중을 보면, JAS의 국내노선을 인수함에 따라 대형 3사 중 톱인 ANA에 견줄 만한 약 46%를 차지하게 되고, 국제선에서는 JAL의 기존 노선에 1988년 도쿄 · 서울선 개설 이후 아시아 단거리 국제선에 중점을 둔 JAS의 노선을 더하면 약 76%라는 압도적인 비중을 점하게 될 것으로 예상되었다. 이를 통해 매출액은 연결기준 약 2조 엔에 달하고, 종업원은 약 5만 명에 이르러 수송규모 세계 제6위라는 거대항공회사가 탄생하게 된 것이다. 2005년도 경영목표(〈표 2〉 참조)를 보면, 영업수입은 2조 3,000억 엔, 영업이익 1,510억 엔, 영업이익률은 6.6%에 달할 것으로 예상되었다. 이는 통합 전인 2000년의 수준을 뛰어넘는 수준이었다.

그러나 JAL을 둘러싼 경영환경은 당초의 예상을 크게 벗어나고 있었다. 앞의 〈그림 1〉에서 알 수 있듯이 2000년대에 접어들어 국제선의 여객수송량이 줄어들고 있었고, 국내선 또한 국제선처럼 심각한 상황은 아니었으나 정체되어 2006년 이후에는 결국 감소하기 시작하였다. '잃어버린 20년'(lost two decades)으로 형용되는 장기 불황이 계속되는 가운데, 앞에서 언급한 미국 9·11 테러의 발생, 2003년 이라크 전쟁, SARS의 발생 등으로 항공업계는 큰 불황을 겪게 되었다. 2005년 이후에는 유가가 급등함에 따라 항공연료비가 상승하였고, 2008년에는 리만 쇼크로 인한 세계적인 불황이 발생하여 민간항공업은 큰 타격을 입게 되었다. 이러한 상황이 JAL, ANA 양쪽 모두에게 동일한 것이었음은 물론이다. 그럼에도 불구하고 ANA의 경영실태는 상대적으로 양호한 편이었다. 과연 이는 JAL에게 무엇을 의미하는 것인가?

우선 〈그림 3〉에 주목하면, ANA의 노선 수는 장기에 걸쳐 줄어들고 있는 반면, JAL은 경영통합으로 거의 두 배로 늘어난 이후 그다지 줄어들지 않고 있다. JAL과 JAS의 통합은 ANA에게 이제는 기업으로서의 존속도 어렵다는 위기의식을 가져왔고, 오하시 요우지(大橋洋治) 사장의 리더십 하에 전사적 차원의 비용삭감 노력이 추진되었다. 그 일환으로 국내노선에 대해서도 인원정리, 규모에 맞는 항공기 배정 등과 더불어 노선재편의 노력이 이루어졌다(杉浦一機, 2005, 40-44쪽). 이에 비해 JAL은 ANA에 대한 승자로서의 자만이 컸다고 볼 수 있다. 로컬선을 중심으로 한 JAS는 원래 상당수의 비채산노선, 다시 말해서 적자노선을 보유하고 있었고 JAL은 경영통합 이후 이를 정리해야만 하였다. 그러나 16개의 지

자체가 노선유지를 희망하는 요청서를 제출하는 등 정치적인 이유로 적자노선은 통폐합되지 못하고 장기간 존속하게 되었다. 비슷한 규모의 국내 여객 수를 확보한 ANA보다도 노선 수가 30-40개 많았다. 요컨대, 규제개혁을 통해 경쟁논리가 도입되었음에도 불구하고 '반관반민체질'로 인한 경제적 비효율성은 청산되지 못하고 있었던 것이다(コンプライアンス調査委員会, 2010). 이에 더하여 JAL과 기종이 다르고 내구연수가 이미 20년에 달하는 JAS 보유기체를 계속 사용함에 따라, 운용 코스트의 증가도 불가피하였다.

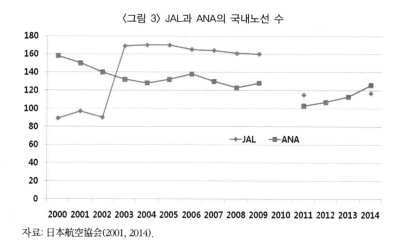

〈그림 3〉 JAL과 ANA의 국내노선 수

자료: 日本航空協会(2001, 2014).

이러한 경향은 종업원 수에서도 나타난다. 통합 후 기체정비의 아웃소싱화 등을 통해 그룹 차원에서 종업원 수가 감소하기는 했지만, 항공운송사업과 관련된 인원조정은 대단히 미온적이었다. 이는 기존 노선을 유지하면서 인원정리가 실행되었기 때문이다. 당초 통합과 더불어 인원정리를 추진하고자 하였지만, 중역 포스트의 약 40%를 구 JAS 측에 내어줌으로써 인원정리를 구 JAS에게 맡기는 누를 범하였다(杉浦一機, 2005, 19-20쪽). 실제로 통합을 통한 구제 대상이었던 JAS의 급여수준은 JAL을 웃돌고 있었고, 이에 따라 통합 후 전체적으로 JAL의 인건비 부담은 증가하게 되었다.[8] 연금에서도 JAL의 경우 2000년대 급부이자율이 인하되었지만, 퇴직자의 급부를 감액하지는 못하였다. 즉, 과거 종업원에 대한 지불은 변함없이 이루어진 것이다. 이와 같이 JAL은 경영통합 이후 경영개선이 이루어지기는커녕 오히려 전보다 더 고비용 체질이 될 수밖에 없었다.

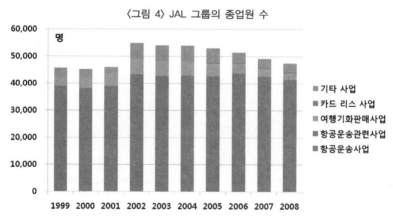

〈그림 4〉 JAL 그룹의 종업원 수

자료: 日本航空協会(2001, 2010).

---

8) JAL과의 통합이 발표되자, JAS에서는 대량의 승급이 이루어졌고 이를 기정사실로 한 통합이 이루어짐에 따라 인건비 부담이 증가하게 된 측면도 있었다(日本航空グループ2010, 2010, 22-23쪽).

〈표 3〉 JAL과 ANA의 임금비교(2008)

	종업원 수(명)		평균 연령(세)		평균 연간 급여(만 엔)	
	JAL	ANA	JAL	ANA	JAL	ANA
지상근무직	6,392	6,348	44.3	43.4	676	799
조종사	3,049	1,727	43.7	44.9	1,834	2,104
스튜어디스	5,948	4,816	36.1	30.9	588	473
합계/평균	15,389	12,891	41.0	38.9	874	852

주: JAL은 일본항공인터네셔널의 인원 등에서 산출함.
자료: 大鹿靖明(2010), 281쪽.

　　여기에서 주목할 점은 지상근무와 조종사에서는 ANA 측이 상대적으로 높은 임금을 지급하였고, 이 현상은 조종사의 경우에 현저하였다는 것이다. 이를 평균 연령 측면에서 고찰해 보면 전체적으로는 JAL이 많으나 조종사에서는 오히려 ANA가 많았고, 조종사 인원수에서는 ANA가 JAL의 절반을 조금 넘는 수준에 불과하였다. 이러한 점을 종합한다면, 비행기의 안전과 운항회전에서 중요한 요인이 되는 조종사의 항공기 조정 능력에서 ANA가 상대적으로 뛰어나며 보다 큰 물질적 인센티브를 제공하고 있다는 것을 알 수 있다.

　　과연 JAL과 ANA 양사의 여객수송 성적은 어떠하였을까? 우선 국내 노선에서 JAL은 경영통합으로 여객 수가 급등하여 2002-2003년에는 ANA를 웃돌았으나 이후 오히려 급속히 감소하는 추세를 보여 ANA에 대한 우위를 상실하였다. 또한 통합을 전후로 중대한 운항 트러블이 속출하면서 JAL의 안전성도 의심되었다.[9]

---

9) 예를 들어, 착륙 시 앞바퀴의 타이어가 빠지고 통제실의 지시를 무시하는 등 대단히 많은 운항 트러블이 계속되었다(杉浦一機, 2005, 26-30쪽).

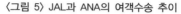

〈그림 5〉 JAL과 ANA의 여객수송 추이

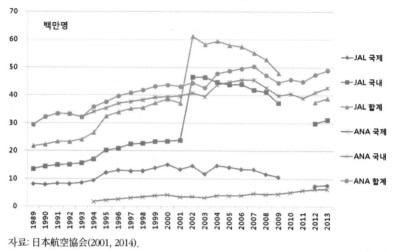

자료: 日本航空協会(2001, 2014).

이에 비해 ANA는 리만쇼크가 발생하기 전까지 증가세를 유지하다가 2008년에 감소하여 2011년까지 정체되다가 다시 증가하고 있다. 즉, 2000년대 LCC(Low Cost Carrier) 신규 진입 등의 경쟁 속에서 항공시장이 축소하는 가운데 JAL이 더 큰 타격을 입었던 것이다. 다음으로 국제노선에서는 원래부터 JAL이 압도적 우위를 점하고 있었다. 다만 유념하지 않으면 안 되는 것은 이라크 전쟁이 발발한 다음 해인 2004년부터 JAL의 여객 수가 감소하고 있는 것에 비해, ANA의 경우 거의 일관되게 증가하고 있다는 사실이다.[10]

이용률 면에서도 ANA는 규모가 작지만 높은 이용률을 보이고 있었

---

10) 국제노선에서 JAL이 상대적으로 장거리 노선을 갖고 있다는 점에서 여객 인km를 기준으로 할 경우 JAL과 ANA의 격차 축소는 그리 극적이지 않다는 점에도 유의할 필요가 있다.

다. ANA는 수익성의 제고를 위해 적자노선의 폐지, 노선별 채산성 확보, 중국 등 특정 노선에 대한 자원의 집중을 추진한 결과, 국제선의 운용내용에서 훨씬 높은 효율성을 보였다(杉浦一機, 2005, 47-49쪽). 반면 JAL은 규모는 크나 낮은 이용률을 보이고 있어 국제선의 통폐합, 코드세어(code share:공동운항)의 확대를 꾀하지 않으면 안 되었다.

또한 기종 면에서 1996년 보잉 777이 등장할 때까지 보잉 747-400 등 대형 기체만이 장거리 운항에 적합했기 때문에 JAL은 ANA보다 대형 기체를 많이 보유하고 있었고, 운항비용이 커질 수밖에 없었다. 구 JAS의 경우 에어버스 A300, DC9, 보잉 727, MD81, YS11, 세스나 등을 보유하고 있었는데, 이들 기종은 JAL의 경우 사용하고 있지 않아 운행 및 정비에 있어서도 호환성이 결여되어 있었다. 특히, 20-30기 보유하게 된 MD81은 연비가 좋지 못해 20-30%의 연료비가 추가로 발생했을 뿐만 아니라 1997년 맥도널 더글러스가 보잉사에 합병된 후에는 부품조달도 원활하지 못하였다(日本航空・グループ2010, 2010, 25쪽). 이에 비해 ANA는 '북미 보잉 777화 계획'을 세워 연비 15% 절감을 실현하였고, 보잉 787 50기, 보잉 737NG 45기 등 한꺼번에 동일 기종을 대량 구입함으로써, 보잉사에 대해 유리한 조건을 제시하여 기체 운영 및 정비에서의 편의성도 확보하였다(杉浦一機, 2005, 51-52쪽).

JAL은 과잉노선, 과잉기체, 잉여 노동력을 보유하여 전반적으로 운영 코스트가 상승하는 가운데 여객수송은 오히려 감소 경향을 보이고 있고, 항공운임 또한 자유화 조치와 LCC의 진입으로 인해 장기적으로 하락하였기 때문에, JAL의 수익성은 크게 저하될 수밖에 없었다(コンプラ

イアンス調査委員会, 2010). 특히 〈그림 6〉을 보면 JAL의 ROE가 큰 폭의 마이너스를 기록하고 있어 JAS와의 통합 당시 경영목표로 삼았던 2005년 17.1%는 결코 달성될 수 없었다. 이에 대해 니시마츠 하루카(西松遙) 사장 체제 하에서 공모증자를 통해 추가자금을 확보하여 최신 기체를 구입하고 이와 더불어 경영개선을 추진하고자 하였지만, 오일 헤지에서 실패하면서 2,018억 엔에 달하는 손실이 발생하였고 더 이상 적자체질을 탈피할 수 없게 되었다(大鹿靖明, 2010, 18-24쪽).

반면 ANA는 JAL과 JAS의 경영통합에 대한 위기의식을 가지고 비용삭감계획의 추진, 여객수입 최적화 시스템(PROS)의 도입, 노선별 흑자화, 연료의 절약, 콜센터의 지방이전, 그룹 차원의 구매 일원화, 기체중량의 경량화, 동일 기종의 대량 구매 등 경영합리화를 적극 추진하였다(杉浦一機, 2005, 40-53쪽). 그 결과 JAL·JAS의 통합 당시의 예상과는 전혀 다르게 경영성과의 역전을 가져올 수 있었다. JAL이 경영파탄을 극복하고 원래의 경영목표를 달성하기 위해서는, '반관반민체질'을 청산하고 사기업으로서 경영의 독립성을 추구하며 적자노선이 불가피할 경우 이에 대해 적절한 경영보전을 지자체에 요청해야만 했다. 이런 점에서 ANA는 JAL과 달리 상대적으로 자유로운 의사결정이 가능하였던 것이다.

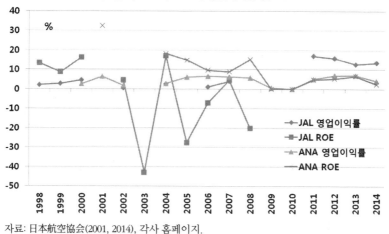

〈그림 6〉 JAL과 ANA의 영업이익률 및 ROE

자료: 日本航空協会(2001, 2014), 각사 홈페이지.

　　따라서 JAL에게 있어 JAS와의 경영통합은 전략적 실패라 하지 않을
수 없다. JAL은 2010년 1월 회사갱생업에 의한 '구제'를 요청하기에 이른
다(日本経済新聞社, 2010.8.20). 분명히 경쟁적인 시장환경의 창출은 사
회적 후생을 개선하는 수단이기는 하나, 일본 항공업에서의 규제개혁은
일부 시장참가자에게 있어서 경영자율성을 완전히 보장하지 않는 방향
으로 이루어짐으로써 불완전한 시장경쟁 환경을 창출하였던 것이다.

4. JAL 재생과 규제개혁 왜곡

　　일본 항공업계가 전체적으로 성장한계에 직면하고 있다는 인식에
따라 일본 정부는 이의 극복방안을 모색하게 되었다. 2009년 10월 26일

국토교통성 성장전략회의를 개최하여 항공 분야에 대한 '국토교통성 성
장전략'(2010년 5월 17일)을 마련하였다(国土交通省成長戦略会議,
2010). 우선 현 상황에 관한 기본 인식으로 다음과 같은 세 가지 문제점을
지적하였다. 첫째, 수도권 공항의 강화가 지체되고 있다는 점, 둘째, 항
공 시스템을 구성하는 공항·항공사가 고비용 적자체질을 벗어나고 있
지 못하다는 점, 셋째, 필요 노선망의 유지방식이 불완전성을 탈피하고
있지 못하다는 점이다. 여기서 공항의 문제점을 제외하면 모두 JAL의 경
영불안이 야기된 원인들에 관한 항목들이다. 로컬노선 중 적자노선을
계속해서 담당하지 않을 수 없었던 것이 과잉노선, 과잉노동이라는 문
제점을 낳았고 전반적인 인건비 상승 등이 더하여져 비용 면에서 JAL 경
영을 압박하였다는 점이 지적된 것이다. 이는 항공참여자에 대한 규제
개혁이 제한적이었다는 것을 간접적으로 인정하는 것이기도 하였다.

　　이에 대한 방안으로 6가지 구체적 전략이 발표되었다. ① 철저한 오
픈 스카이(open sky) 추진, ② 수도권의 도시 간 경쟁력 제고를 위한 하네
다공항과 나리타공항의 강화, ③ '민간 지혜와 자금'을 활용한 공항경영
의 발본적 효율화, ④ 대차대조표 개선을 통한 간사이공항의 적극 강화,
⑤ 필수 항공 네트워크의 유지, ⑥ LCC 진입촉진에 의한 이용자 편익 확
대이다. 이 중 ②, ③, ④가 공항의 경쟁력을 강화하는 것이라면, ①과 ⑥
은 항공사 간의 경쟁력 제고를 통해 소비자 후생을 증대시킨다는 방안
이다. 이에 비해 ⑤는 항공사의 기업성 강조로 인해 폐지될 수도 있는 지
방의 적자노선에 대한 정책적인 배려와 이와 관련된 노선유지를 위한
인센티브 방안이 되었다. 사실상 JAS의 많은 적자노선을 인수한 JAL에

관한 정책적 개입을 전제로 한 전략이었다.

JAL이 기업재생지원기구에 지원을 신청하는 동시에 회사갱생법에 의한 재생수속을 밟기 시작함에 따라 기업재건을 위한 관민 양측의 노력이 경주되기 시작하였다(国土交通省航空局, 2002). JAL이 회사갱생법에 의거한 갱생수속을 신청하기 9개월 전인 2009년 4월 국토교통성이 경영개선계획의 책정을 지시하자, JAL이 6월 중 이를 위한 방향성을 공표했고, 이에 따라 8월에는 '일본 항공의 경영개선을 위한 유식자회의'(有識者會議)가 설치되었다. 그러나 자민당에서 민주당으로 정권교체가 이루어지고, 마에다 세이지(前原誠司) 국토교통성 장관은 다카기 신지로(高木新二郎)를 비롯한 기업재생 전문가들로 구성된 'JAL 재생 태스크포스'(9월)를 설치하여 조사보고서를 제출하도록 하였다. 당초의 태스크포스의 구상을 기록한 중간보고에서는 일본 정책 투자은행으로부터 위기대응자금과 출자를 얻어 국유기업으로서 JAL의 경영재생을 추진하고자 하였지만, 당사자인 정책투자은행과 이를 감독하는 재무성이 반대의견을 제시하였다. 따라서 기업재생을 지원할 공적 기구를 만들어 이를 통해 JAL의 재생을 추진하게 되었다(大鹿靖明, 2010, 112-133쪽). 한편 각료회의에서는 '일본항공재건대책본부'를 구성하여 JAL의 재생을 지원할 '기업재생지원기구'를 2009년 10월에 발족시켰다.[11]

---

11) 기업재생지원기구는 정부 100억 엔, 민간 금융기구 약 130개사 100억 엔 출자로 설립되어 정부로부터 1.6조 엔에 달하는 자금조달보증을 얻어 JAL을 비롯한 부실기업의 재생을 맡아 추진하였다. 2013년에는 지역경제 활성화 지원기구로 개편되어 자본금 231억 엔, 정부보증 1조 엔으로, 지원기간도 3년에서 5년으로 연장되었다.

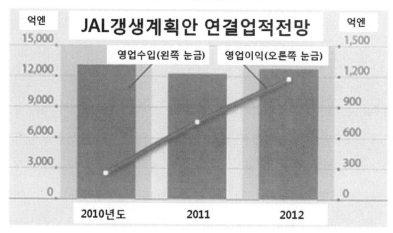

〈그림 7〉 JAL갱생계획안 목표

JAL갱생계획안 연결업적전망

영업수입(왼쪽 눈금) 영업이익(오른쪽 눈금)

억엔
15,000
12,000
9,000
6,000
3,000
0

억엔
1,500
1,200
900
600
300
0

2010년도   2011   2012

자료: 週刊ダイヤモンド編集部(2010).

　　회사갱생법 체제 하의 JAL 회장으로 경영의 귀재인 쿄세라(京セラ) 창업자 이나모리 가즈오(稲盛和夫) 씨가 초빙되었고, 〈그림 7〉과 같이 2010년도에서 2012년도에 걸쳐 급속히 업적을 회복하여 2012년도에는 연결 영업이익률 9.2%의 달성을 목표로 하였다. 해외의 항공회사를 보더라도 9%대의 영업이익률은 대단히 높은 수준으로 신뢰하기 어려운 목표였다. 구체적으로는 비채산노선을 중심으로 국내선 30개 노선, 국제선 15개 노선, 합계 45개 노선에서 철수하는 한편, 대폭적인 인원삭감으로 인건비의 저하를 꾀하며, 나아가 연비효율이 나쁜 대형기를 신형 소형기로 바꿈으로써 연비의 대폭적인 향상과 좌석 이용률의 개선을 도모하였다. JAL이 회사갱생법에 의존하게 된 직접적인 이유 중 하나는 2008년의 리만 쇼크로 인해 국제선 부문에서 여객 수와 단가가 크게 떨어졌다는 점이다.

<표 4> JAL 경영재생연표

일시	주요 내용
2010년 1월 19일	JAL이 기업재생지원기구에 지원 신청을 하는 동시에, 재판소에 회사갱생법에 의한 재생수속 개시를 신청. 이에 기업재생지원기구가 지원 결정. 또한 재판소가 갱생수속 개시 결정
2010년 4월 28일	일본 항공이 재생을 위한 2010년도 노선편수계획을 발표. 2008년 대에 비해 국제선 약 40%, 국내선 약 30% 축소
2010년 8월 31일	기업재생지원기구는 JAL 재생계획안을 도쿄지방재판소에 제출
2010년 11월 30일	일본 항공의 갱생계획에 관하여 도쿄지방재판소가 인가
2010년 12월 1일	기구에 의한 3,500억 엔 출자. 금융기관에 의한 5,215억 엔의 채권 포기(87.5% 포기)
2010년 12월 31일	정리해고의 실시
2011년 3월 28일	갱생채권 2,550억 엔의 리파이낸스. 갱생수속 종결 결정
2012년 9월 19일	재상장
2013년 1월 18일	기구의 지원기간 종료(지원결정 후 3년 내[기구법 제33조])

자료: 国土交通省航空局(2012a).

즉, JAL의 적자 원인은 국제선 사업의 변동 리스크(volatility)가 대단히 높다는 것이었다. 이에 대해 크게 성장하지도 감소하지도 않는 국내선을 중심으로 영업을 꾀하고 국제선 비율을 크게 줄여 나감으로써, 2012년도에는 영업수입의 53%를 국내선에서 확보하고 나머지 47%를 국제선에서 확보한다는 갱생계획안이 마련되었다.

이후 <표 4>의 경영재생연표와 같이 JAL은 자본금 100% 감자(減資)를 한 후, 기업재생지원기구로부터 3,500억 엔의 출자지원을 얻고, 은행단으로부터 전체 채권의 87.5%에 달하는 5,215억 엔의 채권포기를 받아 대차대조표 상의 균형을 위한 조건을 마련하였다. 또한 사업부문마다 세세한 채산관리를 도입하였다. 갱생계획안에 따라 약 1만 6,000명에 달하는 인원정리와 평균 30%라는 급료삭감, 그리고 현역 근무자 50%, 기존 퇴직자 30%에 달하는 기업연금의 삭감을 단행하여 인건비 부담을 크게 줄일 수 있었다. 또한 채산성을 갖지 못하는 48개의 적자노선 폐지를 추진하였고 정부로부터는 법인세 감면 등의 혜택을 입어 경영성적의 급속한 회복을 꾀하였다. 이러한 내부 구조조정과 사업재편이 JAL 스스로에 의한 자구노력으로 이루어졌다는 점에서는 평가될 만하나, 사실상 정부의 출자지원, 은행단의 채권포기, 법인세 감면 등 보통의 기업파산에서는 상상하기 어려운 정부의 강력한 지원 하에서 기업갱생이 이루어졌다는 점에서는 시장규율(market discipline)의 유명무실화가 아닐까 의문을 제기하지 않을 수 없다.

항공업 규제개혁의 의도가 시장경쟁체제의 도입이었음에도 불구하고 여전히 불완전한 시장경쟁과 관치를 탈피하지 못하였던 것이다(コンプライアンス調査委員会, 2010). 또한 ANA에 대한 경쟁력 제고라는 목적 하에 적자업체인 JAS를 JAL이 통합하여 사업규모를 확장하였지만, 정부의 개입 등으로 적자노선의 정리가 충분히 이루어지지 못하였고, 이러한 상황에서 국제선의 변동 리스크의 증가로 경영적자가 계속되었다는 점에서 JAL 경영재생은 정부의 정책적 과제가 될 수밖에 없었던 필연성이 내재되어 있었다. 정부는 국민적 비판을 회피하기 위해 나름대로 책임을 다했다고 볼 수도 있겠으나, 이는 국민 부담을 전제로 이루어진 경영재생이기도 하였다는 점에 주의할 필요가 있다.

<표 5> ANA와 JAL의 경영수지(2012년 상반기 시점)

		ANA (2012년 4월 27일 발표)				JAL (2012년 5월 14일 발표)				
		2010 결산	증감	2011 결산	증감	2012 전망	2010 결산	증감	2011 결산	증감	2012 전망
영업수입		13,576	1,293	14,115	538	15,000	13,622		12,048	-1,574	12,200
	국제 여객	2,806	665	3,200	394				3,852		
	국내 여객	6,526	216	6,515	-10				4,811		
	국제 화물	860	303	879	19				537		
영업비용		12,898	72	13,144	246		11,738		9,998	-1,740	
영업손익		678	1,220	970	292	1,100	1,884		2,049	165	1,500
경상손익		370	1,233	684	314	700			1,976		1,400
당기순손익		233	806	281	48	400			1,866		1,300

자료: 国土交通省航空局(2012b).

이 기간 중 이루어진 JAL의 경영성적 개선 정도를 보면 〈표 5〉와 같다. 2009년까지 적자를 기록하였던 JAL은 기업갱생에 들어간 첫해부터 ANA를 넘어서는 규모로 흑자를 기록하였고 다음 해에는 그 규모가 커지게 되었다. 이를 〈그림 7〉과 비교해 보면 알 수 있듯이 당초의 JAL갱생계획안의 목표를 크게 웃도는 경영성과를 기록하고 있다. 여기서 주목해야 할 점은 영업수익이 그리 확대되지 못하고 오히려 영업비용이 크게 감소함에 따라 영업이익이 커졌다는 것이다. 즉, 외연적인 성장보다는 주로 내부 합리화를 통해 비용을 줄임으로써 기업갱생을 추구했다는 점을 알 수 있다. 영업수익 면에서도 ANA 정도는 아니더라도 국내 여객 비중이 국제여객 비중을 웃돌아 변동 리스크가 적은 국내 여객을 중심으로 경영기반을 구축하고자 했던 경영갱생안이 실현되었음을 알 수 있다. 이와 같이 단기간 내에 경영갱생을 달성하여 2011년 3월에는 갱생채권 2,550억 엔의 리파이넌스를 실시하고 갱생수속의 종결을 결정하였으며, 2012년 9월에는 주식시장 재상장을 달성할 수 있었다. 공식적으로는 2013년 1월 기업재생지원기구의 지원기간 종료를 선언하게 된다. 기업 갱생법에 의한 갱생과정을 거쳐 재상장에 이른 경우는 극히 드문 사례이며, 특히 이를 2년 8개월 내에 달성한 경우는 JAL밖에 없다.

이의 주요한 요인으로는 이나모리 가즈오(稻盛和夫) 씨가 정부로부터의 경영개입을 거부하고 경영갱생의 총지휘를 담당했다는 점도 있지만, 이를 가능하게 한 정부의 정책적 지원과 JAL의 경영갱생에 대한 지원을 용인한 국민적 정서도 있을 것이다. 그러나 그 대가로 이제 JAL은 더 이상 항공업계의 1인자가 아닌 ANA에 이은 2인자에 머무르고 있다.

5. 맺음말

규제개혁은 정부의 과도한 규제가 해당 산업의 경쟁력을 저하시킨다는 문제의식에서 정부의 규제를 완화 혹은 철폐함으로써 경제주체의 자율적 성장을 유도하고자 하는 것이다. 이것은 워싱턴 컨센서스를 비롯한 시장주의적 자원배분의 효율성을 강조하고 있음은 물론이다. 항공업에서도 규모와 영역별로 분단된 3층적 시장구조(국제선, 국내간선, 국내지선)를 중심으로 신규 진입을 금지해 온 독점체제를 단계적으로 해체함으로써 사실상 분단된 시장을 하나로 통합하고 외부로부터의 시장진입을 용인함으로써 운임하락에서 보이듯이 소비자 후생을 확대하였다. 이것이 선행연구 등을 통해 중시된 바로 항공업의 규제개혁이 가져온 성과라고 평가할 수 있다.

그럼에도 불구하고 여전히 JAL과 같은 특정 기업에 대해 정부의 간접적인 개입이 계속되었음은 부인할 수 없다. 또한 이러한 점이 규제개혁의 한계를 보여 주는 부분임은 물론이다. 이는 기존 연구에서 '일본형'(井上裕行, 2000) 혹은 '관리된 경쟁'(秋吉貴雄, 2010)으로 표현되는 부분이었다. 물론 이들 연구는 경쟁의 제한성이 상당히 극복되어 '자유경쟁'이 실현되었다고 보았지만, 상황은 여전히 그렇지 못했음을 보여 준다. 즉, 본고의 분석을 통해서 밝혀진 바와 같이 이것은 JAL의 경쟁력을 강화시키기보다는 장기적으로 내부 합리화를 지체시키는 외부적 조건이 되었고, 이러한 실책은 JAL이 JAS를 통합한 이후 증폭되어 나타났다. 이러한 사실은 제도적 관성의 결과 정부의 개입주의가 완전히 극복되지 못했다는 규제개혁의 한계를 보여 준다.

그 결과 JAL은 사실상 경영파산에 이르러 경영갱생법에 의한 구제를 신청하지 않을 수 없었다. 사실상 특혜라고 해도 무방할 정도의 다방면에 걸친 지원을 얻어 경영갱생이 성공적으로 이루어졌다는 점에서, 결과적으로 보면 정부의 온정주의(paternalism)가 작동했다고 할 수도 있다. 이는 규제개혁의 한계로서 정부 개입이 지속되는 가운데 JAL의 전략적 실패와 지체된 내부 합리화로 인해 발생한 경영파산을 정부가 책임진 것이라 하지 않을 수 없다. 시장주의에 충실했던 ANA의 입장에서 볼 때, 오히려 불공정한 정부의 개입 나아가서는 모럴 해저드(moral hazard)라고 해석될 수 있는 여지가 있다(野村明弘, 2012).

이와 같이 일본 항공업의 규제개혁은 정부의 개입주의를 지속하는 것이 정부와 기업 모두에게 얼마나 많은 대가(예를 들어 재정부담, 채권소멸, 실업발생 등)를 지불해야 하는지 말해 주고 있다. 이는 규제개혁이 행정기관의 논리가 아닌 경제주체로서의 민간 측의 논리에 따라 이루어질 때 결과적으로 소비자후생을 보다 더 확장시킬 수 있다는 방향성을 제시해 주고 있다. 한국의 항공업계에서도 규제개혁의 결과 LCC가 등장하여 저운임정책으로 수송부담률을 늘려나가는 등 경쟁구조가 크게 변화하고 있다. 제주항공의 시가총액이 주식시장 상장 첫날(2015년 11월 6일)부터 아시아나항공 시가총액을 뛰어넘는 등 급격한 변화양상이 나타나고 있다. 이러한 가운데 일본의 사례는 항공운송업에 대한 정부정책이 커먼 캐리어(common carrier)로서 요구되는 공공성과 안전성의 감독에 국한되어 민간항공사의 경쟁력 향상을 유도해야 함을 보여 주고 있다.

VI 일본기업의 경쟁력 하락과 유통산업*

김현철

1. 머리말

세계 경제를 큰 흐름으로 조망했을 때 1970년대와 80년대는 일본기업의 세기라 해도 과언이 아니었다. 두 차례에 걸친 오일쇼크를 거치면서 경소단박(輕小短薄)을 무기로 하는 일본기업들은 세계적인 경쟁력을 획득하였고 이를 무기로 일본 제품들이 세계 시장을 석권하다시피 하였다.

하지만 80년대부터 경쟁력의 후퇴를 보이더니 1990년대 버블 경제가 붕괴되고 난 이후부터는 일본기업의 경쟁력 약화가 눈에 띄게 나타나기 시작했다. 특히 조선과 전자산업과 같은 일부 산업에 있어서는 한국기업과 같은 후발 추적자에게 뒤쳐지는 현상도 발생하기 시작하였다 (이근, 2014).

일본기업들이 경쟁력을 잃게 된 이유는 무엇일까? 많은 학자들은
_____

* 이 글은 「기업 경영연구」지에 발표된 글(2016)을 가필 수정한 글이다.

환율과 일본의 금융 산업의 낙후로 이를 설명하기도 하였으며 또 다른 학자들은 일본기업의 전략적 특성과 환경변화에 대한 대응 미스로 이를 설명하기도 하였다. 또한 일부 학자들은 고용구조 변화와 고령화로 이를 설명하기도 하였다(권혁욱, 2015; ポーター, 2000; 恩蔵, 2007; 野口, 2012).

하지만 본 연구에서는 일본의 유통산업의 변화를 통하여 이를 설명하고자 한다. 유통산업은 제조기업의 가치사슬 중 하류(downstream)를 담당하는 산업이다. 이 산업의 변화는 제조기업의 경쟁력에 커다란 영향을 미치는데도 불구하고 이 부분에 대한 연구는 거의 없었다.

다만 예외적으로 Kawaso(2005)는 Goldman Sachs Report에서 일본 가전산업의 경쟁력 하락 원인의 하나로 유통산업의 변화를 들었고 大友裕也(2015)는 일본 화장품 산업의 경쟁력 하락 원인의 하나로 유통산업의 과점화를 들었다.

본 연구에서는 사례 연구를 통하여 일본 유통산업의 변화가 왜 일본의 대표적인 산업 중 하나인 가전산업과 화장품 산업의 경쟁력 하락에 영향을 주었는지를 고찰하고자 한다. 또한 이를 보다 일반화하여 유통산업의 변화가 제조기업의 경쟁력에 어떠한 영향을 미치는지를 고찰하고자 한다.

2. 가전 및 화장품 산업에 대한 사례연구

2.1. 가전 유통의 변화

가전산업은 자동차 산업과 더불어 일본을 대표하는 산업의 하나이다. 이 산업에는 마쓰시타 전기(현재의 Panasonic, 이하 마쓰시타로 표기)를 비롯하여 도시바, 히타치, 소니, 미쓰비시 전기 등 일본을 대표하는 기업들이 포진해 있다.

고도 경제 성장기에 가전산업의 유통은 가전 기업들의 계열점들이 주로 담당하고 있었다. 계열점이란 특정 기업과의 계약을 바탕으로 그 기업의 제품을 우선적 내지 배타적으로 취급하는 소매점을 의미한다.

가전산업에 있어서의 계열점의 형성은 전쟁 전으로 거슬러 올라간다. 가전산업의 대표적인 기업의 하나인 마쓰시타는 1923년부터 도매상의 계열화에 우선 착수하였다. 특히 1930년대 초, 라디오와 건전지와 같은 혁신적인 신제품들이 큰 인기를 끌자 이를 기반으로 대리점이 되기를 희망하는 도매상들을 선별하여 자사 제품의 판매만을 전담할 전매대리점을 조직화하였다. 또한 마쓰시타는 1935년에 연맹점 제도를 시작으로 소매점의 조직화에도 착수하였다.

도매단계와 소매단계를 계열화하던 마쓰시타의 노력이 전쟁으로 잠시 중단되기도 하였지만 1946년부터는 도매단계의 대리점 제도를 부활시키고 1950년대에는 유력 도매상과 합병형식으로 자사 제품만을 공급하는 판매회사를 설립하였다.

또한 소매단계도 1949년에 제품별 연맹점 제도를 부활시킨 뒤 1952년에는 종합연맹점 제도로, 1957년에는 내셔널 숍 제도로 발전시키면서 4만여 개나 되는 계열 소매점을 거느리는 기업으로 발전하였다.

특히 마쓰시타는 수많은 연맹점들을 전매율 등을 기준으로 3단계(내셔널 연맹점, 내셔널 점회, 내셔널 숍)로 구분한 뒤, 치밀하게 계열점을 관리함으로써 가전 기업 넘버원으로 성장하였다.

마쓰시타의 이러한 성공에 자극을 받은 경쟁기업들도 도매단계의
계열화와 소매단계의 계열화를 적극 추진하였다. 그 결과 주요 가전 기업
들의 계열 점포수는 1960년대와 70년대, 80년대까지 꾸준히 증가하였다.

〈그림 1〉에는 주요 가전 기업들의 계열점 점포수의 추이를 보여주
고 있다.

〈그림 1〉 일본 주요 가전 기업들의 계열점 점포수의 추이

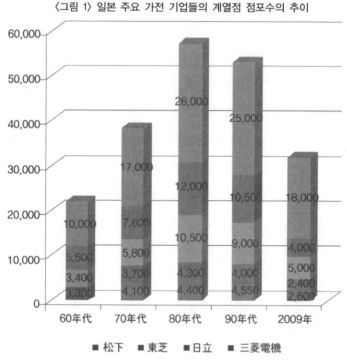

출처: 株式会社リック(2010)

또한 도매단계의 판매회사 수도 꾸준히 증가하여 1975년에는 마쓰
시타 239사, 도시바 101사, 산요 89사, 히타치 86사, 미쓰비시 71사, 샤프

12사에 이르렀다.

이 결과 1980년대에는 가전 제조기업-계열 판매회사-계열 소매점으로 이어지는 유통 채널이 완성되었다.

하지만 80년대는 가전 양판점이 급격히 성장하기 시작한 시기이기도 하였다. 가전 양판점은 여러 기업의 제품을 전시함으로써 소비자들이 비교 구매 할 수 있게끔 한 소매 업태를 말한다.

가전 양판점은 1972년에 일본 전기전문 대형점 협회(NEBA)를 발족하며 성장하기 시작하더니 1980년대에는 전체 가전제품 판매액에서 20%를 차지하게 되었다.

가전 양판점들의 출신 모태는 크게 3가지로 분류된다. 첫 번째가 유력 도매상 중에 가전 기업의 계열 도매상에 편입되는 것을 꺼리며 소매업으로 전업한 부류이고 두 번째가 의류나 식품 분야에서 강력한 소매 판매 기술을 습득한 슈퍼마켓들이고, 세 번째가 동경의 간다나 아키하바라, 오사카의 니혼바시 등에서 영업하다 성장한 가전 양판점들이었다.

이 중 특히 첫 번째 부류가 주종을 이루었는데 이들은 1950년대와 60년대에 가전 기업들의 계열 판매회사에 참여하면서도 자신의 도매점이나 소매점을 같이 보유한 기업들로서 가전 기업들에게서 배운 경영 노하우를 자신의 점포 확장에 적극적으로 활용한 기업들이었다. 이들이 NEBA의 주축을 이루며 가전 양판점의 발전을 주도하였다.

이 때문에 가전 양판점은 초기에 가전 기업과의 대립각을 크게 내세우지 않았다. 물론 처음부터 디스카운트를 표방하며 저가 판매를 기치로 내건 일부 가전 양판점도 있었지만 대부분의 가전 양판점들은 가전 기업들과 협조적인 관계를 유지하며 발전하였다.

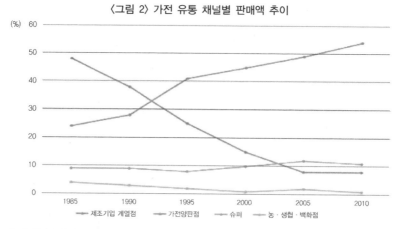

〈그림 2〉 가전 유통 채널별 판매액 추이

출처: 株式会社リック(2010)

　〈그림 2〉에는 80년대 이후의 소매유통 채널별 판매액 추이가 표시되어 있다. 80년대 전반까지 50% 이상의 점유율을 유지하던 계열점 매출이 80년대 중반 이후에 50%를 하회(下廻)하게 되었고 그 대신에 가전양판점의 점유율이 점점 커져가고 있는 것을 알 수 있다.

　이 기간에 확대되는 가전시장을 커버하기 위하여 가전 기업들은 계열점뿐만 아니라 가전 양판점, 백화점, 홈 센터 등에도 제품을 공급하였다. 또한 가전 기업들이 제공하는 각종 지원책에 익숙해진 탓에 지역의 고객 개발이나 유통 서비스 수준 향상을 게을리 한 계열점의 약체화도 다른 가전 유통점이 성장하는데 하나의 밑거름이 되었다.

　하지만 1990년대 일본 경제의 버블 붕괴와 더불어 계속된 불황은 일본의 가전제품 유통을 크게 변화시켜 놓았다. 소비자들은 높은 가격에 제품을 판매하는 계열점을 외면하기 시작하였고 그 대신에 여러 기업 제품을 비교할 수도 있고 또한 값싸게 제품을 살 수 있는 가전 양판점이나 디스카운트 점포를 선호하기 시작하였다.

특히 이 시기에 가전 시장에서 주력 제품으로 떠오르기 시작한 PC 제품은, 계열점이 판매하기에는 전문성 등이 떨어졌기 때문에 가전 양판점 등에게 유리한 환경으로 작용하였다. 또한 불황과 더불어 대규모 점포 출점 규제법(일명 대점법) 등의 규제가 완화되거나 폐지됨에 따라 대규모 가전 양판점 등이 급속히 성장할 수 있었다. 그 결과 계열점의 판매 점유율은 계속 하락하더니 1998년에는 20%를 하회하게 되었다.

다만 이 기간 중에도 가전 기업들은 계열 유통을 강화하면서 어떻게든 유통에 대한 지배력을 유지하고자 하였다.

마쓰시타는 1992년에 계열점을 강화하기 위하여 내셔널 점회를 해산하고 그 대신에 19,000개의 마스트(MAST: Market Oriented Ace Shop Team)점으로 재편하기도 하였으며 1996년부터는 '여러분 지역의 전기점'이라는 광고 캠페인을 대대적으로 실시하기도 하였다. 또한 계열점의 경쟁 채널인 가전 양판점에 대해서는 회유와 제재와 같은 강온 전략을 구사하기도 하였다.

하지만 1992년에 마쓰시타와 소니, 도시바, 히타치의 4개 회사가 일본의 공정거래 위원회의 대대적인 조사를 받았다. 4개 회사가 가전 양판점에 희망 소매가격과는 별도로 지정 할인가격을 강요한 것이 문제가 되었다. 이것을 계기로 가전 기업들의 가격유지 활동은 더욱 어렵게 되어 소매 말단에서의 가격경쟁은 더욱 심화되었다. 그 결과 가격 소구력이 있는 대형 가전 양판점은 더욱 성장하게 되었고 그에 비례하여 계열점은 더욱 쇠퇴해 갔다.

〈그림 2〉의 2010년의 통계를 보면 계열점이 7.9%를, 가전 양판점이 54.2%를 차지하고 있다. 또한 이 그림에는 나타나 있지 않지만 가전 양판점 중에서도 상위 기업의 점유율이 매년 증가해 야마다 전기나 에디온, 요도바시 카메라, 코지마 등의 상위 10개사의 매출이 전체 양판점 매출의 70%이상을 차지하게 되었다. 그 결과 이들 기업들의 교섭력(Bargaining Power)은 더욱 강화되어 제조기업과의 가격협상에서 보다 유리한 지위를 차지하게 되었다.

2.2. 화장품 유통의 변화

가전산업과 더불어 계열점 유통의 역사가 오래된 산업 중의 하나가 화장품 산업이다.

화장품 산업의 선두기업인 시세이도는 1923년에 미국 드럭스토어의 체인 경영을 참고로 하여 일본 최초로 소매 체인점 제도를 확립하였다.

이 때 시세이도는 각 지역의 도매상을 통하여 화장품을 각 소매점에 공급하였는데 점차 도매상들에게도 시세이도 제품만을 취급하는 도매 부문을 개설시키는 등의 방법으로 특정 대리점화 한 뒤 1927년부터는 이들 특정 대리점과 공동 출자하는 방식으로 주요도시에 판매회사를 발족하였다.

또한 시세이도는 1937년에 소비자 조직인 '하나쯔바키 회'까지 조직하여 계열점과 고객과의 관계를 강화하였다. 그 결과 전국의 2만 5천점의 계열점에는 시세이도 제품만을 판매하는 전용코너를 두었으며 미용 상담원이 파견되어 고객들에게 미용 지도(일명 카운셀링)를 해 주며 판매를 도왔다. 그리고 이들 고객들을 하나쯔바키 회원으로 등록하여 점포를 다시 방문하게 하였다.

시세이도는 화장품 산업의 후발 참여자였지만 이러한 유통 차별화 정책으로 1952년에는 일본 화장품 업계 정상에 올라서게 되었다.

시세이도가 유통 차별화로 성공하자 다른 경쟁자들도 이를 따랐다. 그 결과 도매 단계에서는 판매회사 제도를 통해, 또한 소매단계에서는 계열점 제도를 통하여 자사 제품을 유통시키는 일명 제도품 유통이 화장품 산업의 주력 유통이 되었다.

물론 여력이 없어서 일반 도매상을 통하여 소매점에 제품을 판매하는 일반 화장품 기업도 있었고 또한 미용 외판원을 통하여 방문 판매를 하는 기업, 예를 들어 포라 화장품이나 메나드 화장품, 노에비아와 같은 기업도 있었다.

하지만 1970년대 무렵부터 화장품 유통은 크게 변화하기 시작하였다. 그 변화는 우선 소비자로부터 시작되었다. 계열점이나 백화점, 방문 판매 등을 통하여 화장을 배우게 된 소비자들이 서서히 자신에게 맞는 화장품을 스스로 결정할 수 있게 되었다. 또한 화장품 사용 경험이 축적되자 기초 화장품은 OO, 아이새도는 **, 립스틱은 ## 등으로 여러 가지 브랜드의 화장품을 병용하기 시작했다.

〈그림 3〉 일본 화장품의 유통 형태

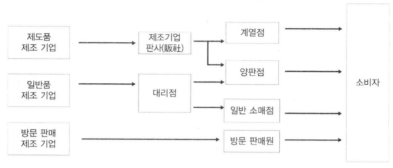

출처: 大園友和(1992)

이러한 소비자들의 변화와 함께 화장품 유통에도 변화가 일어나기 시작하였다. 특히 70년대에 급성장하기 시작한 종합양판점(GMS, 우리나라의 할인점)은 이러한 소비자들의 좋은 구매처였다. 종합양판점의 셀프 판매대에서 다양한 화장품 기업들의 제품을 비교 선택할 수 있게 되었다.

또한 판켈과 DHC를 필두로 하는 통신판매 기업도 급속히 성장하였다. 1980년에 창업한 판켈은 무첨가 화장품을 판매하여 선풍적인 인기를 누렸으며 DHC는 스페인산 버진 오일을 사용한 심플한 화장품으로 큰 인기를 얻었다.

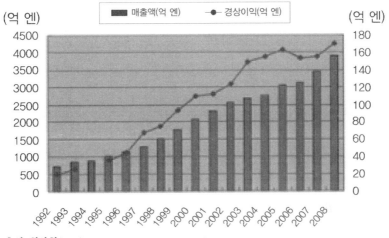

〈그림 4〉 드럭스토어 마쯔모토 기요시의 성장

출처: 최상철(2013)

하지만 화장품 유통에서 가장 큰 변화는 드럭스토어의 탄생이었다. 드럭스토어는 종합양판점 등의 성장으로 커다란 타격을 입은 약국들이 미국 드럭스토어의 노하우를 기반으로 탄생시킨 업태(業態)였다. 그 선두기업인 마쯔모토 기요시는 1987년 동경 우에노에 아메요코점을 개점하면서 '건강한 사람이 미용과 건강을 위하여 이용하는 점포'라는 TV광고를 통하여 기존 약국에 대한 이미지를 획기적으로 바꾸는 데 성공하였다. 이후 마쯔모토 기요시를 모방한 점포들이 전국 곳곳에 생겨나면서 드럭스토어는 급격히 성장하였다.

드럭스토어가 성장하는 데에는 크게 2가지 전략이 주효하였다(염민선, 2012).

하나는 의약품뿐만 아니라 건강과 미용관련 제품을 골고루 갖추고 있어서 여성들이 이들 제품들을 한 곳에서 살 수 있는 편리함을 제공해 주는 전략이었다. 이 라인확대(line robbing)전략은 약이라는 질병 치료 제품을 기반으로 예방-위생-건강-미용 등으로 제품 구색을 체계적으로 확장하는 전략이었다.

드럭스토어의 또 다른 전략은 저가격 전략이었다. 특히 식품과 일 용잡화, 유아용품 등을 미끼상품(loss leader)으로 활용하며 고객을 유인한 뒤, 의약품과 화장품 등의 헬스 케어 제품 판매로 이익을 창출하는 전략을 구사하였다.

특히 1990년대에는 버블 경제가 붕괴된 뒤 계속적으로 경제가 어려워지자 저가격을 표방하는 드럭스토어는 여성들에게 많은 지지를 얻었다.

〈그림 5〉 화장품 유통 채널의 변화

채널 별 국내 판매액 추이

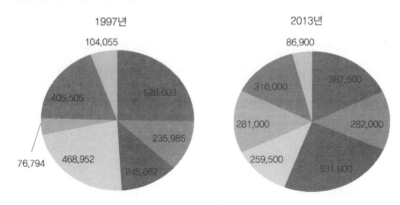

출전: 야노경제연구소 [화장품 마케팅 총감] 등에 의해 작성

한편 드럭스토어의 성장은 특정 기업의 화장품만을 정가로 판매하는 계열점에는 커다란 타격이었다. 시세이도를 위시한 화장품 기업들은 계열점들을 활성화하기 위하여 많은 노력을 기울였다. 계열점을 입지 조건이나 고객층에 맞추어 세분화한 뒤 각기 다른 전략을 구사하기도 하였고 판매회사를 통폐합하여 계열점에 대한 지도를 강화하기도 하였다.

하지만 1993년에 재판매 가격을 지정할 수 있는 제품 품목이 24개 품목에서 11개로 축소되었고 1997년 4월에는 화장품의 재판매 가격 지정 제도 자체가 완전히 폐지되면서 화장품의 할인 경쟁이 가속화되었다.

이 때문에 시세이도는 자사제품의 가격인하를 일삼고 있던 일부 드럭스토어와 생활협동조합 등에 대하여 제품 출하정지 등의 조치를 취하기도 하였지만 1995년 6월에 일본의 공정거래 위원회로부터 '재판매 가격 유지행위'를 배제하라는 권고를 받은 뒤로는 이마저 어렵게 되었다.

이 때문에 시세이도를 위시한 화장품 기업들은 드럭스토어용 중저가 화장품을 개발하고 일부는 드럭스토어용 전용 브랜드까지 만들어 투입하면서 드럭스토어의 성장에 대응하였다. 하지만 이러한 노력에도 불구하고 시세이도의 계열점에 대한 판매 의존도는 1995년의 70%에서 1999년에 65%, 2003년에는 50%로 감소하였다.

이러한 변화는 시세이도 뿐만 아니라 다른 화장품 기업들도 마찬가지였다. 그림6을 보면 1983년에 시장 점유율의 62.1%를 차지하던 화장품 기업 상위 4사의 시장점유율이 유통 채널의 변화와 더불어 2001년에는 43.1%, 2011년에는 34.9%로 줄어들었다.

〈그림 6〉 일본화장품 산업의 구조 변화

국내 시장 규모와 대형 4개사 국내 매상 쉐어의 추이

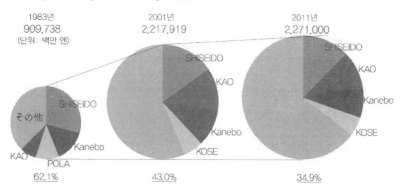

출전: 야노경제연구소 [화장품 마케팅 총감] 등에 의하여 작성

3. 유통산업의 변화와 제조기업 경쟁력

앞 장에서는 일본의 대표적인 산업인 가전 및 화장품 산업의 유통의 변화를 살펴보았다. 양 산업 모두 주력 기업들은 계열점을 기반으로 성장하였지만, 80년대 들어 탄생한 새로운 유통체계(업태)들로 말미암아 큰 타격을 받았다. 특히 버블 경제 붕괴 뒤의 저성장기에는 가격경쟁에 시달리기도 하였다.

그러면 왜 이런 현상이 발생하였을까? 이번 장에서는 앞 장의 연구 결과를 보다 일반화하면서 일본의 유통산업의 변화가 기업의 경쟁력에 어떠한 영향을 미쳤는지를 살펴본다.

3.1. 성장기 일본기업의 사업모델

이를 위해서는 우선 고도 경제성장기의 일본기업의 사업모델을 먼저 이해하여야 한다(김현철, 2004). 앞 장에서도 살펴 본 것처럼 성장기 일본기업들의 사업모델은 유통계열화를 주축으로 하고 있다. 유통을 계열화한 뒤 이를 기반으로 일본적 생산과 일본적 영업을 계속 돌리는 독특한 사업모델(Business Model)을 가지고 있었다.

일본적 생산은 마쓰시타의 창업자인 마쓰시타 고노스케(松下幸之助)가 기업인의 사명으로 규정한 영역이다. 모든 가정들이 편리하게 이용하던 수돗물처럼 소비자들이 필요로 하는 좋은 물품을 값싸게 생산하여 무궁무진하게 공급하는 것이 기업인의 기본 사명이었다. 이 때문에 일본적 생산은 단순히 물건을 만드는 것이 아니라 작업자의 혼마저 불어넣는 과정으로 여겨지기도 하였다.

한편 일본적 영업은 유통을 계열화하고 계열화된 유통을 통하여 제품을 판매하는 영역이다. 시세이도의 예에서도 본 것처럼 경우에 따라서는 고객마저 조직화하여 생산된 제품을 끊임없이 판매할 수 있는 체제를 만드는 것이 일본적 영업이다.

일본적 영업도 일본적 생산도 유통계열화를 근간으로 운영될 수 있는 것이기에 전후 일본기업들의 사업모델은 유통의존적인 사업모델이라고도 할 수 있다. 이 때문에 1980년대의 미국과 일본의 구조조정 협의에서는 미국 측이 유통계열화의 개선을 끊임없이 요구하였던 것이다.

이러한 사업모델은 전기나 화장품뿐만 아니라 자동차와 세제, 카메라, 피아노, 신문, 의약품 등 일본의 여러 산업에서 광범위하게 보였다.

3.2. 일본 소비자들의 변화

문제는 이러한 일본기업의 사업모델이 80년대와 90년대를 거치면서 크게 흔들렸다. 그 변화의 첫 단추는 일본 소비자들의 변화였다(池尾, 1999).

고도 경제성장기에 일본의 소비자들은 높은 제품 가격도 감내하였다. 그 이유는 우선 그 시기에 기업의 제품 가격이 구조적으로 비쌌다. 앞에서 설명한 바와 같이 일본기업들의 사업모델은 유통계열화를 근간으로 하고 있는데 유통계열화는 기본적으로 특정 기업의 제품만을 우선적으로 취급하는 폐쇄적인 모델이기 때문에 여러 기업의 제품을 동시에 취급하는 개방형 모델보다는 코스트가 많이 든다. 게다가 신제품을 수돗물처럼 계속해서 출시하고 판매하는 데에도 코스트가 많이 든다. 그 결과 제품은 우수하고 새로운 기능은 많이 추가 될지는 모르지만 코스트가 높기 때문에 결국 제품의 판매가격이 높을 수밖에 없었다.

또한 고도 경제성장기에는 소비자들도 제품에 대한 지식이 부족하였다. 소비 경험이 일천하고 제품에 대한 지식이 부족할수록 유통 계열점의 판매원들에게 보다 많이 의존하게 된다. 그 결과 서비스는 높지만 그 서비스에 대한 대가를 결국 소비자가 부담하게 되기 때문에 판매 가격도 높아지게 된다.

또한 소비자들도 경제성장으로 소득이 매년 높아지기 때문에 높은 판매가격을 용인하였다. 경우에 따라서는 부를 상징하기 위하여 높은 가격의 제품을 선호하기도 하였다. 경제 성장기에 과시적 소비와 명품 소비가 늘어난 것도 바로 이 때문이었다.

　하지만 80년대와 90년대를 거치면서 일본의 소비자들이 변화하기 시작했다. 그 변화의 방향은 크게 2가지였다. 하나는 소비자들이 고도 경제성장기를 거치면서 소비경험이 축적되게 됨에 따라 제품에 대한 판단력이 높아져 갔다. 과거에는 제품에 대한 지식과 판단력이 부족하여 계열점의 제품 설명이나 전속 카운셀러의 도움으로 제품을 구매하였지만 소비경험이 축적됨에 따라 자신의 제품은 자신이 직접 선택하는 쪽으로 변화하기 시작하였다.

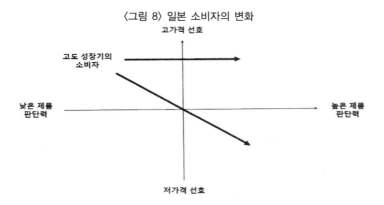

〈그림 8〉 일본 소비자의 변화

출처: 池尾(1999)

　소비자들의 또 다른 변화는 가격에 보다 민감하게 된 점이다. 고도 경제성장기에는 소득이 지속적으로 향상되었기 때문에 가격에 대한 민감도는 낮았고 그 보다는 질 좋고 기능이 많은 제품으로의 상급 소비가 강했다. 하지만 소비경험이 축적되고 버블 붕괴로 소득이 정체되자 소비자들은 제품 가격에 보다 민감해졌다. 이 때문에 같은 제품이면 보다 저렴한 제품을 찾는 경향이 강해졌다.

이수진(2011)이 연구한 1990년대의 연간 히트 상품을 살펴보더라도 가격 파괴형 내지는 절약 지향형 제품들이 주류를 이루고 있다.

3.3. 일본 유통산업의 변화

여기에 일본기업들을 더욱 힘들게 한 것은 유통의 변화였다. 유통이 소비자들의 변화를 재빠르게 활용하며 새로운 혁신을 일으키기 시작하였던 것이다.

고도 경제성장기에 일본의 주력 유통은 백화점과 종합양판점, 계열점이었다. 특히 백화점과 종합양판점은 대중 소비시장을 선점하며 거대산업으로 성장하였다. 하지만 경제가 성숙되면서 편의점과 카테고리 킬러라는 전문점 등이 성장하기 시작하였다.

〈그림 9〉 일본 소매기업의 시가총액 변화

	1999년		시가총액		2009년		시가총액
순위	회사명	업태	(億円)	순위	회사명	업태	(億円)
1	세븐일레븐재팬*	편의점	37,480	1	세븐&아이 홀딩즈	소매연합	26,186
2	이토요카도*	할인점	31,339	2	패스트 리테이링	의류전문점	13,874
3	마루이(丸井) 그룹	백화점	8,165	3	이온	할인점	6,963
4	이온	할인점	7,132	4	야마다전기	가전전문점	5,632
5	패밀리 마트	편의점	5,369	5	로손	편의점	4,920
6	유니	할인점	4,003	6	니토리	가구전문점	3,713
7	다카시마야(高島屋)	백화점	2,971	7	패밀리 마트	편의점	3,672
8	이세탄(伊勢丹)	백화점	2,637	8	미즈코시·이세탄홀딩즈	백화점연합	2,842
9	서클 K 재팬*	편의점	2,329	9	ABC마트	신발전문점	2,467
10	아오야마(靑山) 상사	신사복전문점	2,206	10	시마무라	의류전문점	2,373
11	다이에	할인점	2,183	11	다카시마야(高島屋)	백화점	2,137
12	마이카루(MYCAL)*	할인점	2,096	12	J프론트 리테이링	백화점연합	1,930
13	시마무라	의류 전문점	1,817	13	유니	할인점	1,810
14	요크베니마루*	슈퍼마켓	1,814	14	이즈미야	할인점	1,660
15	월드(WORLD)*	의류전문점	1,598	15	마루이그룹	백화점	1,628
16	미즈코시(三越)*	백화점	1,467	16	산드락	드럭스토어	1,588
17	한큐(阪急)백화점*	백화점	1,357	17	스기홀딩즈	드럭스토어	1,497
18	이즈미야	슈퍼마켓	1,306	18	서클K 산크스	편의점	1,388
19	타이요	슈퍼마켓	1,099	19	H2O 리테이링	백화점연합	1,364
20	시마쥬(島忠)	가구 전문점	1,073	20	돈키호테	종합DS	1,256

출처: 최상철(2013)

〈그림 9〉에는 1999년과 2009년의 소매기업들의 시가총액 순위가 나타나 있다(최상철, 2013). 10년간의 순위 변화의 특징을 살펴보면 첫째가 시가총액 자체가 많이 줄어들었다는 점이다. 특히 상위 소매기업들의 시가총액이 많이 빠졌는데 이것은 거대 유통기업들의 기업가치가 저성장으로 많이 줄어들었음을 의미한다.

두 번째 특징이 1999년에 상위 순위를 점하였던 백화점과 종합양판점 등의 순위가 2009년에는 많이 하락하였다는 점이다. 그나마 이들 업태(業態)들이 생존을 위하여 다른 기업들과 통폐합하게 됨에 따라 소매연합이나 백화점연합이라는 이름이 많이 눈에 띈다.

세 번째 특징이 의류 전문점이나 가구 전문점, 신발 전문점, 화장품 전문점 등이 많이 성장하였음을 알 수 있다.

물론 이 표는 시가총액을 표시하는 관계로 상장기업들만의 순위변동을 보여주고 있지만 실제 전문점들의 총 매출액 순위를 보면 야마다 전기와 요도바시 카메라, 코지마와 같은 가전 전문점들이 상위 6개사에 랭크되어 있고 그밖에 패스트 리테일링이나 시마무라와 같은 의류 전문점, 마츠모토 기요시와 가와치 약품과 같은 드럭스토어, 카인즈와 코난 상사와 같은 자동차용품 전문점 들이 상위 20개사에 들어 있다(김현철, 2006).

3.4. 일본기업 사업모델의 파괴

문제는 이들 전문점들의 성장과 더불어 일본 기업들의 유통계열화도 점차 붕괴되기 시작한 점이다. 가전 분야에서는 야마다 전기와 같은 전문점이 급속히 성장하자 마쓰시타 계열점들이 붕괴되기 시작하였고 마츠모토 기요시와 같은 드럭스토어가 급속히 성장하자 기존의 화장품 계열점들이 붕괴되기 시작하였다. 이러한 변화는 의류와 가구, 서적, 문구 등 여러 산업 분야에 걸쳐 일어나기 시작하였다.

이 같은 변화는 일본기업의 매출과 이익, 그 중에서 특히 이익에 직격탄을 날렸다. 전통적인 일본기업은 앞에서도 설명한 바와 같이 계열 유통망에 의존하는 사업모델을 가지고 있었다. 하지만 계열 유통망이 붕괴하자 일본적 생산과 일본적 영업 시스템이 타격을 받기 시작하였다. 특히 일부 산업에서는 타격의 정도가 심하여 기업의 사업모델 자체가 붕괴되기까지 하였다.

전통적인 계열 유통망은 제조기업의 판매 대리점(selling agent)으로서의 역할을 수행해 왔다. 특정 제조기업이 공급하는 제품만을 취급하였고 또한 그 기업이 원하는 판매가격으로 제품을 판매하였다.

하지만 카테고리 킬러인 전문점은 더 이상 제조기업의 판매 대리점이 아니다. 특히 이들은 저성장기에 소비자들의 변화를 바탕으로 성장하였기에 소비자들의 구매 대리점(buying agent)으로서의 역할을 하였다. 소비자들이 다양한 기업들의 제품을 원한다면 여러 기업으로부터 다양한 제품을 구입하여 판매하였고 소비자들이 싼 가격을 원한다면 기업들을 경쟁시켜서라도 싼 가격으로 판매하였다. 경우에 따라서는 해외 기업에 하청을 주어서라도 더 싼 가격의 제품, 예를 들어 PB(Private Brand) 제품을 만들어 판매하기도 하였다.

그 결과 전통적인 일본적 생산은 유지하기가 어렵게 되었다. 수돗물처럼 물건을 쏟아 내더라도 순순히 팔아 줄 유통망이 줄어든 것이다. 또한 전통적인 일본적 영업도 힘들어졌다. 유통이 순순히 물건을 사 주거나 기업이 원하는 가격으로 판매해 주지 않게 되었다. 오히려 유통이 원하는 제품을 생산해 주거나 유통이 원하는 가격에 제품을 공급해 주어야만 했다.

그 결과 고도 경제성장기에 구축되었던 일본기업들의 전통적인 사업모델도 점차 파괴되어 갔다.

4. 맺음말

日高(2012)의 연구에 의하면, 1981년부터 2014년까지의 35년간 일본 기업들의 매출 영업이익률과 총자본 영업이익률의 변화를 살펴보았을 때 조그마한 부침은 있었지만 장기적으로 하락하는 경향이 보였다고 지적하였다.

가전산업의 경우 이익률의 장기적인 하락은 더욱 뚜렷하였다. 그 결과 산요가 도산하였고 샤프가 해외기업들의 자금지원으로 겨우 도산을 면하였다. 가전산업의 대표적인 기업인 마쓰시타의 경우에도 2002년과 2009년에 마이너스 영업이익률을 기록하였다.

화장품 산업의 경우도 마찬가지였다. 견고한 내수 시장과 중국 시장에서의 선전 등으로 가전산업 정도의 위기는 경험하지는 않았지만 이익률의 하락추세는 피할 수 없었다. 그 속에서 시세이도는 1987년과 1988년, 2005년과 2006년, 2009에 제로에 가까운 이익률을 기록하더니만 2012년에는 마이너스 영업이익률을 기록하였다.

이처럼 일본을 대표하는 산업의 경쟁력 하락에는 여러 요인이 있었지만 본 논문에서는 일본의 유통산업의 변화를 통하여 이를 설명하였다. 유통산업은 제조기업의 가치사슬 중 하류를 담당하는 산업이다. 이 산업의 변화는 제조기업의 경쟁력에 커다란 영향을 미친다.

특히 일본기업들은 고도 경제성장기에 유통계열화를 기반으로 유통의존형 사업모델을 구축하였고 이를 기반으로 성장해 왔다.

하지만 소비자의 소비경험이 축적되고 소비자의 가격 민감도가 높아지자 유통산업에서 카테고리 킬러형 전문점과 양판점이 급속히 성장하였다. 이들이 기업의 판매 대리점 보다는 소비자의 구매 대리점을 표방하며 가격 파괴를 일상화하자 일본기업들의 사업모델이 서서히 붕괴되어 갔다. 이와 더불어 일본 기업들의 경쟁력도 같이 하락해 갔던 것이다.

헤이세이불황 이후 일본의 고용과 노동*

김양태

1. 머리말

1.1. 연구목적

1990년대 버블붕괴로 시작된 헤이세이불황 그리고 2008년의 글로벌 금융위기와 2011년 동일본대지진을 거치면서 일본경제는 물론 노동시장 지형은 크게 변화해 왔다. 우선 오랫동안 안정수준을 유지해 왔던 실업률이 상승하고, 이직률이 상승하는 등 노동시장의 유연화가 진전되었고, 또한 비정규고용이 큰 폭으로 증가하면서 파견, 계약, 촉탁, 파트 타임 아르바이트 등의 고용·취업형태의 다양화·탄력화가 현저하게 나타났다. 그 결과, 격차사회 혹은 노동빈곤 등의 문제가 사회적 이슈로 등장했다.(채인석 : 2007, 안희탁 : 2013, 노상현 : 2004).

---

 * 이 논문은 『일본근대학연구』제52호에 게재된 「일본 노동시장과 고용관행의 변화」
   의 내용을 수정·보완한 논문임(NRF-2008-362-B00006).

한편, 장기불황의 영향으로 기대 성장률이 하락하고, 기업수익구조가 악화되는 상황에서 고용, 설비, 채무의 과잉문제가 당면과제로 등장했다. 또한 기업지배구조의 변화, 수익 및 주가 중시의 경영, 고용과 관련된 각종 법 개정 등 기업경영을 둘러싼 환경이 급변하면서 일본적 고용관행도 크게 변화해 왔다. 먼저 종신고용은 평균 근속 연수가 줄어들고 정규고용의 비율이 지속적으로 하락하는 등 종신고용의 종언이 종종 언급되었다. 연공임금에 대해서는 직능자격등급 및 연령급 축소, 정기승급의 억제, 성과주의 도입, 직무·역할급 도입 등 연공임금의 수정이 큰 관심을 끌었다(안희탁: 2007).

그러나 2000년대 중 · 후반부터 일본적 고용관행에 새로운 동향이 나타나고 있다. 신규졸업자의 채용이 증가하고 고용안정과 인재육성의 관점에서 장기고용관행을 재평가하려는 움직임이 활발하게 전개되고 있다. 이에 따라 능력개발도 노동자 주도의 자기계발에서 기업 주도의 능력개발체제로 전환되고 있으며, 과거 도입된 성과주의 임금제도는 직능급 및 역할·직책 혹은 직무급으로 대체되고 있다.

본 연구는 헤이세이 불황 이후 노동시장의 유연화, 고용·취업형태의 다양화·탄력화의 전개과정을 인사노무관리 측면에서 고찰하고 최근의 변화 동향에 대해서 고찰하고자 한다.

1.2. 일본적 경영에 관한 선행 연구

(1) 일본적 경영을 둘러싼 연구 방법론

일본적 경영은 일반적으로 종신고용관행(장기고용제도), 연공임금제도(연공서열제도), 기업별노동조합 등으로 구성되는데 종신고용관행이 그 중심에 있다. 종신고용관행을 설명하기 위한 방법론으로는 일본적경영론과 일본적노사관계론, 일본적 고용관행론 등이 있다.

먼저 일본적 경영론은 岩尾裕純(1981)에 따르면 일본 대기업의 형태(기업집단을 축으로 하는 일본 주식회사와 대기업에 의한 중소기업지배), 대기업의 노사관계(종신고용제, 학력주의와 관련된 연공제, 기업 내 교육훈련제도, 기업 내 복지제도, 기업별 노동조합 등)를 들고 있다.[1]

다음으로 일본적 노사관계론은 종신고용, 연공서열, 기업별노동조합의 영역을 인사노무관리 측면에서 노동조합조직의 특징 및 단체교섭구조, 노동조합운동의 노선·운동 및 그 변화를 분석하고 있다. 木元進一朗(1988)는 일본적 노사관계를 '日本的労資関係'와 '日本的労使関係'로 구분하고 후자를 종신고용, 연공제, 기업주의적 노동조합으로 규정하고 있다. 아울러 일본 노사관계의 시기를 ①1950년대 후반 이후의 제1차 고도성장기를 일본적 노사관계의 형성기, ②제2차 고도성장기(1960년대 후반부터 1970년대 전반까지)를 그 전개기, ③석유위기 이후, 1973년부터 1976년 이후를 그 재편성과 동요기로 구분하고 있다.[2] ①의 형성기에

---

1) 岩尾裕純, 「研究 ノート·日本的経営とは何か」, 『経済』, 1981, 1-2쪽.
2) 木元進一朗, 「企業と労使関係」, 『日本的労務管理史(3)労使関係』, 中央経済社, 1988, 67-91쪽.

VII. 헤이세이불황 이후 일본의 고용과 노동 297

는 철강대기업의 사례를 통해 구형숙련을 담당했던 고참노동자를 중심으로 한 직장 노동자집단의 해체와 작업장(作業長)으로의 재편, 그에 따른 인사고과의 강화, 공장(工長)을 중심으로 하는 기업주의적 노동자 집단의 형성, 직무급 도입, 노동조합의 기업주의화의 완성(기업집단에서의 조합기능의 소실) 등을 그 근거로 제시했다. 木元進一朗는 철강대기업에서 형성된 기업주의적인 일본적 노사관계가 ②의 시기에서는 IMF·JC(국제금속노련일본협의회, 이후 금속노협) 및 동맹결성 등의 '반공노사협조주의(反共労使協調主義)의 전개, 능력주의관리, 직능자격제도의 도입 및 소집단활동에 의해서 민간대기업으로 확대되었다고 지적하고 있다.

마지막으로 일본적 고용관행론이 있다. 이는 대기업의 고용과 처우의 관행·제도를 지칭하고 있는데 구체적으로 채용제도, 교육훈련제도, 승진제도, 승급(昇給)제도, 퇴직금제도, 정년제도 등의 내용을 포함하고 있다.[3]

(2) 일본적 경영의 형성, 정착, 재편

일본적 경영의 구성요소는 종신고용관행(장기고용제도), 연공임금제도(연공서열제도), 기업별노동조합이다. 이는 각각 고용관리, 임금(처우)관리, 노사관계관리 등 인사노무관리의 일본적 특징을 나타내고 있다. 일본적 경영에서 중심이 되는 것은 성인 남성, 본채용의 정규노동

---

3) (財)「日本生産性本部, 高齢化に対応する新たな雇用制度」, 1982, 1-2쪽.

자를 대상으로 하는 연공임금제도이다. 연공임금제도는 정기승급제도 안에서 구체화되는데, 1950년대 후반에 일경련(日經蓮)이 제창한 정기 승급제도는 고도성장기를 통해서 일본기업으로 확산되었다. 이러한 정기승급제도의 특징은 첫째, 임금이 학력, 능력, 연령, 근속연수와 상관관계를 전제로 표준적인 정기승급 커브를 상정하고 있다. 둘째, 연공임금제도에서는 능력이라는 속인적(屬人的) 요소가 중시된다. 정기승급제도에서는 객관적이고 구체적인 직무의 내용이 아니라, 속인적 요소인 연령, 근속연수, 능력 등이 평가된다. 셋째, 연공임금제도는 연공적 숙련 형성시스템을 전제로 하고 있다. 채용은 신규졸업자를 학력별로 정기·일괄 채용하는 방식을 취하고 있는데, 신규졸업자는 계층별·직능별의 Off-JT, OJT, 자기계발, 그리고 폭넓은 인사이동(사업소, 부, 과, 계)을 통해서 다양한 숙련을 습득한다.

일본적 경영은 1950년대 후반에 형성되어 1960년대 전반기에 확립되었고, 후반기에는 능력주의라는 개념이 도입되어 제1차 석유위기를 계기로 능력주의관리로 재편성되었다. 종신고용관행은 감량경영이 진행되는 과정에서 고용의 소수화, 고용의 정예화, 고용의 유동화 등이 나타났다. 즉 고용의 소수화는 신규채용의 정지, 출향 및 전직, 일시휴가, 희망퇴직, 지명해고 등 인원감축을 의미하며, 고용의 정예화는 중고령 노동자의 퇴출과 동시에 능력주의관리를 통한 고용구조의 고도화를 지향하고, 고용의 유동화는 경영 환경에 따라 노동력을 기업 내·외부로 유연하게 이동시켜 고용 총량을 조정하는 것을 말한다.[4]

한편, 연공임금은 45세 승급 정지로 대표되는 정기승급제도의 축소와 함께 연공임금의 직능급화가 시도되었다. 전후 노동운동의 성과로 형성된 전후형 연공임금(연령, 근속, 학력 등 객관적인 지표를 이용한 임금체계)에서 근속연수를 반영한 정기승급 요소를 분리시키고 인사고과를 확대한 것이 주요 특징이다. 특히 일경련은 1980년 2월에 '신(新)직능자격제도'를 발표하자 직능자격제도를 중심으로 하는 종합적 인사노무관리는 일본기업으로 빠르게 도입되었다. 그 결과, 직능자격제도를 축으로 하는 승진·승격관리의 능력주의화가 정립되어 종업원의 선별과정은 직무수행능력의 평가를 통해 이루어지고 기업 내부에서는 승진을 둘러싼 치열한 경쟁구도가 형성되었다.[5)

(3) 일본적 경영과 이중구조

정규고용, 비정규고용이라는 용어가 정부 통계에서 최초로 등장한 것은 1981년 3월에 실시한 '노동력조사특별조사'였다.[6) 이 조사에서 고용형태의 구분(정규종업원, 파트 타임 노동자, 아르바이트, 기타 임시적 종업원 등의 4 구분)이 처음으로 도입되어 정규종업원, 비정규종업원이라는 용어가 사용되기 시작했다. 1981년 이전에는 정규고용을 '직원(職員)' 혹은 '본공(本工)'이라고 불렀으며 비정규 고용에 대해서는 '임시공(臨時工)', '사외공(社外工)', '일고(日雇)' 등의 용어가 사용되었다.[7) 특히

---

4) 김양태, 「저성장기 일본 노사관계의 동요와 재편」, 『협조적 노사관계의 행방』, 2013, 211쪽.
5) 黒田 兼一, 「戦後日本の労務管理と競争的職場秩序」, 『経営学論集』, 1992, 254-260쪽.
6) 伍賀一道, 『非正規大国, 日本の雇用と労働』, 新日本出版会, 2014, 76쪽.
7) 小池和男, 『非正規労働を考える』, 名古屋大学出版会, 2016, 24-25쪽.

1950년대 이후, 일본기업은 저비용 노동력(경기변동에 대한 완충장치)으로서 임시공을 활용하기 시작했다.[8] 고용의 이중구조(대기업의 본공 vs 중소·영세기업노동자, 임시공, 일고)는 엄연히 존재했지만, 본공으로 구성된 노동조합이 임시공의 본공화 전환 투쟁을 적극적으로 전개하면서 임시공에서 본공으로 전환되는 사례도 적지 않았다.[9] 그러나 조선업, 자동차 산업에서는 임시공의 본공화 투쟁을 회피할 목적으로 사외공을 적극적으로 활용하기 시작했으며, 1960년대 후반부터는 노사협조를 표방한 노동조합이 주도권을 장악하면서 임시공의 본공화 투쟁은 점차 사라져 갔다.[10]

한편, 사외공에 대한 노동행정의 대응은 과거 비판적인 자세에서 묵인하는 쪽으로 전환되었는데, 예를 들어 1967년 일본정부가 발표한 '고용대책기본계획-완전고용 대책'에서는 임시공의 개선방향을 언급하고 있지만, 사외공에 대해서는 아무런 언급도 하지 않은 것은 대표적인 사례이다. 즉 사외공은 고도 경제 성장기의 수출주도형 경제구조에서 저임금, 고용조정이 용이한 노동력으로서 중요한 위치를 점하고 있었기 때문이다. 그 결과 민간 기업에서 정규고용과 비정규고용(임시공, 사외공, 하청노동자) 및 중소기업 노동자 사이에서 노동조건의 격차는 확대되었으며, 이 시기에 노동시장의 계층적 격차구조(노동시장의 이중구조)의 골격이 성립되었다.

---

8) 山本潔, 「臨時工社外工労働市場」, 『文献研究日本の労働市場』, 労働問題文献研究会, 1975, 84-89쪽.
9) 小池和男, 2016, 31-39쪽.
10) 伍賀一道, 2014, 162-165쪽.

한편, 고도성장기는 정규고용의 시대였다. 일본기업은 높은 경제 성장률을 반영해 신규졸업자를 대량으로 채용하기 시작하면서 비정규 고용(임시공, 일고, 계절공 등)의 비중은 상대적으로 축소되었다. 그러나 제1차, 2차 석유위기를 계기로 고도 경제 성장이 종식되자 정규고용을 축소하려는 움직임과 함께 하청, 파트 타임 등의 비정규고용을 적극 활용하기 시작했다. 특히 1970년대 이후의 파트 타임의 급증은 비정규 고용의 사원화 현상을 야기한 주된 요인이 되기도 했다.[11]

1980년대의 안정 성장기는 비정규고용의 다양화가 진행된 시기였는데, 특히 1986년 6월, 노동자파견법이 제정되면서 파견사원, 계약사원이 급증하게 되었고 고용·취업형태의 다양화가 나타나기 시작했다. 비정규고용은 어느새 정규고용을 확보·유지하기 위해 일시적으로 이용하는 개념에서 정규고용을 대신하는 기간(基幹) 노동력으로 그 흐름이 변화하기 시작했다고 볼 수 있다.

2. 버블붕괴와 노동시장 유연화

2.1. 버블붕괴와 노동시장 유연화

1980년대 후반 일본의 토지 및 주식시장에서 발생한 버블현상은 1990년대에 진입하면서 일본은행의 금융긴축정책, 대장성(大藏省)의

---

11) 大橋勇雄·中村二朗, 『労働市場の経済学』, 有斐閣, 2004, 17쪽.

부동산 관련 산업에 대한 대출 총량규제 등의 일련의 조치를 계기로 붕괴되기 시작했다. 지가, 주가 등 자산가격의 지속적인 하락은 장기 불황의 직접적인 원인이 되었다. 즉 일본경제는 '개인소비침체→물가하락→기업실적악화→감원 및 임금(상여금) 삭감→ 개인소비 침체→물가하락'이라는 악순환이 반복되었다.[12]

장기불황의 영향으로 경제성장률이 하락하고, 실업률이 증가하면서 고용사정은 급속도로 악화되었다. 〈그림 1〉은 입직률과 이직률의 변화 추이인데, 입직률은 1991년부터 큰 폭으로 하락하면서 결과적으로 이직초과 현상이 발생하고 있다. 이것은 신규채용을 엄격하게 규제하는 일종의 고용조정으로 이러한 현상은 장기간에 걸쳐 지속되었다. 입직규제는 청년층 실업률을 상승시키고 니트(NEET)[13], 프리터(Freeter) 등 청년층 고용문제를 발생시키는 주된 요인이 되었다.[14] 입직률은 2002년부터 2007년까지 전후 최장의 경기회복 기간과 2008년 글로벌 금융위기를 겪으면서 상승과 하락을 반복하고 있다.

---

12) 長谷部孝司, 「1990年代半ば以降の日本の金融制度(上)」, 『東京成徳大学研究紀要』, 2010, 50쪽.
13) NEET는 'Not in Employment, Education, or Training'의 略字이다.
14) 三木準一, 「雇用形態の多様化と雇用調整」, 『経済政策研究』, 2006, 150-153쪽.

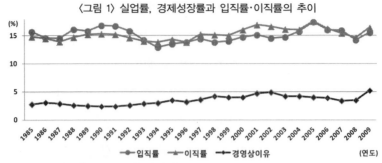

〈그림 1〉 실업률, 경제성장률과 입직률·이직률의 추이

자료: 厚生労働省,『雇用動向調査』, 各年度.

한편, 이직률은 1996년까지 거의 변화가 없다가 1997년부터 점차 상승하고 있다. 특히 경영상의 이유에 의한 이직률을 보면, 1997년부터 2002년까지의 아시아 금융위기, 2008년부터 2010년까지의 글로벌 금융위기의 영향으로 상승 폭이 크지만, 장시간에 걸쳐 꾸준히 약 3%의 수준을 유지하고 있다는 점도 주목할 만한 사항이다.[15)]

여기서 잠깐 니트와 프리터에 대해서 언급하고자 한다. 15~34세에서 취직하지 않고 직업훈련을 받지 않으며 가사일도 하지 않는 젊은 층을 '일본형 니트'라고 부르는데, 통계상으로는 비노동력인구의 범주에 속한다. 일본형 니트의 특징으로는 남성이 약 65%로 과반수를 차지하고, 연령별로는 15~19세가 약 20%, 20~24세, 25~29세, 30~34세가 각각 약 30%씩 차지하고 있으며 학력수준이 낮을수록 그 비율이 높게 나타나고 있다.[16)] 프리터란 파트타임, 아르바이트 등 정규고용 이외의 15~34세까

---

15) 김명중, 「최근 일본기업의 고용조정과 정부 대책 등에 대해서」,『국제노동브리프』, 2009, 45-47쪽.
16) 阿部 誠, 「雇用社会の変容と多様な働き方」,『現代日本の社会政策』, ミネルヴァ書房, 2007, 255쪽.

지의 일하는 젊은 층을 지칭한다. '평성15년국민생활백서'에 따르면 프리터는 25~34세의 비중이 가장 높은데, 2002년도의 경우 고졸자의 38.4%, 대졸자의 31.3%에 달하고 있다. 신규졸업자의 경우, 졸업 후 취업이 어려워 아르바이트를 하게 되는 경우가 많은데 일단 아르바이트를 하게 되면 그 이후는 정규고용으로의 채용이 불가능해 프리터를 지속하는 경우가 적지 않다.[17]

3. 구조개혁(규제완화)과 경영방침

3.1. 장기불황과 구조개혁

버블붕괴 이후, 장기 불황과 급격한 엔고현상으로 국제경쟁력 하락이 주요 현안문제로 등장하면서 다양한 구조개혁(규제완화)정책이 논의되었다. 규제완화는 세계화에 따른 기업 간 경쟁이 격화되고 미국으로부터의 무역불균형의 시정 요구가 더해지면서 1990년대 중반부터 구조개혁정책의 중심에 놓였다. 특히 일본 정부와 재계는 엔고를 발생시키는 원인으로 일본 경제의 '고비용 구조' 즉, 과잉설비, 과잉고용, 과잉채무를 지적하고 해결 방안이 논의되었다. 예를 들면, 1996년에 등장한 하시모토(橋本)수상은 금융(불량채권), 행정(부처통폐합), 재정(재정구조개혁), 사회보장(퇴직연금 및 공적개호보험 도입), 경제구조(지주회사에 대한 규제 완화), 교육개혁(입시경쟁 완화) 등 이른바 '6대 구조개

---

17) 内閣府, 『平成15年国民生活白書』, 2003, 72-80쪽.

혁'을 제시했다. 1997년부터 1999년까지 마이너스성장의 영향으로 실업률이 5%대로 급상승하자 규제완화의 움직임은 가속화되었다. 코이즈미 정권(2001-2006)은 산업(기업)경쟁력 향상을 목적으로 공적부문의 민영화와 함께 각종 구조개혁(규제완화)정책을 제시했다. 이러한 정책은 기업경영에 직·간접적으로 영향을 주었는데 실제로 기업지배구조, 회계제도, 고용과 관련된 각종 법제도 등은 대표적인 사례이다.[18]

3.2. 구조개혁(규제완화)과 경영방침의 변화

(1) 기업지배구조의 변화

일본기업의 전통적 기업지배구조는 기업 상호간, 그리고 은행과 기업 간의 주식 상호 보유정도가 높았고 주식은 장기적·안정적으로 보유되어 기업 경영권은 장기간 안정된 상태가 지속되어 왔다. 일본에서는 주식시장이 발달되지 않아 기업은 필요 자금을 주로 은행을 통해 조달해 왔으며 주거래 은행 제도를 통해 기업과 은행 간에는 장기적·안정적 거래관계가 이어져 왔다.

그러나 버블붕괴 이후, 일본의 전통적 기업지배구조는 자금조달방식, 주식의 소유구조 변화, 수익 악화의 영향으로 급변하게 되었다. 금융자유화에 따라 일본 기업들은 해외 금융시장에서 자금 조달을 할 수 있게 되었고, 주식을 통한 자금 조달도 용이해 졌다. 이러한 추세는 1990년대 이후 심화되었는데 1996~1997년 금융위기 이후에는 은행이 부실화

---

18) 박정훈, 「일본경제의 잃어버린 15년, 무슨일이 있었나?」, 『일본공간』, 2007, 104-108쪽.

하면서 자금 공급 능력이 제한되어 기업의 주거래 은행 의존도는 낮아지는 대신 주식시장의 영향력이 상대적으로 강화되었다.[19] 주식의 소유구조는 종래의 안정적인 주식의 상호보유구조가 와해되면서 장기보유지분 비율이 하락하고 외국인과 기관투자가가 거버넌스의 주체로 등장하여 인수합병의 위험성이 높아졌다.

(2) 수익 및 주가 중시의 경영방침

일본기업은 버블기의 호황 속에서 확대 경영을 추구해 왔다. 그러나 버블이 붕괴되면서 기대 성장률이 하락하고, 기업수익이 악화되면서 고용, 설비, 채무의 과잉이 현안과제로 등장했다. 일본기업들은 고용과잉에 대해서는 잔업규제, 비정규고용 해고, 신규채용 억제, 희망퇴직자의 모집 등의 방법을 통해 감원을 단행하고, 인건비 상승을 억제하기 위해 성과주의 도입, 임금(상여금)삭감, 임금인상억제 등을 시행해 왔다. 과잉설비에 대해서는 설비폐기, 설비매각을 지속적으로 추진하고 재무과잉에 대해서는 과잉재고 및 부채삭감, 금융자산 및 부동산자산의 매각, 적자부문의 분리·매각, 관련회사의 정리, M&A를 통한 사업재편을 단행했다. 또한 금융기관의 경영위기, 기업지배구조의 변화, 외국계 투자자의 참여로 수익성과 배당을 중시하는 경영이 강조되었고,[20] 주식의 시가(時價)평가라는 회계제도의 변경으로 주가의 변동에도 민감하게 반응하게 되었다.[21] 예를 들면, 경제동우회(經濟同友会)가 향후 중시해

---

19) 정이환, 『경제위기와 고용체제』, 한울아카데미, 2011, 65쪽.
20) 宮本光晴, 『日本の企業統治と雇用制度のゆくえ』, ナカニシヤ出版, 2014, 34-35쪽.

야 할 경영평가 지표로서 경상이익(51.2%), ROE(주주자본이익률, 46.9%), 비용 삭감(37%), 순이익(36.6%), 영업이익(35.9%), 현금 확보(35.4%), 주가(34.2%), 매출액(32.8%), 가격경쟁력(32.3%), ROA(총자산이익률, 26.8%), EVA(경제적 부가가치, 13.8%)를 제시하고, 수익성 확보와 주가를 중시한 경영전략을 강조한 것은 대표적인 사례이다.22)

(3) 고용과 관련된 각종 법 개정

버블붕괴 이후, 저성장이 지속되는 가운데, 〈표 1〉과 같이 노동법제에 대한 규제완화가 진행되었다. 특히 코이즈미정권(2001-2006)은 장기불황과 국제경쟁력 하락을 시정하기 위해 노동시장의 유연화, 고용·취업형태의 다양화·탄력화와 함께 일본적 고용관행의 수정을 강하게 표방했다.

〈표 1〉 노동법제 규제완화의 내용

연도	내용
1985	노동자파견법 제정
1987	변형노동시간제의 확대, Flextime제·재량노동제의 도입
1997	여성보호규정의 철폐
1998	유기고용의 기간제한 완화(상한 3년의 특례도입), 기업업무에 대한 재량노동제의 신설
1999	파견사업의 대상업무확대(원칙자유화)
2003	노동자파견의 대폭적인 규제완화(제조업 허용, 26개 업종에 대한 파견기간제한 철폐, 유기고용에 대한 상한제한의 재완화(원칙3년, 특례5년), 기획업무에 대한 재량노동제의 적용범위확대.

자료: 牧野富夫,『労働ビッグバン』, 2007, 120-121쪽.

여기서는 파견근로에 한정해서 고찰해 보고자 한다. 노동자파견법

---

21) 飛田努,「企業価値向上のためのマネジメントコントロールシステムの分析 視角」,『熊本学園会計専門紀要』, 2010, 40-42쪽.
22) 経済同友会,『第14回企業白書』, 1999, 8쪽.

은 노동법이 적용되지 않은 파견근로자를 보호하기 위한 법률인 동시에 직접고용이 아닌 간접고용의 형태를 예외적으로 인정하는 법률이다.[23] 파견근로는 1985년에 13개의 한정된 업무(포지티브 방식)에서 출발해 지속적으로 확대되어왔다. 예를 들면 1999년 파견대상 업종을 종래의 26개 업종에서 항만운송, 건설, 제조공정 등 일부 업종을 제외한 모든 업종(네거티브)으로 확대되었다. 2003년 법 개정에서는 소개예정파견에 관한 규정 정비, 허가·신고 절차 간소화, 파견원(인력파견업체)의 책임과 파견처(작업하는 사업장) 책임의 명확화, 무제한 파견 업종의 확대, 제조업 적용 확대가 명시되었다. 2014년 3월에는 파견기간 제한이 완전 철폐되고, 파견사업주를 허가제로 일원화하는 법 개정이 이루어졌다.[24] 2015년 9월에는 파견근로자 사용기간을 사실상 폐지하는 개정 노동자파견법이 성립되었다.[25]

2013년 6월 기준으로 전체 파견노동자 수는 약 127만 명으로 특정근로자 파견 사업이 286,816명, 일반근로자 파견 사업이 986,386명(상시고용 근로자 512,069명, 상시고용 이외의 근로자 474,317명) 등이다. 파견근로자를 파견하고 있는 파견사업소 수는 2014년 3월 현재 83,847개로, 일반사업소 17,539개, 특정사업소 66,308개로 파악되고 있다.[26]

---

23) 皆川宏之, 「労働者派遣をめぐる法的問題」, 『日本労働研究雑誌』, 2009, p.6.
24) 김명중, 「일본의 파견근로자 현황과 최근 근로자파견법 개정 내용」, 『국제노동브리프』2014, 81쪽.
25) 日本経済新聞夕刊 (2015.9.11)
26) 김명중, 2014, 77-78쪽.

4. 재계의 인사노무관리 개정 지침

4.1. 일경련(日経連)의 '신(新)시대의 일본적 경영'

버블붕괴 이후, 세계화, 장기불황, 고용, 설비, 채무의 과잉문제, 기업경영을 둘러싼 각종 제도 변화에 대한 대응이 경영 현안 문제로 대두되면서 재계의 인사노무관리부서라는 별칭을 가진 일경련[27]은 1995년 5월 '신(新)시대의 일본적 경영'이라는 새로운 고용전략을 발표했다. 이 보고서의 핵심 내용은 장기고용 체제는 유지하면서도 고용형태의 다양화를 통해 인력운용의 유연성을 확대하겠다는 것으로 요약된다. 고용전략의 구체적 내용은〈표 2〉에서 요약한 것과 같이, 향후 고용형태를 장기축적능력 활용형, 고도전문능력 활용형, 고용유연형이라는 3개의 유형 즉, 고용 포트폴리오로 구분해 관리하는 내용이다.

〈표 2〉 일경련의 종업원 집단별 고용관리 방침

구분	고용형태	대상	임금	상여	퇴직금·연금
장기축적능력 활용형 그룹	무기계약	관리직·종합직·기능부문의 기간직	월급제·연봉제 직능급 승급제도	정률+업적 슬라이드	포인트 제도
고도전문능력 활용형 그룹	유기계약	전문부문(기획,영업,연구개발 등)	연봉제 업적급 승급없음	성과배분	없음
고용유연형 그룹	유기계약	일반직 기능부문 판매부문	시간급 직무급 승급없음	정률	없음

자료: 정이환, 2011, 44쪽.

---

27) 일경련(日本経営者団体連盟)은 2002년 경단련(経済団体連合会)과 통합해 경단련으로 명칭이 변화 됨.

고용 포트폴리오의 기본 방향은 장기축적능력 활용형에 해당하는 그룹만을 정규고용으로 규정하고 그 이외의 그룹은 유연한 고용형태(비정규고용)로 설정·운용함으로서 그동안 일본기업의 병폐로 지적되어 온 고비용·저효율의 경영체질을 개선하는 것을 목적으로 하고 있다.[28] 고용 포트폴리오 전략에 따라 임금 등 근로 조건은 총액인건비삭감이라는 목표 아래 상이하게 운용된다. 즉, 장기축적능력 활용형에 대해서는 정기승급제도 축소(폐지)와 함께 능력·성과주의를 도입하고, 고도전문능력활용형에 대해서는 계약형태를 적극적으로 활용해 상여금, 퇴직금, 사회보장비, 복리후생비 등의 인건비 삭감을 지향하고 있다.[29]

4.2. 경제동우회(経済同友会)의 시장원리

1997년 경제동우회(経済同友会)는 '고용시스템개혁을 위한 기업행동지침(이하 지침)'이라는 보고서를 발표하고 고용시스템에 시장원리의 도입을 주장했다. 이는 고용가능성(Employability)으로 체계화되는데 향후 노동시장(노동력) 유동화에 대비해 노사가 고용가능성을 제고하는 방안을 주문하고 있다.[30] 1999년에는 지침의 내용을 보완한 '기업백서(企業白書)'를 발표했다. 기업백서의 부제목이 '개인의 경쟁력 향상과 일본기업의 재생'으로 표기된 것처럼 기업발전을 위해서는 개인의 경쟁력 향상은 물론 이를 실현하기 위한 인사노무관리정책의 중요성이 언급

---

28) 정이환, 2011, 44쪽.
29) 小越洋之助, 『終身雇用と年功賃金の転換』, ミネルヴァ書房, 2006, 111-112쪽.
30) 経済同友会, 「雇用システム改革に向けた企業行動指針」, 1997, 5-7쪽.

되어 있다. 여기서 말하는 개인의 경쟁력 향상이란 다름 아닌 노동시장에서 경쟁력을 갖춘 노동자, 즉 고용가능성이 높은 노동자를 지칭하며, 이를 위해서 인사노무관리의 성과주의·업적주의의 도입이 필요하다고 지적하고 있다.[31)

4.3. 경단련(経団連)의 인사노무관리의 재구축

2002년 5월, 경단련(経団連)은 '성과주의시대의 임금시스템의 방향 -다양한 임금체계 구축에 대해서'라는 보고서를 발간하고 정규고용의 임금을 현재의 연공급 중심에서 성과주의로 전환해 실적·업적에 입각한 인사·임금관리의 필요성을 제언했다.[32) 2004년 5월에는 '다양화하는 고용·취업형태에 대한 인재 활성화와 인사노무관리'라는 보고서를 발간해 인사노무관리를 정규고용과 비정규고용으로 구분해 시행할 것을 제언했다. 예를 들어 정규고용에 대해서는 복선형관리(일반직, 종합직)를 도입하고, 임금은 직무특성을 반영한 복선형임금관리[33)와 연공임금에서 능력·성과·공헌도를 반영하는 임금제도[34)로의 전환을 강조하고 있다. 다음으로 유기(有期)고용에 대해서는 노동기준법의 개정을 반영한 인사노무관리의 필요성을 제언하고 있다. 구체적으로 계약기

---

31) 経済同友会, 『第14回企業白書』, 1999, 6쪽.
32) 日本経済団体連合会, 「成果主義時代の賃金システムのあり方-多立型賃金体系に向けて」, 2002, 2-8쪽.
33) 정형적 직무와 직무급·습숙급(習熟給)에 의한 임금체계, 비정형적 직무와 직능급·성과급 등이 있다.
34) 속인적 요소에 의한 임금관리로부터 탈피, 정기승급에서 정기임금개정 등이 있다.

간의 연장(원칙1년에서 3년으로)과 파트 타임 노동지침의 개정에 따른
단시간 노동자와 정규고용과의 균형처우규정이 그것이다.[35] 2007년 '향
후 임금제도의 기본적인 사고방식'이라는 보고서에서는 향후 바람직한
임금제도로서 부가가치 생산성과 임금수준과의 정합성이 확보되고 자
유로운 노동이동과 다양한 인재활용이 가능한 임금제도의 구축을 강조
하고 있다.[36]

4.4. 인사노무관리 개정 현황

〈그림 2〉는 일본기업이 재계의 인사노무관리 개정 요구를 수용해
1997년부터 2012년까지 도입·실시한 인사 관련 각종 제도의 현황이다.

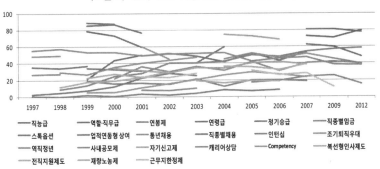

〈그림 2〉 인사 관련 각종제도의 도입비율 추이

자료: (財)日本生産性本部「第13回日本的雇用·人事の変容に関する調査」, 2013, 25쪽.

구체적으로 채용·고용관련, 임금처우관련, 캐리어개발, 유연한 취

---

35) (財)日本経済団体連合会, 「多様化する雇用就労形態における人材活性化と人事賃金
    管理」, 2004, 6-16쪽.
36) 오학수, 「일본 기업의 임금전략과 임금제도 동향과 실체」, 『임금연구』, 2008, 50쪽.

업형태 관련, 퇴직금·복리후생관련, 조직형태 등으로 재계가 주장한 노동시장의 유연화, 고용·취업형태의 다양화·탄력화를 추진하기 위한 제도들이 도입되었다는 사실은 주목할 만하다. 예를 들면 채용과 관련해서는 1997년부터 복선형 인사제도, Competency, 재량노동(근무지 한정), 통년 채용과 직종별 채용(직종별 임금), 인턴십제도가 도입되었고, 퇴직과 관련해서는 조직개편(사업본부, 사내분사, 사외이사), 사내공모(자기신고), 캐리어상담, 조기퇴직우대, 역직퇴직, 전직지원제도, 확정거출형 연금 등이 새롭게 도입되었다.

5. 인사노무관리 개정의 영향

5.1. 기업의 수익 증가와 노동자 임금의 감소

〈그림 3〉은 1996년부터 2014년까지 전년도 대비 매출액과 경상이익의 추이이다.[37] 경상이익은 버블붕괴 이후부터 감소하다가 1993년 4분기 이후의 확장기, 1999년 1분기 이후의 확장기, 2002년 1분기 이후의 확장기, 2014년 4분기 이후의 확장기를 통해 지속적으로 증가해 왔다. 예를 들면, 매출액은 1990년 1,428조 엔, 1995년 1,485조 엔, 2000년 1,435조 엔, 2005년 1,508조 엔, 2010년 1,386조 엔, 2015년 1,432조 엔으로 거의 변함이 없는데 반해, 경상이익은 -2.0%, 20.2%, 33.2%, 15.5%, 36.1%, 5.6%로 변화의 폭이 상대적으로 크다.

---

37) 금융 및 보험업을 제외한 전 산업의 영업법인을 대상으로 함.

<〈그림 3〉 연도별 매출액과 경상이익의 변화 추이

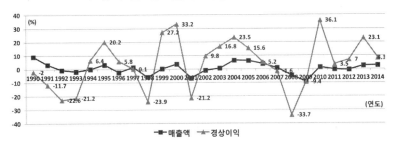

자료: 財務省, 『法人企業統計調査』各年度.

경상이익이 증가하면서 〈그림 4〉와 같이 내부보유액도 증가하였는
데, 예를 들면 1997년 142조 엔에서 2006년 217조 엔, 2010년 266조 엔,
2014년 299조 엔으로 증가하였다.

〈그림4〉 연도별 내부보유액과 민간평균임금의 변화 추이

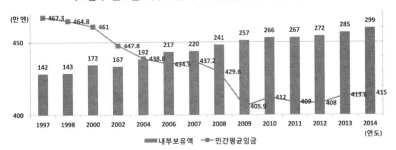

자료: 財務省『法人企業統計調査』各年度.

한편, 재계의 수익이 증가한 것과는 대조적으로 노동자의 임금은
지속적으로 하락해 왔다. 후생노동성이 발표한 '평성 24년도 노동경제
의 분석'에 따르면, 1990년대 이후의 임금 동향에 대해서 다음과 같이 언
급하고 있다. 즉, 1997년을 정점으로 임금의 감소추세가 지속적으로 나
타나고 있는데, 연령별로는 30대 및 50대, 학력별로는 중졸 및 고졸, 기업

규모별로는 소규모 기업, 산업별로는 도·소매업, 의료·복지 분야에서
의 감소 경향을 지적하고 있다.[38]

한편, 임금의 감소 추세는 1인당 노동생산성과 1인당 임금과의 관
계에서도 잘 나타나고 있다(〈그림 5〉참조).

〈그림 5〉 1인당 노동생산성과 임금과의 변화 추이

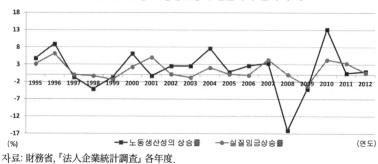

자료: 財務省, 『法人企業統計調査』各年度.

생산성과 임금과의 관계는 1995년부터 2000년대 초반까지의 노동
생산성과 임금의 관계는 일정부분 연관성을 가지고 있지만, 2002년부터
는 임금이 노동생산성 증가분을 반영하지 못한 결과, 그 괴리가 확대되
고 있다.

5.2. 격차구조의 확대

(1) 임금격차

〈그림 4〉에서 보는 바와 같이 민간평균임금이 감소한 배경에는 성
과주의 임금, 수익 중심의 경영방침, 저임금 노동자층의 증가 등 다양한

---

38) 厚生労働省, 『平成24年度版 労働経済の分析』, 2012, 122-124쪽.

요인들을 생각해 볼 수 있는데, 여기서는 저임금 노동자층의 증가에 대해서 고찰하고자 한다. 국세청 '민간급여실태조사'에 따르면, 연 수입이 200만 엔 이하의 계층은 1995년 458만 명에서 2000년에는 528만 명, 2005년에는 625.7만 명, 2010년에는 800.4만 명, 2014년에는 802.9만 명으로 매년 증가하고 있다. 특히 100만 엔 이하의 파트 타임 노동자는 2005년 355.5만 명, 2010년 361.1만 명, 2014년 417.8만 명으로 지속적으로 증가하고 있다.[39]

한편, 정규고용과 비정규고용과의 임금격차도 확대되고 있다. 후생노동성의 '임금구조기본통계조사(2015)'에 따르면 고용형태별의 임금을 보면, 남녀합계에서는 정규고용이 321.1천 엔(연령 41.5세, 근속연수 12.9년), 정규고용이외는 205.1천 엔(연령 46.8세, 근속 7.9년)이다. 남녀별로 보면 남성의 경우 정규고용 348.3천 엔(전년대비 1.5% 증), 정규고용 이외는 229.1천 엔(동 3.1% 증)이다. 여성의 경우는 정규고용이 259.3천 엔(동 1.1% 증), 정규고용 이외는 181.0천 엔(동 1.0% 증)이다.

연령별로 보면 정규고용 이외의 경우는 남녀모두 연령이 높아지더라도 임금상승은 나타나지 않는다. 정규고용의 임금을 100으로 가정한다면, 정규고용 이외의 임금은 남녀합계에서는 63.9천 엔, 남녀에서는 65.8천 엔, 여성에서는 69.8천 엔으로 나타났다.[40] 임금격차가 발생하는 주된 이유는 정규고용이 연령 및 근속부분을 반영해 임금이 상승하는 반면 비정규고용은 그렇지 못하기 때문이다. 게다가 고용의 안정성, 복

---

39) 国税庁, 『民間給与実体統計調査』, 各年度.
40) 厚生労働省, 『賃金構造基本統計調査』, 2015, 11쪽.

리후생, 사회보험, 퇴직금, 기업연금, 교통비 등과 같은 종합적인 대우를 고려하면 격차구조는 훨씬 더 크다고 볼 수 있다.[41]

(2) 고용격차

전술한 바와 같이, 일본기업의 수익중시, 주가중시의 경영방침은 자연스럽게 일본적 고용관행에도 적지 않은 영향을 미쳤다. 〈그림 6〉은 정규고용, 비정규고용의 변화 추이를 나타내고 있는데, 정규고용은 2002년부터 감소하는 반면, 비정규고용은 지속적으로 증가하고 있다. 예를 들면, 총무성의 '취업구조기본조사(2014)'에 따르면 정규고용이 3,311만 명(61.8%), 파트 타임이 약 965만 명(17.9%), 아르바이트가 약 439만 명(8.2%), 계약사원이 약 290만 명(5.4%)로 구성된다. 이는 2007년과 비교하면 정규고용이 약 121만 명 감소, 파견사원이 42만 명 감소, 파트타임이 약 70만 명 증가, 계약사원이 약 65만 명 증가, 아르바이트가 약 31만 명 증가한 수치이다.

〈그림 6〉 정규고용, 비정규고용의 변화 추이

41) 양준호, 「격차사회 일본과 빈곤층 재생산-고용 · 소득 격차에 의한 저축 · 교육 격차의 확대를 중심으로」, 『일본비평』, 2011, p35.

정규고용의 감소와 비정규고용의 증가에서 나타나는 고용격차의 확대는 다음과 같은 특징을 가진다.[42]

첫째, 비정규고용의 중심이 과거의 여성 중심의 파트 타임에서 남성노동자(단신형, 자립형)까지 확대되었다. 비정규고용은 1950년대부터 계절공, 임시공, 사외공 등의 형태로 존재해 왔으나, 1960년대 이후에는 '임시공의 본공화'가 진행되어 그 수가 감소했다. 1970년대에는 가계 보조적인 성격을 가진 여성 파트 타임이 급증하면서 비정규고용의 중심을 이루었다. 예를 들면 '노동력조사특별조사(1981)'에 따르면 전체 파트 타임 노동자 255만 명 중에서 여성의 비중은 241만 명으로 약 95.4%를 차지하고 있다. 그러나 버블붕괴 이후, 비정규고용의 중심은 과거의 여성 중심의 파트 타임에 머물지 않고, 남성노동자(단신형, 자립형)까지 확대되었다. 후생노동성 '취업형태의 다양화에 관한 총합실태 조사(2003, 2007, 2010)'에 따르면 비정규고용에서 '주요 수입원이 자기 자신의 수입'으로 응답한 비율은 42.8%, 45.4%, 49.1%로 증가한 반면, '배우자의 수입'으로 응답한 비율은 43.3%, 41.5%, 38.1%로 감소하고 있다.

둘째, 비정규고용이 증가한 배경에는 노동 측의 요인으로 유연한 근로시간 선택, 가계의 보조, 학비 마련, 통근시간 절약, 정사원 등용이 곤란 등 다양하며, 기업 측의 요인으로는 인건비 절약, 업무변화에 대한 대응, 경기변동에 대한 고용량 조정 등이 있다.[43]

---

42) 정진성(2011)에 따르면, '격차'에 관한 대표적인 연구자로는 다치바나키 도시아키(橘木 俊詔)와 오타케 후미오(大竹文雄)가 있다. 타치바나키는 일본사회에서 격차가 확대되고 있다고 주장한 반면, 오타케는 소득격차의 확대는 주로 고령화 등에 따른 '겉보기'의 현상에 불과하다고 주장한다.

셋째, 비정규고용의 급격한 증가는 고용의 불안정, 정규고용과의 임금격차, 사회보험 문제, 교육훈련기회의 확보, 정규고용의 장시간 노동 등의 문제를 발생시키고 있다. 특히 일고파견, 넷카페난민 등 근로빈곤층(working poor)으로 상징되는 격차문제는 사회적 이슈로까지 대두되었다.[44] 특히〈그림 3〉과 같이 매출액이 크게 증가하지 않는 상태에서 경상이익이 지속적으로 증가한 것은 1995년 일경련이 강조한 고용포트폴리오 전략이 확대·적용된 결과로서 일본기업은 매출액이 증가하지 않더라도 지속적으로 경상이익을 확보할 수 있는 경영체제를 구축했다는 것을 알 수 있다.

5.3. 장시간 노동의 증가

버블 경제 붕괴이후, 인원감축의 영향으로 잔류인원에 대한 장시간 노동과 함께 노동 강화(과밀 노동)문제가 지속적으로 제기되어 왔다.[45] '취업구조기본조사(2012)'에 의하면 연간 근로일수가 '250일' 이상인 노동자는 전체 노동자의 약 43.7%인 2,338만 명으로 조사되었다. 이를 남녀별로 살펴보면 남성이 51.2%., 여성이 34.6% 이며 고용형태별로는 정규고용이 56.1%를 차지하고 있다. 또한 중앙노동위원회의 '임금사정조사'에 따르면 월 100시간이상의 잔업을 한 노동자가 존재하는 기업의 비율은 약 33.1%로 조사되어 장시간 노동이 만연하고 있다.

---

43) 厚生労働省, 『平成24年度版　労働経済の分析』, 2012, 122-124쪽.
44) 노상헌, 「일본의 빈곤 문제와 비정규직 노동」, 『월간노동리뷰』, 2014, 71쪽.
45) 牧野富夫, 2007, 38-39쪽.

일반적으로 일본의 연간 평일일수가 약 248일인 점을 감안하면, 연간 250일 이상 근무한다는 의미는 토, 일, 공휴일을 제외하고 유급휴가 없이 모두 근무했다는 것을 의미하는데, 소정내근무시간이 주 40시간이라면 잔업시간은 월 80시간 이상으로 이는 2001년 후생노동성이 규정한 '뇌혈관 및 심질환 등의 인정기준'에서 규정한 60시간을 초과하고 있다.[46] 이러한 장시간 노동은 비정규고용에게도 나타나고 있는데 2012년 기준으로 연간 250일 이상 근무한 비정규고용자수는 파트 타임이 약 190만 명, 아르바이트가 약 68만 명, 파견사원이 약 29만 명, 계약사원이 약 113만 명 등으로 조사되었다.[47] 이처럼 버블붕괴 이후 인원감축의 영향으로 상당수의 노동자들이 장시간 노동을 하고 있다고 볼 수 있다.

6. 인사노무관리의 신 동향

6.1. 고용관리의 변화

전술한 바와 같이, 버블붕괴 이후 고용과잉을 해결하기 위해 일본적 고용관행을 수정하려는 움직임이 활발하게 전개되었다. 그러나〈그림 5〉와 같이 채용규제를 엄격하게 적용한 결과, 채용규모가 지속적으

---

46) 후생노동성의 '뇌혈관 및 심질환 등의 인정기준'에 따르면, 발병 전 1개월 혹은 6개월 동안에 1개월 당 45시간을 초과하는 시간외 노동시간의 발생 여부 둘째, 발병 전 1개월 동안에 약 100시간 혹은 발병 전 6개월 동안에 1개월 당 약 80시간을 초과하는 시간외노동의 유무를 규정하고 있다.

47) 総務省, 『平成24年度就業構造基本調査』, 2012, 26-31쪽.

로 감소하는 가운데, 2007년부터 단카이세대(1947-1949년생)가 정년을 맞이하면서, 기술·기능의 계승이 사회문제로 등장했다.[48] 이에 따라 신규졸업자의 채용을 확대하고 인재육성방침을 수정하려는 움직임이 나타났다.

예를 들면 후생노동성이 발표한 '능력개발기본조사(2014)'에 따르면 교육훈련에 지출한 비용을 노동자 1인당 평균액을 보면 OFF-JT는 1.4만 엔, 자기계발지원은 0.6만 엔으로 2013년 보다 증가했다. 정규고용에 대한 능력개발의 책임주체를 묻는 질문에 대해서 기업주도의 능력개발이라고 응답한 비율은 78.3%(2013년 75%), 종업원 주도는 21%(2013년 34.3%)이다. 비정규고용에 대해서는 기업주도의 능력개발이 64.9%(2013년 61.2%), 종업원 주도는 21%(2013년 24.3%)로 장기불황기에 강조해 온 종업원 주도의 능력개발은 감소하고 기업주도의 능력개발체제로 전환하려는 움직임이 증가하고 있다.[49] 또한 교육훈련의 결과에 대한 처우 반영을 묻는 질문에 대해서는 처우에 반영한다는 기업이 78.3%(2013년 77.8%), 반영하지 않는다는 기업이 21.1%(2013년 21.5%)이며, 비정규고용의 경우는 63.2%(2013년 60.9%), 34.8%(36.7%)로 교육훈련의 성과는 처우에 반영되는 비율이 높다. 마지막으로 교육훈련 대상자의 범위는 전체 노동자로 응답한 비율은 59.6%(2013년 54%), 선발된 노동자가 39.4%(2013년 41.2%)로 나타났다. 비정규고용의 경우, 전체 노동자로 응

---

48) 사공 목, '일본 모노즈쿠리의 위상과 과제', 『일본의 모노즈쿠리 경쟁력 강화전략과 우리의 대응』, 산업연구원, 2009, 77쪽.
49) 厚生労働省, 『平成26年度能力開発基本調査』, 2014, 1-3쪽.

답한 비율은 53.7%(54%), 선발된 노동자는 44.1%(43.3%)로 나타났다. 정규고용은 전체 노동자를 중시하는 반면, 비정규고용은 선발한 노동자를 중시하는 경향이 높다.50)

6.2. 임금관리의 변화

〈그림 7〉은 (재)생산성본부가 조사한 자료를 바탕으로 1997년부터 2003년까지 일본기업에서 시행된 임금제도의 개정 추이이다.

〈그림 7〉 임금제도의 개정 추이(1997-2013)

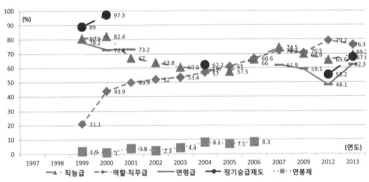

자료: (財)日本生産性本部 '日本的人事制度の変容に関する調査', 各年度.

먼저 버블붕괴 이후, 성과주의 도입과 함께 연봉제의 도입이 증가하고 있는데, 연봉제는 1996년부터 대기업(종업원 규모 1,000명 이상)에서, 산업별로는 제조업에서의 채용비율이 상대적으로 높다. 연봉제의 적용범위는 관리직(부장급)을 대상으로 하고 있지만, 비관리직에서도 1997년 1.8%에서 2001년 7.6%까지 확대되었다.51) 한편, 역할, 직책, 직무

---

50) 厚生労働省, 『平成26年度能力開発基本調査』, 2014, 4쪽.
51) (財)日本生産性本部, 「日本的人事制度の変容に関する調査」, 2001, 4-5쪽.

의 가치를 반영한 임금(역할·직무급)은 빠르게 증가하고 있는데, 관리직에서는 1999년 21.1%에서 2003년에는 53.4%로 증가했으며, 비관리직에서도 17.7%에서 34.3%로 거의 2배 수준으로 증가했다. 성과주의(연봉제)도입과 역할·직무급 도입의 영향으로 연령급 및 정기승급제도는 급감했다.

그러나 2006년부터 성과주의(연봉제)가 감소하면서 직무수행능력을 중시한 직능급으로의 전환을 도모하는 기업이 증가하는 가운데, 2012년부터는 임금결정요소로서 연령급, 정기승급제도와 함께 역할·직무급의 비중이 지속적으로 증가하고 있다.[52] 이 배경에는 업적·성과주의의 문제점 즉, 평가시스템에 대한 불만, 납득성이 결여된 평가 결과, 평가결과에 따른 노동의욕 저하 등 운용상의 문제점들이 지속적으로 제기되었기 때문이다.[53]

6.3. 최근 고용·노동 분야의 개혁 동향

버블붕괴 이후, 고용·노동 분야의 규제개혁(규제완화)는 노동시장의 유연화, 고용·취업형태의 다양화·탄력화를 촉진하는 방향으로 전개되었다. 그러나 2008년 글로벌 금융위기를 계기로 파견노동자의 대량 해고사태를 경험하면서 규제완화정책에 대한 비판의 목소리와 함께 고용안정과 취업연계 및 생활지원 등을 중시하려는 움직임이 나타났다. 2010년 후생노동성이 발표한 '지속가능하고 활력 있는 사회를 실현하는

---

52) 안희탁, 「일본기업의 역할급 도입사례와 시사점」, 『임금연구』, 2014, 68쪽.
53) 오학수, 「일본 기업의 임금전략과 임금제도 동향과 실체」, 『임금연구』, 2008, 50쪽.

경제·고용시스템'의 보고서는 그 단적인 예이다.[54]

한편, 일본경단련은 2013년 '노동자의 활약과 기업의 성장을 도모하는 노동법제'라는 보고서를 통해 고용·노동 분야의 규제완화의 필요성을 주장했는데 그 구체적인 내용은 다음과 같다. ①노동시간개혁(기획업무에 대한 재량노동제 검토, 근무시간 자유선택제 검토, 변형노동시간제의 수정 검토, 36협정의 특별조항의 유연한 운용) ②근무지·직종한정에 대한 사용자의 고용보장책임의 유연한 운용 ③노동조건 변경에 대한 유연한 운용 등이다.[55]

2012년 12월, 2차 아베(安部)내각이 출범하면서 성장전략으로 고용개혁을 제시했다.[56] 고용개혁의 중심은 '실업 없는 원활한 노동이동'을 지향하고 있는데 이를 위해 ①정사원개혁 ②민간 인재비즈니스의 규제개혁 ③사회안전망 및 직업교육훈련의 정비·보완 등을 추진과제로 제시하고 있다.[57] 여기서는 정사원 개혁을 중심으로 살펴보고자 한다.

정사원개혁은 직무, 근무지, 노동시간 등이 한정되는 정사원 즉 'JOB형 정사원'을 확대해 일과 가정의 양립을 제시하고 이를 위해 노동계약 및 취업규칙의 명확화, 무한정사원과의 균등처우(인사처우 전반에 걸친 규칙 제정의 필요성)의 필요성을 주장하고 있다. 고용·취업형

---

54) 은수미, 「일본의 고용전략 변화-비정규직과 제2안전망-」, 『일본비평』, 2011, 50쪽.
55) 社会運動ユニオニズム研究会·労働政策グループ, 「ジョブ型正社員と安部政権の進める雇用改革」, 『一橋大学フェアレイバー』, 2013, 59쪽.
56) 예를 들면 아베정권이 정책입안의 중요한 회의로 자리매김 하고 있는 '경제재정자문회의', '산업경쟁력회의', '규제개혁회의' 에서는 고용제도는 해결해야 할 주요과제로서 매번 등장하면서 2013년 전반기부터 본격적인 논의가 진행되었다.
57) 規制改革会議, 「雇用ワーキンググループ報告書」, 2013, 1쪽.

태의 다양화·탄력화의 관점에서 재량노동제 및 근무시간 자유선택제 수정과 함께 시간외 노동에 대한 보상(금전보상에서 휴일 대체로 전환, 노동시간 저축제도의 정비), 노동시간 규제에 관한 적용제외(white collar exemption)의 도입 등 노동시간의 규제완화를 언급하고 있다.[58] 이러한 내용은 2013년 일본경단련이 주장한 내용을 상당 부분 포함하고 있다는 점에서 주목할 만하다.

아베내각의 고용개혁에 대해 비판의 목소리도 적지 않은데, 구체적인 내용은 다음과 같다.

첫째, 한정정사원에 대해서는 직무, 근무지, 노동시간뿐만 아니라 고용의 안정성도 한정적일 수밖에 없다는 문제점이다. 즉 현재의 코스별 인사관리에서 일반직(一般職)은 종합직(綜合職)에 비해 근무지 및 직무수행 범위가 한정되어 있고, 근속년수에 따른 승급·승진이 제한되어 있기 때문에 임금도 낮게 형성될 우려가 있다.[59]

둘째, 해고규제와의 관계에서 해고가 용이할 수 있다는 점이다. 취업규칙에 담당직무 및 근무지(사업소)가 축소(폐쇄)될 경우에 고용계약이 종료된다는 내용이 포함된다면, 정당한 해고사유가 되며 따라서 해고완화의 조건이 될 수 있다. 따라서 한정정사원제도는 유기(有期)고용을 무기(無期)고용으로 전환한다는 긍정적인 측면과 함께 정규고용의 고용불안이 증가하는 등 동전의 양면성을 가지고 있다.[60]

---

58) 규제개혁회의 고용워킹그룹보고서(2013년 5월)에 따르면, 일본의 정사원은 ①무기(無期)고용 ②풀타임 ③직접고용이라는 특징 이외에도 직무, 근무지, 노동시간(잔업)이 정해지지 않는 무한정(無限定)정사원이라는 경향이 강하다고 지적한다.
59) 伍賀一道, 2014, 271-272쪽.

셋째, 무한정 정사원에 대한 근로조건에 대한 우려이다. 한정정사원은 직무, 근무지, 노동시간 등이 한정되는 정사원을 지칭한다면, 종래의 정사원(무한정 정사원)은 직무, 근무지, 노동시간 등이 한정되지 않은 정사원이 된다. 만약 무한정 정사원으로 채용된 자는 무한정의 배치전환, 무한정의 시간외 노동의 명령이 있을 경우 준수해야만 하는 문제가 발생할 수 있다. 이는 원칙적으로 노동법의 기본적인 이념에 위배되는 사항으로 우려의 목소리가 작지 않다.[61]

넷째, 격차의 3중 구조를 형성할 수 있다는 점이다. 정규고용과 비정규고용 사이에는 처우격차, 근로조건의 격차가 존재하는데, 한정정사원이 제도화된다면 격차구조를 해소하는 것이 아니라, 오히려 격차구조를 고정화시키는 위험성도 배제할 수 없다. 즉 기업 내의 격차가 2중 구조에서 3중구조로 확대될 우려가 높다.[62]

상용고용을 대체해 파견노동의 활용을 원칙적으로 금지하는 원칙(상용고용에 대한 대체방지)이 무효화 된다면, 파견사용자는 고용주(사용자)의 책임 없이 장기간에 걸쳐 파견노동자를 활용할 수 있으며, 파견노동자는 정규고용으로의 등용이 예전보다 훨씬 더 어려울 것으로 우려된다.

---

60) 西谷 敏, 2014, 27쪽.
61) 西谷 敏, 2014, 29쪽.
62) 西谷 敏, 2014, 30쪽.

7. 맺음말

본 연구는 헤이세이 불황 이후 일본의 노동·고용분야의 변화과정을 인사노무관리 측면에서 재 고찰하고 최근의 노동시장의 유연화, 고용·취업형태의 탄력화·다양화의 동향을 살펴보았다.

전후 일본은 종신고용, 연공서열을 중심으로 하는 내부노동시장 중시형의 고용시스템을 통해 경제성장을 달성해 왔다. 그러나 버블붕괴 이후, 노동시장은 실업률(장기실업), 이직률의 증가, 정규고용의 감소와 비정규고용의 증가 등 노동시장의 유연화와 더불어 고용·취업형태의 다양화·탄력화가 빠르게 진행되었다. 이는 기업경영을 둘러싼 환경의 변화, 즉 기업지배구조의 변화, 기업회계제도의 변화, 고용에 관한 법제도의 변화에 대처하면서 기존의 양적확대를 중시한 경영에서 수익성 중시의 경영으로 전환하는 과정에서 나타난 현상들이다. 예를 들면 과잉고용에 대해서 재계는 고용 포트폴리오, 시장 중시형의 고용가능성(Employability), 조기퇴직우대제도, 복선형인사제도의 도입, 연공급 축소 및 성과주의 등을 통해 고용의 유연화, 고용의 다양화·탄력화를 적극적으로 추진해 왔다. 이는 고용을 인적자원에 대한 장기적인 투자라기보다는 비용적인 측면을 강조하는 움직임이 대세였기 때문이다.

그러나 2000년대 중반 이후, 일본적 고용관행에 새로운 움직임이 나타나기 시작했는데, 그 특징은 다음과 같다.

첫째, 채용관리의 다양화와 내부노동시장 중시의 고용관리로의 회귀이다. 종래 일본기업의 채용방식은 신규졸업자의 정기채용으로 내부

노동시장을 중시하는 관리방법을 시행해 왔다. 그러나 버블붕괴 이후에는 고용과잉을 해소하기 위해 고용조정(신규졸업자의 입직 규제, 중고령자의 조기 퇴직제도 등)과 외부노동시장 중시형의 고용관리(중도채용 등)를 시행해 왔다. 그러나 2007년 전후로 단카이세대의 정년이 급증하고 저출산 고령화의 영향으로 노동력 기능·기술의 계승과 노동력 부족이 사회 문제로 등장하면서 일본적 고용관행에는 내부노동시장과 외부노동시장을 동시에 중시하는 관리방법이 등장하기 시작했다. 즉 핵심인재(장기축적능력활용형)에 대해서는 내부육성·승진을 중시하는 내부노동시장 중시형의 고용관리를 시행하는 한편, 전문성이 높은 직종 및 인재에 대해서는 중도채용(고도전문능력활용형)등의 외부노동시장을 적극적으로 활용하고 있다.

둘째, 임금관리 측면에서 성과주의 도입 비율이 감소하고 있다. 성과주의는 장기불황 속에서 인건비를 절약하기 위해 도입한 임금제도이다. 그러나 2000년대 중반부터 그 비율이 감소하고 있는데, 이 배경에는 평가시스템에 대한 불만, 평가결과에 따른 노동의욕 저하, 납득성이 결여된 평가결과 등 운용상의 문제점들이 제기되었기 때문이다.

셋째, 비관리직을 대상으로 직능급의 비중이 다시 증가하는 추세에 있는데, 임금결정요소로서 역할·직무급요소가 증가하고 있다는 것이 특징이다. 그러나 임금인상 폭의 감소(정체)로 인해 표준노동자의 소정 내 급여액은 지속적으로 감소해 왔으며, 임금파일의 기울기 또한 매년 작아지고 있으며, 최고정점에 도달하는 연령도 점차 빨라지고 있다.

넷째, 2002년부터 2007년까지의 5년 동안 전후 최장의 호황기를 기록하면서 일본기업의 수익은 지속적으로 증가했다. 그러나 같은 시기에 근로빈곤층, 일고파견(넷카페난민), 불법파견(위장파견) 등 격차문제가 심각한 사회문제로까지 확대되었다.

후생노동성은 헤이세이 불황기에 나타난 개인소비침체, 물가하락, 기업실적악화, 임금하락, 격차사회(고용, 임금), 노동빈곤 등의 문제에 대해서 중산층의 부활을 통한 문제 해결을 주장한다. 즉 중산층의 부활이 수요 면에서 소비의 증가로 이어져 수요부족을 해결하고, 공급 면에서는 일본의 사회경제, 사회보장을 지탱하는 사회 안정성을 유지하는 역할을 해야 한다는 것이다. 이러한 중산층의 부활은 인건비를 단순히 비용으로 파악하는 것이 아니라, 인재에 대한 투자 및 내수 소비의 원천이라는 인식의 전환과 아울러 인금인상 등의 분배 확대를 통한 격차구조의 개선이 무엇보다도 필요하다고 언급하고 있다.

그러나 아베정권이 추구하는 노동개혁은 '실업 없는 원활한 노동이동'이라는 표현에서 알 수 있듯이 노동시장의 유연화, 고용·취업구조의 다양화·탄력화를 한층 더 지향하는 내용을 담고 있다. 이는 중산층의 부활을 통한 격차구조의 해소를 주창하는 후생노동성의 주장과는 일면 배치되는 내용으로 향후 그 귀추가 주목된다.

주요 참고문헌

서장 `잃어버린 20년과 아베노믹스`

経済産業研究所,「2014年に向けての日本経済の課題」,『RIETI Highlight』49, 2014.

経済財政諮問会議,「『再生の10年』を通じて目指すマクロ経済の姿について」
　　　　(2013年第15回経済財政諮問会議資料), 2013.6.13.

内閣府,「『『日本経済再生に向けた緊急経済対策』について」(閣議決定),
　　　　2013b(2013.1.11).

＿＿＿,「安倍内閣の経済財政政策のこれまでの成果」(2013年第15回経済財政諮
　　　　問会議資料), 2013c(2013.6.13).

＿＿＿,「経済財政運営と改革の基本方針: 脱デフレ・経済再生」(閣議決定),
　　　　2013d(2013.6.14).

＿＿＿,「前進するアベノミクス: 最新の進展と安倍政権のこれまでの成果」,
　　　　2014(2014.4).

＿＿＿,「今週の指標」1145, 2016.6.14.

＿＿＿・財務省・日本銀行,「デフレ脱却と持続的な経済成長の実現のための
　　　　政府・日本銀行の政策連携について(共同声明)」, 2013(2013.1.22.).

読売新聞社経済部,「『アベノミクス』のこれまで・これから」, 中央公論新社, 2013.

日本經濟新聞社,「アベノミクス「新３本の矢」を読み解く」, 2015.9.25.

＿＿＿＿＿＿＿, (http://www.nikkei.com/), 2016.

長谷川慶太郎,『日本は史上最長の景気拡大に突入する: アベノミクスは沈ま
　　　　ない』, PHP, 2013.

財務省,『日本の財政を考える』, 2016.

田中秀明,『日本の財政: 再建の道筋と予算制度』, 中央公論新社, 2013.

増田悦佐,『アベノミクスで貧乏くじを引かないたった一つの方法』, マガジ
　　　　ンハウス, 2014.

總務省統計局, (http://www.stat.go.jp/), 2016.

湯元健治,「潜在成長率を高める成長戦略を: 生産性革命の実現に向けて」, 日

本総合研究所, 2016.8.9.

八代尚宏,『日本経済論・入門: 戦後復興からアベノミクスまで』, 有斐閣, 2013.

片岡剛士,『アベノミクスのゆくえ: 現在・過去・未来の視点から考える』, 光文社, 2013.

한영혜 편,『현장에서 바라본 동일본대지진: 3·11 이후의 일본사회』, 한울, 2013.

권혁욱·김대일, "노동시장의 인적자원 배분기능 효율성 분석", 조동철편,
　　『우리경제의 역동성: 일본과의 비교를 중심으로』, 한국개발연구원,
　　2014, 175-226쪽.
한상일·김영작 외, 『일본형시스템 – 위기와 변화』, 일조각, 2005.

青木昌彦, 『経済システムの進化と多元性 ― 比較制度分析序説 ―』, 東洋経
　　済新報社, 1995.
　　＿＿＿＿＿・パトリック編(東銀リサーチインターナショナル訳), 『日本のメ
　　インバンク·システム』, 東洋経済新報社, 1996(Aoki, M. & Patrick,
　　Hugh, ed., *The Japanese Main Bank System - Its Relevance for Developing
　　and Transforming Economies*, Oxford University Press, New York, 1994).
　　＿＿＿＿＿「メインバンク・システムのモニタリング機能としての特徴」, 青木昌
　　彦・パトリック編(東銀リサーチインターナショナル訳), 『日本のメイン
　　バンク·システム』, 東洋経済新報社, 1996.
　　＿＿＿＿＿・奥野正寛編, 『経済システムの比較制度分析』, 東京大学出版会,
　　1996.
　　＿＿＿＿＿・関口格, 「状態依存型ガバナンス」, 青木昌彦・奥野正寛編, 『経済
　　システムの比較制度分析』, 東京大学出版会, 1996.
秋吉史夫・柳川範之, 「コーポレート・ガバナンスに関する法制度改革の進
　　展」, 寺西重郎編・企画・監修内閣府経済社会総合研究所, 『構造問題
　　と規制緩和, バブル／デフレ期の日本経済政策 第7巻』, 慶応義塾大
　　学出版会, 2010.
阿部正浩, 「非正規雇用増加の背景とその政策対応」, 樋口美雄編・企画・監修
　　内閣府経済社会総合研究所, 『労働市場と所得分配, バブル／デフレ
　　期の日本経済政策　第6巻』, 慶応義塾大学出版会, 2010.
伊丹敬之, 「株式会社と従業員「主権」」, 伊丹敬之·加護野忠男·伊藤元重編, 『日本
　　の企業システム 第1巻 企業とは何か』, 有斐閣, 1993.
　　＿＿＿＿＿, 『日本型コーポレートガバナンス』, 日本経済新聞社, 2000.
岩田規久男, 『日本経済を学ぶ』, 筑摩書房, 2005.
　　＿＿＿＿＿・宮川努編, 『失われた10年の真因は何か』東洋経済新報社, 2003.
江藤勝, 「構造改革における規制改革・民営化」, 寺西重郎編・企画・監修内閣

　　　府経済社会総合研究所,『構造問題と規制緩和, バブル / デフレ期の
　　　日本経済政策　第7巻』, 慶応義塾大学出版会, 2010.

岡田靖・飯田泰之, 「金融政策の失敗が招いた長期停滞」, 浜田宏一・堀内昭義
　　　・内閣府経済社会総合研究所 編,『論争 日本の経済危機』日本経済新
　　　聞社, 2004.

貝塚啓明・財務省財務総合政策研究所編,『再訪 日本型経済システム』, 有斐
　　　閣, 2002.

加護野忠男・砂川伸幸・吉村典久,『コーポレート・ガバナンスの経営学—会
　　　社統治の新しいパラダイム』, 有斐閣, 2010.

金榮愨・深尾京司・牧野達治, 「「失われた20年」の構造的要因」, *RIETI Policy*
　　　Discussion Paper Series, no. 15-P-043, 2010.

黒澤昌子, 「職業訓練」, 樋口美雄編・企画・監修内閣府経済社会総合研究所,『労
　　　働市場と所得分配, バブル / デフレ期の日本経済政策　第6巻』, 慶応
　　　義塾大学出版会, 2010.

厚生労働省,『平成24年版労働経済の分析』, 厚生労働省, 2012.

_____,『平成25年版労働経済の分析』, 厚生労働省, 2013.

_____, 「平成26年就業形態の多様化に関する総合実態調査の概況」, 2014.

小峰隆夫,『日本経済の構造変動ー日本型システムはどこに行くのか』, 岩波
　　　書店, 2006.

小峰隆夫編・企画・監修内閣府経済社会総合研究所,『日本経済の記録　第2次
　　　石油危機への対応からバブル崩壊まで(1970年代~1996年)バブル /
　　　デフレ期の日本経済政策(歴史編1)』,　企画・監修内閣府経済社会総
　　　合研究所,　慶応義塾大学出版会, 2011.

_____,『日本経済の記録　金融
　　　危機、デフレと回復過程(1997年~2006年)バブル / デフレ期の日本
　　　経済政策(歴史編2)』, 慶応義塾大学出版会, 2011.

寺西重郎編・企画・監修内閣府経済社会総合研究所,『構造問題と規制緩和, バ
　　　ブル / デフレ期の日本経済政策　第7巻』, 慶応義塾大学出版会, 2010.

ドーア、ロナルド、藤井真人訳,『日本型資本主義と市場主義の衝突』, 東洋経
　　　済新報社, 2001.(Ronald Dore, Stock Market Capitalism: *Welfare*
　　　Capitalism – Japan and Germany versus the Anglo-Saxsons, Oxford
　　　University Press, 2000.)

東京証券取引所上場部, 『東証上場会社 コーポレート・ガバナンス白書』, 2009.
＿＿＿＿＿＿, 『東証上場会社 コーポレート・ガバナンス白書』, 2011.
内閣府, 「構造改革評価報告書6」, 2006.
＿＿＿＿, 『平成20年度 経済財政白書』, 2008.
＿＿＿＿, 『平成21年度 経済財政白書』, 2009.
＿＿＿＿, 『平成23年度 経済財政白書』, 2011.
＿＿＿＿, 『平成25年度 経済財政白書』, 2013.
野口旭・岡田靖, 「金融政策の機能停止はなぜ生じたのか」, 岩田規久男・宮
　　　　川努 編, 『失われた10年の真因は何か』, 東洋経済新報社, 2003.
野口悠紀雄, 『1940年体制』, 東洋経済新報社, 1995.
花崎正晴, 『企業経営とコーポレート・ガバナンス―情報と制度からのアプ
　　　　ローチ』, 東京大学出版会, 2008.
浜田宏一・堀内昭義・内閣府経済社会総合研究所編, 『論争 日本の経済危機』,
　　　　日本経済新聞社, 2004.
樋口美雄 編, 『労働市場と所得分配』 企画・監修内閣府経済社会総合研究所,
　　　　バブル／デフレ期の日本経済政策 第6巻, 慶応義塾大学出版会, 2010.
日高千景・橘川武郎, 「戦後日本のメインバンク・システムとコーポレート・
　　　　ガバナンス」, 東京大学, 『社会科学研究』第49巻 第6号, 1998.
深尾京司, 『「失われた20年」と日本経済』, 日本経済新聞社, 2012.
堀内昭義, 「日本の金融システム」, 貝塚啓明・財務省財務総合政策研究所編,
　　　　2002.
＿＿＿＿・花崎正晴・松下佳菜子, 「日本の金融経済と企業金融の動向」, 堀内
　　　　昭義・花崎正晴・中村純一編, 『日本経済: 変革期の金融と企業行動』,
　　　　東京大学出版会, 2014.
三谷直紀, 「年功賃金・成果主義・賃金構造」, 樋口美雄編・企画・監修内閣府
　　　　経済社会総合研究所, 『労働市場と所得分配, バブル／デフレ期の日
　　　　本経済政策 第6巻』, 慶応義塾大学出版会, 2010.
宮川努, 「「失われた10年」と産業構造の転換」, 岩田規久男・宮川努 編, 『失わ
　　　　れた10年の真因は何か』, 東洋経済新報社, 2003.
宮島英昭・河西卓弥, 「金融システムと企業統治」, 橘川武郎・久保文克編著,
　　　　2010, 『講座・日本経営史 第6巻 グローバル化と日本型企業システ
　　　　ムの変容』, ミネルヴァ書房, 2010.

宮島英昭・有田敬祐, 「株式所有構造の多様化とその既決」, 宮島英昭編『日本
　　　の企業統治: その再設計と競争力の回復に向けて』, 東洋経済新報
　　　社, 2011.

＿＿＿＿編, 『日本の企業統治』, 東洋経済新報社, 2011.

宮本又郎 外, 『日本型資本主義』, 有斐閣, 2003.

安井健悟・岡崎哲二, 「労働市場・雇用システム改革」, 寺西重郎編・企画・監
　　　修内閣府経済社会総合研究所, 『構造問題と規制緩和, バブル／デフ
　　　レ期の日本経済政策 第7巻』, 慶応義塾大学出版会, 2010.

山家悠紀夫, 「長期停滞期における財政政策のx効果について」, 浜田宏一・
　　　堀内昭義・内閣府経済社会総合研究所 編, 『論争 日本の経済危機』,
　　　日本経済新聞社, 2004.

吉川洋, 『転換期の日本経済』, 岩波書店, 1999.

＿＿＿, 「構造改革と日本経済」, 岩波書店, 2003.

吉田恵子, 「自己啓発が賃金に及ぼす効果の実証分析」, 『日本労働研究雑誌』
　　　No. 532, 2004.

労働政策研究・研修機構, 「今後の産業動向と雇用のあり方に関する調査」, 2010.

＿＿＿＿＿＿＿＿＿＿, 「今後の産業動向と雇用のあり方に関する調査」, 2012.

Caballero, Ricardo J., Takeo Hoshi, and Anil K. Kashyap "Zombie Lending and
　　　Depressed Restructuring in Japan," *American Economic Review*, vol.
　　　98, no.5, 2008, pp.1943-1977.

Fukao, Kyoji, Kenta Takeuchi, Young Gak Kim and Hyoug Ug Kwon, "Why
　　　Was Japan Left Behind in the ICT Revolution?" *RIETI Discussion Paper
　　　Series* no. 15-E-043, 2015.

Hayashi, Fumio, and Edward C. Prescott, "The 1990s in Japan: A Lost Decade,"
　　　Review of Economic Dynamics, Vol. 5, No. 1, 2002, pp.206~35.

Kurosawa, Masako, "The Extent and Impact of Enterprise Training: The Case
　　　of Kitakyushu City." *Japanese Economic Review*, 52(2), 2001.

강종구, 「우리나라 은행의 금융중개기능 약화 원인과 정책과제」, 『경제분석』 제11권 제3호, 한국은행, 2005.

김동환, 『은행과 기업의 관계와 금융시스템의 향방』, 연구보고서, 한국금융연구원, 1999.

_____, 「일본경제의 위기와 시사점」, 정책조사보고서, 한국금융연구원, 2002.

_____, 「금융시장과 금융정책」, 『한국경제 60년사』 경제일반편, 한국경제 60년사 편찬위원회, 2011.

_____, 『한국 금융시스템의 비교제도 분석: 은행vs시장』, KIF연구보고서, 한국금융연구원, 2012.

_____, 『은행의 금융중개기능과 금융통제(financial restraint)에 관한 연구』, KIF정책보고서, 한국금융연구원, 2014.

김완중, 강전은, 이승훈, 「금융위기 이후 은행권 자금조달 및 운용행태의 구조적 변화와 시사점」, 금융연구시리즈 제11호, 하나금융경영연구소, 2010.

박경서, 김창호, 「은행합병이 기업여신에 미치는 영향에 관한 연구」, 『금융학회지』 제7권 제2호, 한국금융학회, 2002.

서근우, 『자금중개시장의 현황과 과제』, 정책조사보고서, 한국금융연구원, 2004.

이병윤, 「우리나라 은행 대형화와 기업대출자금의 배분」, 금융조사보고서, 한국금융연구원, 2009.

정지만, 「우리나라 일반은행의 금융중개기능 분석」, 『경제정책연구』 제3권 0호, 상명대학교 경제정책연구소, 1997.

조복현, 「금융자유화와 금융공황」, 『신자유주의와 세계화』, 한울아카데미, 2005.

함정호, 진태홍, 김덕영, 「우리나라 금융시스템의 발전방향」, 『경제분석』 제10권 제2호, 한국은행, 2004.

Berger A. and G. Udell, "Small Business Credit Availability and Relationship Lending: The Importance of Bank Organisational Structure," *Economic Journal*, Royal Economic Society, Vol. 112, 2002.

_____, "Universal Banking and the Future of Small Business Lending", Saunders, A., Walter I., (Eds.), *Financial System Design: The*

Case for Universal Banking, Irwin (Richard D), Burr Ridge, IL, 1996.

Emran S., and J. Stiglitz, "Financial Liberalization, Financial Restraint, and Entrepreneurial Development", *Institute for International Economic Policy Working Paper Series*, 2009.

Gorton G. and A. Winton, "Financial Mediation," *NBER Working Paper Series*, Working Paper 8928, National Bureau of Economic Research, 2002.

Gurley, Johm G. and E. S. Shaw, 'Financial Aspects of Economic Development', *American Economic Review XLV*, 1958.

Haizhou Huang and Chenggang Xu, "East Asia: Miracle or Bubble? Fianacial institutions and financial crisis in East Asia," *European Economic Review* Vol. 43, 1999.

Hellmann T., Murdock K., and J. Stiglitz, "Financial Restraint: Towards a New Paradigm," *Comparative Institutional Analysis*, M. Aoki, H-K. Kim & M. Okuno-Fujiwara, eds., Clarendon Press: Oxford, 1997.

Masahiko Aoki and Hugh Patrick, "The Japanese Main Bank System", Oxford University Press, 1994.

McKinnon R., 'Money and Capital in Economic Development', *The Brookings Institution*, 1973.

Shaw E., "Financial Deepening in Economic Development", *Oxford University Press*, 1973.

Strahan P. and J. Weston, "Small business lending and bank consolidation: Is there cause for concern?" *Current issues in Economics and Finance* Vol. 2, No 3, 1996.

The Prize Committee of the Royal Swedish Academy of Sciences, "Mechanism Design Theory", Scientific background on the Sveriges , Scientific background on the Sveriges Riksbank Prize in Economic Sciences in Memory of Alfred Nobel, 2007.

伊藤正晴,「銀行を中心に, 株式持ち合いの解消が進展 -株式持ち合い構造の推計: 2010 年版-」, 大和總合硏究所, 大和総研調査季報, 2011年 新春号 Vol.1.

上田亮子,「我が国におけるコーポレート・ガバナンスをめぐる現状等に関する調査」, 金融庁金融研究センター, 2014.7.

小川一夫·竹中平藏 編,『政策危機と日本経済—90年代の経済低迷の原因を探る』,
　　　日本評論社, 2001.

姜喆九,「日本のメインバンクシステムと資金調達の関係」, 東亞研究 제45권,
　　　2003.

金融廳,「金融システムと行政の将来ビジョン」, 日本型金融システムと行政
　　　の将来ビジョン懇話会, 2002.7.12.

株式会社東京証券取引所,「コーポレートガバナンス・コード」, 2015.6

週刊ダイヤモンド編集部,「銀行の持ち合い株解消が期待ほど進まない裏事
　　　情」, 2015.6.16.

堀内昭義,『金融論』, 東京大學出版會, 1990.

_____・福田慎一,「日本のメインバンクはどのような役割を果たした
　　　か?」,『金融研究』第6巻 第3号, 1987, 1-28쪽.

みずほ銀行 産業調査部,「コーポレートガバナンス報告書の開示内容の考察
　　　-未来への意思を示し, 投資家との対話の有効なツールに- 」,
　　　2015.09.28.

김규판·이형근·김은지,『일본 제조업의 경쟁력 실태분석과 시사점』, 대외
    경제정책연구원, 2011.

김규판, 「일본의 제조업 경쟁력-갈라파고스화, 어떻게 볼 것인가?」,『한일경
    상논집』70권, 한일경상학회, 2015.

산업연구원, 「중국제조업의 추격현황과 한국의 경쟁력 전망」『중국산업경제
    브리핑』, 2015.1.26.

사공목, 「일본 산업구조 비전의 주요 내용과 시사점」,『KIET산업경제』, 2010
    년 8월호, 2010.

여인만, 「1960년대 일본에서 무역자유화대책을 둘러싼 정부와 기업의 협력과
    대립」,『경영사학』27-4, 한국경영사학회, 2012.

오영석, 「한·중·일 산업의 대세계 국제경쟁력 패턴과 시사점」,『KIET산업
    경제』, 2011년 2월호, 2011.

_____, 「한·중·일 산업구조의 비교와 시사점」,『KIET산업경제』, 2011년 2
    월호, 2011.

정진성,「구조개혁과 일본형 경제시스템의 변화」,『일본비평』제14호, 서울대
    학교 일본연구소, 2016.

_____ ·여인만·선재원,『일본의 기업과 경영』, 한국방송통신대학교출판
    부, 2012.

Emmott, Bill, 吉田利子訳『日はまた昇る-日本のこれからの15年』, 草思社, 2006.
経済産業省編,『競争力強化のための６つの戦略』, 経済産業調査会, 2002.
_____,『経済社会ビジョン-価格競争から価値創造経済へ』経済産業調
    査会, 2012.
橋本寿朗, 「『経済発展段階論』と日本経済史-ME技術革命と世界経済史の『大転
    換』」,『社会経済史学』58-1, 1992.
国際競争力研究会, 「わが国産業の国際競争力に関する調査研究」, 経済産業研
    究所, 2001.
機械振興協会経済研究所編,『デジタル家電産業におけるグローバル活動の新
    展開と国際競争力』, 機械振興協会経済研究所, 2009.
内閣府,『平成27年度 年次経済財政報告』, 2015.
大鹿隆·藤本隆宏, 「製品アーキテクチャー論と国際貿易論の実証分析」, RIETI

(経済産業研究所)Discussion Paper Series 06-J-015, 2006.

藤本隆宏, 「日本型サプライヤー・システムとモジュール化: 自動車産業を事例として」, 青木昌彦・安藤晴彦編, 『モジュール化: 新しい産業アーキテクチャーの本質』, 東洋経済新聞社, 2002.

_____, 『現場主義の競争戦略: 次代への日本産業論』, 新潮社, 2013.

_____, 『能力構築競争』, 中央公論新社, 2003.(김기찬・고기영 옮김『Toyota 진화능력:능력구축경쟁의 본질』, 가산출판사, 2005).

_____, 『日本のもの造り哲学』, 日本経済新聞社, 2004.

_____, 『もの造りからの復活』, 日本経済新聞出版社, 2012.

妹尾堅一郎, 『技術力で勝る日本がなぜ事業で負けるのか: 画期的な新製品が惨敗する理由』, ダイヤモンド社, 2009.(신은주 옮김, 『기술력의 일본이 사업에 실패하는 이유』, 21세기북스, 2011).

産業構造新議会産業競争力部会, 『産業構造ビジョン2010』, 2010.

三菱総合研究所, 「ICT産業のグローバル戦略に係る成功要因及び今後の方向性に関する調査研究」, 三菱総合研究所, 2014.

西崎文平・藤田哲雄, 「『国際競争力ランキングから何を学ぶか』, 『Research Focus, No.2015-014, 日本総研, 2015.

沼上幹外, 「対話としての競争」, 伊丹敬之外編, 『リーディングス日本の企業組織と戦略』, 有斐閣, 1993.

小川紘一, 「先進国型製造業としての日本企業の方向性-オープンとクローズ戦略思想の展開(1)」, 東京大学知的資産経営総括寄付講座、IAM Discussion Paper Series No.35, 2014.

_____, 「製品アーキテクチャーのダイナミズムとオープン国際分業の進展」, 東京大学知的資産経営総括寄付講座, IAM Discussion Paper Series No.3, 2009.

_____, 「プロダクト・イノベーションからビジネスモデル・イノベーションへ: 日本型イノベーション・システムの再構築に向けて(1)」, 東京大学知的資産経営総括寄付講座, IAM Discussion Paper Series No.1, 2008.

小針泰介, 「国際競争力ランキングから見た我が国と主要国の強みと弱み」, 『レファレンス』, 2013年1月号, 国立国会図書館調査及び立法考査局, 2013.

深尾京司, 「日本の産業レベルでのTFP上昇率」藤田昌久・長岡貞男編『生産性

とイノベーションシステム』, 日本評論社, 2011.

野口悠紀雄, 『モノづくり幻想が日本経済をダメにする』, 東洋経済新報社, 2007.

_____, 『虚構のアベノミクス』, ダイヤモンド社, 2013.

野村総合研究所, 『国際競争力強化の処方箋』, 野村総合研究所, 2007.

友寄英隆, 『「国際競争力」とは何か』, かもがわ出版, 2011.

元橋一之, 「半導体イノベーションと経済成長─成長要因会計による現状分析
        と将来推計」, 『経済統計研究』第40巻 IV号, 2013.

_____, 『日はまた高く 産業競争力再生』, 日本経済新聞出版社, 2014.

伊丹敬之 外編, 『組織能力・知識・人材』, 有斐閣, 2006a.

_____, 『組織とコーディネーション』, 有斐閣, 2006b.

_____, 『企業と環境』, 有斐閣, 2005a.

_____, 『戦略とイノベーション』, 有斐閣, 2005b.

_____, 『企業とガバナンス』, 有斐閣, 2006c.

_____, 『日本的経営の生成と発展』, 有斐閣, 1998a.

_____, 『企業家精神と戦略』, 有斐閣, 1998b.

_____, 『イノベーションと技術蓄積』, 有斐閣, 1998c.

_____, 『企業家の群像と時代の息吹き』, 有斐閣, 1998d.

伊藤元重編, 『日本の国際競争力』, 中央経済社, 2013.

酒井博司, 「IMD競争力ランキング日本の実力が分かるのは総合順位ではなく,
        個別項目から」, 『エコノミスト』89, 2011.6.28.

竹村敏彦, 「日本の国際競争力強化に向けた戦略と課題」, 『情報通信政策レビュー』
        8-1, 2015年4月, 2015.

総務省, 「平成25年版 ICT国際競争力指標」, 2013a.

_____, 『平成25年版 情報通信白書』, 2013b.

_____, 『平成27年版 情報通信白書』, 2015.

湯沢威外編, 『国際競争力の経営史』, 有斐閣, 2009.

平田正之, 「ICT産業の貿易収支とサービス収支が示す課題」, 『InfoCom World
        Trend Report』, 2014年11月, 2015.

Porter, M. E.・竹内弘高, 『日本の競争戦略』, ダイヤモンド社, 2000.(신동욱
        옮김, 『일본경제 위기보고서』, 세종연구원, 2001).

Chandler, A. D. Jr., *Inventing the Electronic Century: The Epic Story of the
        Consumer Electronics and Computer Industries*, Free Press, 2001.(한

유진 옮김, 『전자산업 100년사: 소비자가전 및 컴퓨터 산업의 발전
　　　　사』, 베리타스북스, 2006).

_____, *Shaping the Industrial Century : The Remarkable Story of
　　　　the Evolution of th Modern Chemical and Pharmaceutical Industries*,
　　　　Harvard University Press, 2005.

_____, *Scale and Scope*, Harvard University Press, 1990.(安部悦生
　　　　外訳, 『スケール・アンド・スコープ』, 有斐閣, 1993).

Hayashi Fumio and Edwrd C. Prescott, "The 1990s in Japan : A Lost Decade,"
　　　　Reviews of Economic Dynamics, 5, 2002.

Krugman, Paul, *Geography and Trade*, MIT University Press, 1991.(北村行坤外
　　　　訳, 『脱「国境」の経済学』, 東洋経済新報社, 1994).

Krugman, Paul, "Competitiveness: A Dangerous Obsession," *Foreign Affairs*,
　　　　March/April, 1994.

_____, *Pop Internationalism*, MIT Press, 1996.(김광전 옮김, 『폴 크루
　　　　그먼 경제학의 진실』, 황금사자, 2009).

Porter, M. E, *The Competitive Advantage of Nations*, Free Press, 1990.(문희창
　　　　역, 『마이클 포터의 국가경쟁우위』, 21세기북스, 2009).

『朝日新聞』.

伊丹敬之・伊丹研究室, 『日本の鉄鋼業なぜ、いまも世界一なのか』, NTT出版, 1997.

伊藤秀史・林田修・湯元祐司, 「中間組織と内部組織-効率的取引形態への契約 論的アプローチ」『ビジネスレビュー』Vol39, No.4, 1992.

今井賢一・伊丹敬之, 「日本の企業と市場-市場原理と組織原理の相互浸透」, 『季刊現代経済』1981年 Summer.

_____, 「日本の内部組織と市場-市場原理と組織原理の相互浸透」 (今井賢一・伊丹敬之・小池和男), 『内部組織の経済学』東洋経済新 報社, 1984.

今井賢一・金子郁容, 『ネットワーク組織論』, 岩波書店, 1989.

奥野正寛, 「市場と政府の経済理論-市場拡張的見解」, 岡崎哲二・奥野正寛・ 植田和男・石井晋・堀宜昭, 『戦後日本の資金配分』, 東京大学出版会, 2002.

岡崎哲二, 『江戸の市場経済-歴史制度分析からみた株仲間』, 講談社, 1999.

岡崎哲二編, 『取引制度の経済史』, 東京大学出版会, 2001.

_____, 『通商産業政策史 1980-2000 第3巻(産業政策)』, 経済産業調査会, 2011.

尾高煌之助, 『通商産 業政策史 1980-2000 第1巻(総論)』, 経済産業調査会, 2011.

川端望, 『東アジア鉄鋼業の構造とダイナミズム』, ミネルヴァ書房, 2005.

金容度, 「長期相対取引と市場取引の関係についての考察-高度成長期前半に おける鉄鋼の取引」『経営志林』第42巻 第4号, 2006.

____, 「鉄鋼業」, 山崎史郎編, 『通商産業政策史 1980-2000 第6巻 (基礎産業政 策)』, 経済産業調査会, 2011.

____, 「組織性と市場性はどのように絡み合ったか-鉄鋼政策の事例から」, 『REITI Highlight』No.38, 経済産業政策研究所, 2012.

____, 「1980年代以降の産業政策と市場性-鉄鋼政策の事例」, 『経営志林』(法 政大学経営学会)第49巻 第4号, 2013.

____, 「共通点が多かった日米の企業成長期」, 『週刊エコノミスト』, 2014年 10月28日号, 2014.

『経済産業省公報』.

小峰隆夫編・企画・監修内閣府経済社会総合研究所, 『日本経済の記録金融危
　　　　機, デフレと回復過程(1997~2006), バブル / デフレ期の日本経済政
　　　　策(歴史編2)』, 慶応義塾大学出版会, 2011.

佐藤亮, 「スチール缶のリサイクル」, 『鉄鋼界』 第46巻 第7・8号, 1996.

佐藤政則, 「産業税制」, 通商産業省 編, 『通商産業政策史』第15巻 第Ⅳ期(多様
　　　　化の時代(4) 第11章 第2節), 1991.

沢井実編, 『通商産業政策史 1980-2000 第9巻(産業技術政策)』, 経済産業調査会,
　　　　2011.

産業研究所, 『減速経済下における市場調整機能の限界について』, 1981.

資源エネルギー庁省エネルギー石油代替エネルギー対策室, 『エネルギー利
　　　　用効率化等投資促進税制の解説』, 1984.

　　　　　　　　　　　　　　　　　　　　　　　　　　　, 『エネルギー基
　　　　盤高度化設備投資促進税制の解説』, 省エネルギーセンター, 1986.

資源エネルギー庁企画調査課, 資源エネルギー庁省エネルギー石油代替エ
　　　　ネルギー対策課, 『経済社会エネルギー基盤強化投資促進税制の解
　　　　説』, 省エネルギーセンター, 1988.

資源エネルギー庁企画調査課・省エネルギー対策課, 『(新版)エネルギー需
　　　　給構造改革投資促進税制の解説』, 省エネルギーセンター, 1994.

　　　　　　　　　　　　　　　　　　　　　　　, 『(新訂3版)エネルギー
　　　　需給構造改革投資促進税制の解説』, 省エネルギーセンター, 2001.

『図説日本の財政』, 各年度.

武田晴人, 「重化学工業化と経済政策」, 『日本近現代史構造と変動3 現代社会へ
　　　　の転形』, 岩波書店, 1993.

　　　　, 「大企業の構造と財閥」, 『日本経営史3 大企業時代の到来』, 岩波書店,
　　　　1995.

　　　　, 「企業間関係から見た企業の将来」, 『「21世紀の日本企業像」研究報告
　　　　書』, 日本経済新聞社, 1996.

　　　　, 「はしがき」, 石井寛治・原朗・武田晴人 編, 『日本経済史3 両大戦間期』,
　　　　東京大学出版会, 2002.

通商産業省編, 『産業税制ハンドブック』, 通商産業調査会, 各年度.

『通産省公報』.

『通商産業省年報』.

奈倉文二,「平電炉業」, 通商産業省編,『通商産業政策史, 第14巻 第Ⅳ期(多様化
　　　　時代(3)』, 第6章 第3節1), 1991.

寺西重郎編・企画・監修内閣府経済社会総合研究所,『構造問題と規制緩和,
　　　　バブル / デフレ期の日本経済政策』第7巻, 慶応義塾大学出版会, 2010.

『日経産業新聞』.

『日本経済新聞』.

日本鉄鋼連盟,『鉄鋼十年史ー昭和53年~62年』, 1988.

＿＿＿＿＿＿,『鉄鋼十年史ー昭和63年~平成9年』, 1999.

日本鉄鋼連盟環境エネルギー部,「あらゆる角度から徹底した省エネルギー
　　　　を推進」,『鉄鋼界』, 1998年6月号.

『毎日新聞』.

荻野喜弘,「第二次オイルショック下の省エネルギー政策」, 通商産業省編,『通
　　　　商産業政策史 第13巻 第Ⅳ期(多様化の時代(2)』, 第4章 第3節3), 1991.

橋本寿朗,『日本経済論』, ミネルヴァ書房, 1991.

＿＿＿＿・長谷川信・宮島英昭,『現代日本経済(新版)』, 有斐閣, 2006.

＿＿＿＿・長谷川信・宮島英昭・斉藤直,『現代日本経済(第3版)』, 有斐閣, 2011.

平本厚編,『日本におけるイノベーション・システムとしての共同研究開発
　　　　はいかに生まれたかー組織間連携の歴史分析ー』, ミネルヴァ書房, 2014.

深沢亘,「エネルギー対策促進税制の創設」,『通産ジャーナル』第13巻 第12
　　　　号, 1981.

宮本又郎,『日本企業経営史の研究ー人と制度と戦略とー』, 有斐閣, 2010.

柳良雄・細谷裕二,「市場と政府の補完的関係ー市場機能拡張の政策の必要性」,
　　　　青木昌彦・奥野正寛・岡崎哲二篇,『市場の役割、国家の役割』, 東洋
　　　　経済新報社, 1999.

吉田文毅,「動き出す基礎素材産業の構造改善」,『通産ジャーナル』第16巻 第
　　　　6号, 1983.

米倉誠一郎,「不況カルテルとアウトサイダーー東京製鉄の事業展開を中心
　　　　にー」, 近代日本研究会,『年報近代日本研究15: 戦後日本の社会・経
　　　　済政策』, 山川出版社, 1993.

George B. Richardson, "The Organization of Industry", *The Economic Journal*,
　　　　Vol.82, 1971.

Masahiko Aoki, Kelvin Murdock and Masahiro Okuno-Fujiwara, "Beyond the
　　　East Asian Miracle: Introducing the Market Enhancing View," in M.
　　　Aoki, H. K. Kim and M. Okuno-Fujiwara eds., *The Role of Government
　　　in East Asian Economic Development: Comparative Institutional
　　　Analysis*, Oxford: Clarendon Press, 1996.
Richard N. Langlois, "Economic Institutions and the Boundaries of the Firm: The
　　　Case of Business Groups," *Department of Economics Working Paper
　　　Series*, Connecticut University, 2009.
Yongdo Kim, *The Dynamics of Inter-firm Relationships: Markets and Organization
　　　in Japan*, Cheltenham:Edward Elgar Publishing Ltd, 2015.

デンプシー, P. S. and A. R. ゲーツ, 『規制緩和の神話: 米国航空輸送産業の経
　　験』, 日本評論社, 1996.

コンプライアンス調査委員会, 『調査報告書』, 2010.

教育出版, 『日本の航空業界』, 2002(https://www.kyoiku-shuppan.co.jp/).

国土交通省, 『国内航空における規制緩和: 改正航空法による規制緩和の検証』,
　　2005.

＿＿＿＿＿＿, 『航空輸送統計年報』, 2016.

国土交通省成長戦略会議, 『国土交通省成長戦略』, 2010.5.17.

国土交通省航空局, 『日本航空の再生について』, 2012a(2012年 11月).

国土交通省航空局, 『航空産業の動向について』, 2012b(2012年 7月 19日).

宮沢俊郎, 「日本経済と規制緩和」, 『岩手県立大学宮古短期大学部研究紀要』10-1,
　　1999.

記念出版事務局, 「日本の航空100年: 民間定期航空の視点から」, 『日本の航空
　　100年: 航空·宇宙の歩み』, 日本航空協会, 2010.

内閣府政策統括官, 『規制·制度改革の経済効果: 規制·制度改革の利用者メリッ
　　トはどの程度あったか』, 2010.

内橋克人·グループ2001, 『規制緩和という悪夢』, 文藝春秋. 2002.

大鹿靖明, 『堕ちた翼 ドキュメントJAL倒産』, 朝日新聞出版, 2010.

福山潤三, 「航空事業」, 『経済分野における規制改革の影響と対策』, 国立国会
　　図書館調査及び立法考査局, 2009, 59-72쪽.

浜田達夫, 「JAL/JASのシステム統合はどう行われたか: 経営統合·事業再編と
　　システム統合の課題」, JALインフォテック, 2006.11.25.

寺西重郎編, 『構造問題と規制緩和』, 慶應義塾大学出版会, 2010.

山内弘隆, 「規制緩和と航空交通」, 『日本の航空100年: 航空·宇宙の歩み』, 日本
　　航空協会, 2010.

山本長, 「航空運送事業の育成政策: 「45-47体制」の終焉まで」, 『日本の航空100
　　年: 航空·宇宙の歩み』, 日本航空協会, 2010.

山本哲三, 「日本の民営化: 課題と問題点」, 『企業と法創造』, 早稲田大学21世紀
　　COE《企業法制と法創造》総合研究所, 2006, 131-149쪽.

杉浦一機, 『激動! JAL vs ANA』, 中央書院, 2005.

石岡佑太·岡森康倫·深山剛, 「JAL·JAS 合併は何をもたらしたか?: 航空運賃の実

　　　証分析」, 『東京大学公共政策大学院ワーキング·ペーパーシリーズ』,
　　　2007.

野村明弘, 「JAL上場後も続く公正競争論の裏側」, 東洋経済Online(http://toyo
　　　keizai.net/articles/-/11308)(2012.10.3.).

塩見英治, 『米国航空政策の研究: 規制政策と規制緩和の展開』, 文眞堂, 2006.

運輸省, 『運輸白書』, 各年度版

日本経済新聞社, 『日本経済新聞』各日号

日本航空·グループ2010, 『JAL崩壊』, 文藝春秋, 2010.

日本航空·日本エアシステム, 「JAL·JAS経営統合について」, 2002.1.29.

日本航空協会, 『航空統計要覧』, 各年度版

畠山肇, 「JALの再生問題」, 『立法と調査』301號, 2010.

井上裕行, 「航空: 規制と保護の帰結」, 日本経済の効率性と回復策に関する研
　　　究会報告書, 『日本経済の効率性と回復策: なぜ日本は米国に遅れた
　　　のか』, 大蔵省財政金融研究所, 2000, 167-189쪽.

町田徹, 『JAL再建の真実』, 講談社, 2012.

週刊ダイヤモンド編集部, 「極秘資料から読み解く『JAL再建』の迷走」, (http://
　　　diamond.jp/articles/-/8640)(2010.7.2.).

住友生命総合研究所編, 『規制緩和の経済効果』, 東洋経済新報社, 1999.

衆議院, 「日本航空株式会社を廃止する等の法律」, 『法律』第92号, 1987.9.11.

池田博, 「JAL·JAS経営統合の思い」, 『日本の航空100年: 航空·宇宙の歩み』, 日本
　　　航空協会, 2010.

村上英樹·高橋望·加藤一誠·榊原胖夫, 『航空の経済学』, ミネルヴァ書房, 2006.

秋吉貴雄, 「航空規制改革と日本型政策決定システム」, 『構造問題と規制緩和』,
　　　慶應義塾大学出版会, 2010, 347-382쪽.

八代尚宏, 『規制改革で何が変わるのか』, 筑摩書房, 2013.

航空振興財団, 『数字でみる航空』, 各年度版

黒野匡彦, 「「45·47体制」の終焉」, 『日本の航空100年: 航空·宇宙の歩み』, 日本航
　　　空協会, 2010.

권혁욱, 「일본기업이 경쟁력을 잃어버린 이유」, 『한일경상학회』, 춘계 공동학
　　　술대회, 2015.

김현철, 『일본기업 일본마케팅』, 법문사, 2004.

_____, 『저성장시대 기적의 생존전략』, 다산북스, 2015.

_____, 최상철, 『일본유통』, 법문사, 2006.

_____ 外 8인, 『도요타 DNA』, 중앙북스, 2009.

염민선, 김현철, 「국내 드럭스토어의 성장전략」, 『한일경상논집』54권, 2012,
　　　1-33쪽.

이수진, 「잃어버린 20년간의 일본인의 경제생활—가계구조·소비행동·생활의
　　　식」, 『일본비평』제4호, 2011.

최상철, 「저성장기 고성장 유통기업」, 대한상공회의소 주최, 2013.5.7.

池尾恭一, 『日本型マーケティングの革新』, 有斐閣, 1999.

石井淳蔵, 『日本企業のマーケティング行動』, 日本経済新聞社, 1984.

伊丹敬之・田中一弘・加藤俊彦・中野誠, 『松下電器の経営改革』, 有斐閣, 2007.

上田隆穂, 『マーケティング価格戦略』, 有斐閣, 1999.

上原征彦, 「流通革命論と第2次流通再編成」, 『マーケティング・ジャーナル』
　　　51, 1993.

大薗友和, 『企業系列と業界地図』, 日本実業出版社, 1992.

大友裕也、磯辺剛彦, 「日本の化粧品業界における寡占の崩壊要因の分析」, 慶
　　　應義塾大学大学院経営管理研究科, 2015.

恩蔵直人, 『コモディティ化市場のマーケティング論理』, 有斐閣, 2007.

株式会社リック, 2010, 195쪽.

金顯哲, 『日本型マーケティングの再構築』, 大学教育出版, 1998.

_____, 「日本型マーケティングの変革—今までとこれから」, 『マーケティ
　　　ング・コース』, 経営アカデミー・社会経済生産性本部, 2001.

_____, 「マルチ・チャネル・マネジメント」, Journal of Economics and
　　　Management, 42-2, 1998.

嶋口充輝・竹内弘高・片平秀貴・石井淳蔵, 『マーケティング革新の時代—営
　　　業・流通革新』, 有斐閣, 1998.

住谷 宏, 「高集中度販路におけるチャネル戦略」, 『マーケティングジャーナ

ル』, 日本マーケティング協会, 第11券 第3号, 1992, 82-89쪽.

日高優一郎・石井淳蔵,「日本企業のすぐれたマーケティング行動の理解に
　　　むけて— 過去30年の収益性データによる海外優良企業と日本主要
　　　企業の比較研究—」,『IMDS Research Notes』№14, 2012.

野口悠紀雄,『日本式モノづくりの敗戦』, 東洋経済新報社, 2012.

原田泰,『日本の失われた十年』, 日本経済新聞社, 1999.

マイケル E. ポーター,『日本の競争戦略』, ダイヤモンド社, 2000.

宮崎智彦,『ガラパゴス化する日本の製造業』, 東洋経済新報社, 2008.

Kawaso, S., Y. Fujimori, and K. Nihonyanagi. "Japan Retail: Consumer Electronics
　　　Value Chain", Cross-Sector Report, Goldman Sachs, May 25, 2005.

Kotler, P., *The New Competition*, Prentice Hall, 1985.

Lee, H. L., Padmanabhan, V., Whang, S., "Information Distortion in a Supply
　　　Chain: The Bullwhip Effect," *Management Science*, Vol. 43, April,
　　　1997, pp.546-558.

Vogel, E. F., *Japan as Number One*, Harvard Univ. Press, 1979.

김명중, 「최근 일본기업의 고용조정과 정부 대책 등에 대해서」, 『국제노동브리프』, 2009.

_____, 「일본의 파견근로자 현황과 최근 근로자파견법 개정 내용」, 『국제노동브리프』, 2014.

김양태, 「저성장기 일본 노사관계의 동요와 재편」, 『협조적 노사관계의 행방』, 2013.

노상헌, 「일본의 빈곤 문제와 비정규직 노동」, 『월간노동리뷰』, 2014.

박정훈, 「일본경제의 잃어버린 15년, 무슨 일이 있었나?」, 『일본공간』, 2007.

사공 목, '일본 모노즈쿠리의 위상과 과제', 『일본의 모노즈쿠리 경쟁력 강화 전략과 우리의 대응』, 산업연구원, 2009.

안희탁, 「일본기업의 역할급 도입사례와 시사점」, 『임금연구』, 2014.

양준호, 「격차사회 일본과 빈곤층 재생산-고용·소득 격차에 의한 저축·교육 격차의 확대를 중심으로」, 『일본비평』, 2011.

은수미, 「일본의 고용전략 변화-비정규직과 제2안전망-」, 『일본비평』, 2011.

오학수, 「일본 기업의 임금전략과 임금제도 동향과 실체」, 『임금연구』, 2008.

정진성, 「격차사회론의 시사점」, 『일본학』, 2011.

정이환, 『경제위기와 고용체제』, 한울아카데미, 2011.

阿部 誠, 「雇用社会の変容と多様な働き方」, 『現代日本の社会政策』, ミネルヴァ書房, 2007.

岩尾裕純, 「研究ノート・日本的経営とは何か」, 『経済』, 1981.

大橋勇雄・中村二朗, 『労働市場の経済学』, 有斐閣, 2004.

小越洋之助, 『終身雇用と年功賃金の転換』, ミネルヴァ書房, 2006.

黒田 兼一, 「戦後日本の労務管理と競争的職場秩序」, 『経営学論集』, 1992.

木元進一朗, 「企業と労使関係」, 『日本的労務管理史(3)労使関係』, 中央経済社, 1988.

経済同友会, 『第14回企業白書』, 1999.

_____, 『雇用システム改革に向けた企業行動指針』, 1997.

_____, 『第14回企業白書』, 1999.

小池和男, 『非正規労働を考える』, 名古屋大学出版会, 2016.

厚生労働省, 『雇用動向調査』, 各年度.

_____, 『賃金構造基本統計調査』, 2015.

_____, 『平成26年度能力開発基本調査』, 2014.

_____, 『平成24年度版 労働経済の分析』, 2012.

_____,『就労条件統合調査』各年度.

伍賀一道,『非正規大国'日本の雇用と労働』, 新日本出版会, 2014.

国税庁,『民間給与実体統計調査』, 各年度.

財務省,『法人企業統計調査』, 各年度.

坂井澄雄,「일본의 파견근로자 제도와 현황」,『국제노동브리프』, 2004.

(財)「日本生産性本部, 高齢化に対応する新たな雇用制度を」, 1982.

(財) 日本生産性本部,「日本的人事制度の変容に関する調査」, 各年度.

総務省,『労働力調査各年度』, 各年度.

_____,『平成24年就業構造基本調査』2012.

(独)労働政策研究研修機構,『多様な就業形態に関する実態調査』, 2010.

_____,『企業戦略と人材マネジメントに関する総合調査』, 2004.

_____,『今後の産業動向と雇用のあり方に関する調査』, 2010.

_____,『構造変化の中での企業経営と人材のあり方に関する調査』, 2013.

飛田努,「企業価値向上のためのマネジメントコントロールシステムの分析視角」,『熊本学園会計専門紀要』, 2010.

内閣府,『平成15年国民生活白書』, 2003.

長谷部孝司,「1990年代半ば以降の日本の金融制度(上)」,『東京成徳大学研究紀要』, 2010.

社会運動ユニオニズム研究会・労働政策グループ,「ジョブ型正社員と安部政権の進める雇用改革」,『一橋大学フェアレイバー』, 2013.

西谷 敏,『日本の雇用が危ない』, (株)マチダ印刷, 2014.

日本経済団体連合会,「成果主義時代の賃金システムのあり方-多立型賃金体系に向けて」, 2002.

_____,「多様化する雇用就労形態における人材活性化と人事賃金管理」, 2004.

日本経済新聞夕刊(2015.9.11.)

牧野富夫,『労働ビッグバン』, 2007.

三木準一,「雇用形態の多様化と雇用調整」,『経済政策研究』, 2006.

皆川宏之,「労働者派遣をめぐる法的問題」,『日本労働研究雑誌』, 2009.

宮本光晴,『日本の企業統治と雇用制度のゆくえ』, ナカニシヤ出版, 2014.

山本潔,「臨時工社外工労働市場」,『文献研究日本の労働市場』, 1975.

Abstract

Ⅰ. The Change of the Japanese Economic System under the Structural Reforms during the Long Recession of 1990s

Chung, Jinsung

In the early 1990s, the Japanese government had advanced the structural reforms aiming to transform the old relationship-oriented economic system into the new market-oriented system, as the major policies for revitalize the sluggish Japanese economy during the long recession. As the result of the reforms, until about 2000, the major reforms were achieved in the areas of employment system, financial system and corporation governance. However, at the around of 2010, we could yet observe coexisting plural systems based on the different mode. And it is not clear whether the system will converge on the market-oriented system due to reasons such as: the institutional complementarity, the difficulty of change in certain systems such as education-and-training system, and households' persistent preference for riskless asset.

Key words: structural reform, the Japanese economic system

II. Lost Decades and Financial Intermediation of Banks
- A comparative institutional analysis of Korea and Japan -

Kim, Donghwan

One of the most important function of bank is a financial intermediation, which is composed of maturity transformation, information production, management of payment system etc. The financial intermediary function of Japanese banks has been weakened in the long process of financial liberalization and deregulation, especially during the recent lost decades. However, analog ous or more unfavorable phenomena began to appear in Korea since the global financial debacle. If Korea do not want to repeat the mistakes of Japan, Korean banks should restore the financial intermediary function with a help of financial restraints that do not entail government failures.

Key words: financial intermediary function of bank, financial liberalization and deregulation, financial restraints

Ⅲ. The Cause of Weakening Japanese International Competitiveness

Yeo, Inman

Until the 1980s, the Japanese economy maintained a good performance and showed high international competitiveness in the manufacturing industry. However, since the 1990s, Japan has consistently dropped its rank in IMD's international competitiveness index. And while the automobile industry maintains its international competitiveness, the electronics industry is rapidly losing its competitiveness. In particular, the weak competitiveness of Japanese industry is prominent in the ICT sector. The purpose of this article is to explain why the competitiveness of Japanese manufacturing industry weakened.

The lower productivity and the limit of 'Japanese style management' are mentioned as factors of weakening competitiveness of manufacturing industry including electronics industry. However, the most critical factor is the modularity of the industry architecture. Traditionally, Japanese manufacturers had the advantage of integral-type products, electronic products until the 1980s were those type of products. But this changed since the 1990s, with electronic products such as thin panel TVs, which belonged to the category of modular products.

The competitiveness of Japanese manufacturing industry rapidly improved because of the mechatronics and micro-electronics in the early 1970s. Contrary to that, modularity weakened the competitiveness of the Japanese manufacturing industry. In order for Japanese manufacturing industry to recover its international competitiveness, it is argued that it needs to change 'Japanese style management' such as corporate governance and production methods. On the one hand, there is a view that it can be used to reinforce international competitiveness.

Key words: International Competitiveness, Industrial Competitiveness, Japanese Electronics Industry, Product Architecture, Modularity, Mechatronics, Micro-Electronics

IV. Change in industrial policy and competitiveness of Japanese industries since the 1980s

Kim, Yongdo

This chapter examines the change in industrial policy of Japan since 1980. Most previous studies on the Japanese industrial policy mainly have argued the aspect of the organizational principle. However, they have a lot of problems in understanding the policy. Therefore, in this chapter, I make clear how the market principle had been intertwined with the organizational principle in industrial policy of Japan. In particular, industrial structure policy, market adjustment policy and industrial technology policy will be dealt with. Moreover, policy in steel industry is analyzed as a case.

Key words: Industrial policy, Industrial structure, Steel industry, Market principle, Organizational principle

V. The Regulatory Reform of Aviation Industry and the Change of Competition Structure in Japan
- Performance and Limit -

Lim, Chaisung

The purpose of this paper is to examine the market distortions that have occurred under the government intervention not removed due to institutional inertia, even though the competition system was introduced through the deregulation reform of the aviation market. The Japanese government dismantled the monopolistic market system through the regulatory reform progressively and extended the consumer welfare. Nevertheless, the indirect intervention of Japanese government for a particular company such as JAL still continued. This weakened the competitiveness of JAL, which was seriously damaged after merging the JAS. As a result, JAL became bankrupt and was reorganized with the burden laid on the people. Civil aviation industry of Japan sacrificed huge consumer utility for its regulatory reform because of the unsophisticated government paternalism.

Key words: aviation industry, regulatory reform, intervention of government, JAL, ANA

VI. A Study on the Relationship between Japanese Distribution System and the Decrease in Competitiveness of Japanese Companies

Kim, Hyunchul

According to Hitaka's (2012) research, the return on sales and return on total assets of Japanese companies have been gradually decreasing over the 35 years period between 1981 and 2014. So why did the competitiveness of Japanese companies, which have been praised for their Japanese management style worldwide, start decreasing since the eighties?

The drop in competitiveness of Japanese companies has been explained in various ways. However, this paper explains it through the changes of the Japanese distribution system. In a value chain of a manufacturing company, the distribution system is responsible for downstream activities. Any change of this system has a huge impact on the competitiveness of a manufacturing firm. Especially for Japanese companies, which have created a distribution-dependent business model through Keiretsu during the Japanese economic growth period, and have consequently grown based on it.

But huge changes took place in 1980's. First of all, Japanese consumers changed. They have amassed customer experiences and became price-sensitive. Especially in the nineties, with the persisting recession, customers began looking for cheap prices.

Secondly, such a change in consumers' behavior caused rapid growth of "category killer" and discounter stores in the distribution sector. These were no longer sales agents for the manufacturing companies but rather purchasing agents for consumers.

As a result, the Japanese companies' business model, which was based on exclusive transactions and sales at a fixed-price, slowly collapsed. The high profits that these companies used to enjoy thanks to the traditional business model started decreasing. And all this consequently lead to the weakening of Japanese firms' competitiveness.

This paper presents the explanation as above based on case studies of some of Japan's most representative industries: consumer-electronics and cosmetics.

Key words: Japanese Companies, Competitiveness, Keiretsu, Distribution System, Consumer-electronics, Cosmetics, Business Model

VII. The employment and labor after the Heisei recession

Kim, Yangtae

The Japanese economy and labor market have been greatly changed through recession for a long period and the recovery period started from collapse of bubble economy in 1990's, global financial crisis in 2008 and earthquake in East Japan in 2011. The labor market started to be flexible by increase of a unemployment rate that had been kept in a stable level for a long time and a turning-in rate and turnover rate and diversification of types of employment including part-time job, dispatched labor, contract labor and non-regular labor has been clear by sharp increase of non-regular employment. As a result of flexibility of the labor market and diversification of employment, the society with gaps and working poor appeared as a social issue.

However, a new trend of Japanese employment practice has appeared since the middle and late of 2010's. Movements to increase new employment and reevaluate lifetime employment practice are active from stable employment and personnel training aspects. In this study, by reviewing flows of flexibility of the labor market and diversification after recession in Heisei period from human resources management aspect and understanding trends of flexibility of the current labor market and flexibility and diversification of employment, its features will be reviewed.

Key words: heisei recession, Flexibility of the labor market, diversification of employment, japanese employment practice, human resources management

임채성

현재 릿쿄대학 경제학부 교수. 도쿄대학대학원 경제학연구과 박사(2002), 귀국 후 현대경제연구원 연구위원, 대통령자문정책기획위원회 전문위원, 배재대학교 일본학과 조교수, 서울대학교 일본연구소 부교수를 거쳐, 현직에 근무 중이다. 주된 관심 분야는 동아시아 전시경제의 전개, 인프라스트럭처의 형성과 성장 등에 관한 연구이며, 최근에는 한중일 3국의 철도, 체신, 전매 부문 등의 생산성, 노동위생, 노사관계에 주목하여 분석을 진행하고 있다. 주요 업적은『戰時経済と鉄道運営: 「植民地」朝鮮から「分断」韓国への歴史的経路を探る』(東京大學出版會, 2005), "Health and Diseases of Laborers in Colonial Korea: Focusing on the Cases of the Bureau of Posts and Telecommunications, the Japanese Government General of Korea"(The Review of Korean Studies Vol. 19),『중일전쟁과 화북교통: 중국 화북에서 전개된 일본제국의 수송전과 그 역사적 의의』(일조각, 2012)등이다.

정진성

방송통신대학교 교수. 서울대학교 경제학과, 동 대학원 경제학과를 졸업하고 일본 쓰쿠바대학에서 문학박사 학위를 받았다. 주요 논문으로는「重要産業統制法下における石炭独占組織の市場統制政策」(『社会経済史学』, 第59巻, 第4号, 1993),「高度経済成長期の石炭産業調整政策: 生産維持と雇用調整を中心に」(『社会経済史学』, 第72巻, 第2号, 2006).「재벌비판을 통해서 본 일본의 반기업정서」(『日本研究論叢』, 제27호, 2008) 등이 있으며, 역서로는『일본경영사』(한울, 2001)가 있다.

김동환

현재 금융연구원 선임연구위원. 도쿄대학대학원 경제학연구과 박사(1997), 금융학회 부회장, 은행법학회 부회장, 금융산업발전심의회 위원, 약관심사위원회 위원, 금융제재심의위원회 위원, 노사정위원회 공익위원 등 역임. 주된 관심 분야는 금융규제 및 금융법, 은행 및 정책금융 등에 관한 연구이며, 최근에는 기업구조조정 및 재벌개혁에 주목하여 분석을 진행하고 있다. 최근의 주요 업적으로는 「금융시장과 금융정책」, 『한국경제 60년사』 경제일반편(한국경제 60년사 편찬위원회, 2011), 『한국 금융시스템의 비교제도 분석: 은행vs시장』(KIF연구보고서, 한국금융연구원, 2012), 『은행의 금융중개기능과 금융통제(financial restraint)에 관한 연구』, KIF정책보고서, 한국금융연구원, 2014)등이 있다.

여인만

강릉원주대학교 국제통상학과 교수. 서울대학교 경제학과를 졸업하고, 도쿄대학대학원 경제학연구과에서 석사, 박사 학위를 취득했다. 도쿄대학 경제학부 조수를 거쳐 2005년부터 현직. 전공은 일본 경제·경영사로, 주요 연구 분야는 자동차산업을 비롯한 일본의 주요 산업 및 기업의 역사와 현황. 최근에는 한국의 주요 산업 발전과정에 대해서도 관심을 기울이고 있다. 주요 저작으로는 『日本自動車工業史——小型車と大衆車による二つの道程』(東京大学出版会, 2011年), 『日本経済の戦後復興——未完の構造転換』(有斐閣, 2007年, 공저), 『高度成長期の日本経済』(有斐閣, 2011年, 공저), 『일본의 기업과 경영』(한국방송통신대학교출판부, 2012년, 공저), 『국제경영사』(한울 아카데미, 2010년, 공역), 『탈성장신화』(해남, 2016년, 번역) 등이 있다.

김용도

서울대학교 사회과학대학 경제학과 및 동대학원(석사)을 졸업하고, 도쿄대학대학원 경제학연구과에서 박사 학위를 취득했다. 현재 호세이대학 경영학부 및 동대학원 경제학연구과의 교수로 재직 중이다. 일본의 기업간관계를 연구해왔으며, 최근에는 기업시스템의 국제비교로 연구영역을 넓히고 있다. 주요 저서로는 『日本IC産業の発展史-共同開発のダイナミズム』(東京大学出版会, 2006), 『日立事業発達史-100年の歩み-1910-2010』(日立インターメディックス, 2011, 공저), 『通商産業政策史6　基礎産業政策』(財団法人経済産業調査会, 2011, 공저), The Dynamics of Inter-firm Relationships: Markets and Organization in Japan(Cheltenham: Edward Elgar Publishing Ltd, 2015) 등이 있다.

김현철

현재 서울대학교 일본연구소 소장 겸 국제대학원 교수로 재직 중. 서울대학교 경영대학과 동 대학원을 수료하였으며 일본의 케이오 비즈니스 스쿨에서 박사학위를 받았다. 귀국하기 전까지 나고야 상과 대학과 츠쿠바 대학교 교수로 재직하였다. 일본에 있는 동안에는 신일본제철과 토요타 자동차, 닛산 자동차, 후지 제록스 등의 자문 및 교육을 담당하였으며, 귀국 후에는 삼성전자와 현대기아자동차, LG, SK텔레콤, POSCO 등의 자문교수를 역임하였고, 삼성그룹 사장단 강연에서는 Best 30 강연자로 선정되기도 하였다. 30여권의 저서가 있으며 일부는 영어와 일본어, 중국어, 러시아어 등으로 출판되었다. 대표적인 저서로는 『일본기업 일본마케팅』(법문사, 2004년), 『도요타 DNA』(중앙북스, 2009년, 공저), 『CEO 영업에 길을 묻다』(한국경제신문사, 2009년), 『アジア最強の経営を考える』(ダイヤモンド社, 2013년, 공저)등이 있으며 2015년 출간한 『저성장 시대 어떻게 돌파할 것인가』(다산북스, 2015년)는 경제경영분야 베스트셀러가 되기도 하였다.

김양태

성공회대학교 사회과학부 외래교수. 일본 토호쿠가쿠인대학을 졸업하고, 메이지(明治)대학대학원 경영학연구과에서 박사 학위를 취득했다. 한국외국어대학교 강사, 평택대학교 강사, 한신대학교 강사를 거쳐 현직에 근무 중이다. 전공은 인사노무관리, 노사관계, 기업 내 교육훈련이다. 주요 연구 분야는 자동차산업의 노사관계, 임금체계, 숙련형성 등에 관한 연구이며, 최근에는 뿌리산업의 인재육성 및 숙련형성에 관심을 기울이고 있다. 주요 저서로는 『협조적 노사관계의 행방』(박문사, 2013, 공저)이 있으며, 주요 논문으로는 「1990년대 한국 A자동차회사의 인사제도 개혁에 관한 연구-일본형 인사제도의 시도와 좌절-」(한일경상학회, 『韓日經商論集』 제59권, 2013), 「한・일 자동차회사의 임금제도 개정의 최근 동향」(한일경상학회, 『韓日經商論集』 제62권, 2014), 「반월공업단지 뿌리산업에 관한 사례 연구」(대한경영학회, 『대한경영학회지』 제28권 6호, 2015), 「일본 노동시장과 고용관행의 변화」(한국일본근대학회, 『日本近代學硏究』 제52집, 2016), 「숙련과 임금제도」 (한국전문경영인학회, 『전문경영인연구』 Vol.19,no.4, 2016) 등이 있다.

◐ IJS 서울대학교 일본연구소

현대일본생활세계총서 10

저성장시대의 일본경제
: 장기불황 진입과 현황

초판1쇄 인쇄 2017년 02월 17일
초판1쇄 발행 2017년 02월 24일

저 　 자 임채성, 정진성, 김동환, 여인만, 김용도, 김현철, 김양태
발 행 인 윤석현
발 행 처 도서출판 박문사
등 　 록 제2009-11호
전 　 화 (02)992-3253(대)
전 　 송 (02)991-1285
주 　 소 서울시 도봉구 우이천로 353 성주빌딩 3층

책임편집 차수연
전자우편 bakmunsa@daum.net
홈페이지 http://jnc.jncbms.co.kr

ⓒ 서울대학교 일본연구소, 2017. Printed in Seoul KOREA.

ISBN 979-11-87425-28-1 93320　　　　**정가** 21,000원

본 저서는 정부(교육과학기술부)의 재원으로 한국연구재단의 지원을 받아 출판되었음.
(NRF-2008-362-B00006)